Elemente einer Poetik der Neofantastik. Die Erzählungen von Julio Cortázar

BEITRÄGE ZUR LITERATUR UND LITERATURWISSENSCHAFT DES 20. UND 21. JAHRHUNDERTS

Herausgegeben von Hans-Edwin Friedrich
Begründet von Eberhard Mannack

BAND 29

Zu Qualitätssicherung und Peer Review der vorliegenden Publikation

Die Qualität der in dieser Reihe erscheinenden Arbeiten wird vor der Publikation durch den Herausgeber der Reihe geprüft.

Notes on the quality assurance and peer review of this publication

Prior to publication, the quality of the work published in this series is reviewed by the editor of the series.

Jaime Alazraki

Elemente einer Poetik der Neofantastik. Die Erzählungen von Julio Cortázar

Aus dem Spanischen übersetzt und herausgegeben von Max Wimmer

PETER LANG

Bibliografische Information der Deutschen Nationalbibliothek
Die Deutsche Nationalbibliothek verzeichnet diese Publikation
in der Deutschen Nationalbibliografie; detaillierte bibliografische
Daten sind im Internet über http://dnb.d-nb.de abrufbar.

Die Übersetzung dieses Bandes wurde durch den
Wilhelm-Weischedel-Fonds der
Wissenschaftlichen Buchgesellschaft gefördert.

Die Originalausgabe erschien 1983 bei Editorial Gredos
unter dem Titel «En busca del unicornio: Los cuentos de Julio Cortázar.
Elementos para una poética de lo neofantástico»

© Published in Agreement with RBA Libros, S.A., Barcelona.
© 1983, Jaime Alazraki.

Gedruckt auf alterungsbeständigem,
säurefreiem Papier.

ISSN 0721-2968
ISBN 978-3-631-74644-8 (Print)
E-ISBN 978-3-631-74920-3 (E-PDF)
E-ISBN 978-3-631-74921-0 (EPUB)
E-ISBN 978-3-631-74922-7 (MOBI)
DOI 10.3726/b13509

© für die deutsche Ausgabe Peter Lang GmbH
Internationaler Verlag der Wissenschaften
Berlin 2018
Alle Rechte vorbehalten.

Peter Lang – Berlin · Bern · Bruxelles ·
New York · Oxford · Warszawa · Wien

Inhaltsverzeichnis

Vorwort

Am Anfang meiner nun schon einige Jahre zurückliegenden Beschäftigung mit den Erzählungen Julio Cortázars stand die Einsicht, dass die Untersuchung seiner Texte nicht möglich sein würde, ohne vorher das Problem ihrer Gattungszugehörigkeit zu klären. Wie Borges in Bezug auf seine Erzählungen gebraucht auch Cortázar die Bezeichnung ‚fantastische Literatur' „aus Mangel eines besseren Namens", um seine Kurzprosa zu definieren. Beide verwenden den Begriff in einem weiten Sinne: Als Gegensatz zum literarischen Realismus und um zwei Modi der Wahrnehmung und zwei Gestaltungsformen zu unterscheiden. Nur so wird verständlich, wie Borges in seiner *Antología de la literatura fantástica* derart ungleiche und heterogene Erzählungen aufnehmen konnte. Für ihn ist jede Erzählung fantastisch, die dem realistischen Kanon zuwiderhandelt, und so erweist sich für die Zwecke seiner Anthologie ein derart vages Kriterium als adäquat. Erich Auerbach verwendete einen ähnlichen Ansatz zur Definition des entgegengesetzten Verfahrens. In *Mimesis* skizziert er einen Querschnitt des europäischen Realismus, der von den homerischen Heldengedichten und den lateinischen Texten der klassischen Antike zu Proust, Joyce und Virginia Woolf führt. Dabei interessierte ihn weniger ein generisches Modell als vielmehr dessen Produkte; sein Buch ist keine Geschichte der Gattungen, sondern eine Untersuchung der Evolution des realistischen Verfahrens in der Literatur des Okzidents.

In unserem Falle verpflichtet das Studium eines einzelnen Autors dazu, den Wert einer derart weit gefassten Begrifflichkeit zu hinterfragen und nach präziseren Definitionen zu suchen. Zwischen dem Realismus Homers und dem von Balzac liegt eine Distanz, die von der Heldenepik zum modernen Roman reicht, obwohl es möglich ist, zwischen diesen beiden Gattungen die Entwicklung eines im Grunde ähnlichen Repräsentationsverfahrens auszumachen. In den Erzählungen von Charles Perrault, E. T. A. Hoffmann, H. G. Wells und Franz Kafka finden wir ein fantastisches Darstellungsverfahren, das allen vier Autoren gemeinsam ist, doch jeder von ihnen repräsentiert auf seine Weise eine andere Art, das Fantastische wahrzunehmen und anzugehen: das Wunderbare, das eigentlich Fantastische, die Science-Fiction und das, was wir das Neofantastische nennen.

Der erste Teil dieser Untersuchung besteht aus dem Versuch, diese vier Genres voneinander abzugrenzen und ihre jeweilige Bedeutung zu bestimmen. Wir werden ein paar der fruchtbarsten Arbeiten zu diesem Thema zusammenfassen und einige Überlegungen anstellen, die als Fundament für eine mögliche Poetik des Neofantastischen dienen können. Dieses letztgenannte Konzept ist weniger klassifikatorischem Eifer geschuldet als vielmehr einer intrinsischen Notwendigkeit: Es soll ein intelligenterer Zugang zu ihrer Semantik ermöglicht und ihre narrative Syntax etabliert werden. In den beiden darauf folgenden Teilen werden die Ansätze zur Anwendung kommen.

Der zweite Teil versucht einige der literarischen und philosophischen Kontexte zu beleuchten, die wesentlich dazu beitrugen, die Weltanschauung des Schriftstellers Cortázar zu formen. Diese Kontexte sind im Fundament seiner intellektuellen Bildung selbst fest verankert und stellen so etwas wie den Bogen dar, aus dem seine kurzen Erzählungen abgefeuert werden. Natürlich reicht der Wille allein noch nicht für die zielsichere Umsetzung, doch ist das Maß an erzählerischer Richtung und Durchschlagskraft vom Material abhängig, aus dem dieser Bogen gefertigt wurde: Seine Robustheit und Flexibilität bestimmen, wie stark der Schütze die Sehne spannen kann.

Im dritten und letzten Teil nehmen wir die Ergebnisse der beiden ersten wieder auf, um eine mögliche Untersuchungsmethode des Neofantastischen zu entwerfen. Wenn sich diese Erzählungen einer eindeutigen Interpretation widersetzen, wenn sie ihrem Wesen nach unauflösbare Metaphern darstellen, wenn sich ein hermeneutischer Ansatz als ganz und gar unpraktikabel erweist, wie soll man sich ihnen annähern? Wie soll man sie untersuchen, ohne ihr Wesen zu entkräften? Wie sie verstehen, ohne ihnen Gewalt anzutun, ohne sie zu verstümmeln? Das, was hier vorgeschlagen wird, ist eine mögliche Poetik der Gattung, das heißt, nicht eine Analyse ihrer Bedeutung, sondern eine Beschreibung ihrer Funktionsweisen; nicht eine Paraphrase ihrer Signifikate, sondern eine mögliche Grammatik ihrer Signifikanten. Und schließlich, wenn diese Erzählungen nur mittels ihrer Signifikanten sprechen, was sagen sie aus? Wie kann die Form die einzige Botschaft sein, zu der ihre Metaphern Zugang gewähren?

J. A.

Erster Teil

Zu einer Poetik des Neofantastischen

Das Einhorn gehört nicht zu den Haustieren, und da es nicht leicht ist, eines zu finden, eignet es sich nicht für eine Klassifikation. Es ist nicht wie der Stier, der Wolf oder der Hirsch. Somit könnten wir einem Einhorn gegenüberstehen und würden nicht mit Sicherheit wissen, was das ist. Wir wissen, dass jedes Tier mit einer Pferdemähne ein Pferd ist und jedes Tier mit Hörnern ein Stier. Wir wissen nicht, wie ein Einhorn ist.

(Chinesische Fabel, 9. Jahrhundert)

I Das Fantastische und das Neofantastische

Obwohl die fantastische Literatur ihren Höhepunkt im Laufe des 19. Jahrhunderts erreicht, finden sich erst in den letzten zwei Dekaden dieses Jahrhunderts vermehrt Studien, die Umfang, Grenzen und Möglichkeiten dieser Literatur zu bestimmen suchen. Außer den Vorteilen, die ein gewisser Abstand und ein fixierter Standpunkt bei der Untersuchung jedes literarischen Phänomens mit sich bringt, unterstreicht die zeitliche Verspätung der Forschung vor allem die Schwierigkeiten, auf die man bei der Formulierung einer Poetik des Genres stößt. Unter diesen Problemen ist die Trübheit der Gattungsgrenzen die erste Schwierigkeit, die sich demjenigen stellt, der sich in dieses so wenig erkundete Gebiet wagt: Was unterscheidet Kafka von Maupassant? Was haben die Märchen von E. T. A. Hoffmann mit jenen von Borges gemeinsam? Gehören die Erzählungen von Poe und die von Cortázar in das gleiche Feld? Diese Fragen führen zu nichts, außer dazu, die Unbestimmtheit einer Gattung hervorzuheben, deren flüchtige Grenzen ein nicht leicht zu lösendes Problem darstellen.

In Lateinamerika und besonders in Argentinien wird der Begriff „fantastische Literatur" extrem frei und je nach Belieben verwendet.[1] Es wurde behauptet, „dass

---

1   Vgl. Emilio Carilla: *El cuento fantástico,* Buenos Aires: Nova 1968. Auf Seite 20 sagt er:
    „Es ist offensichtlich, dass für uns die Bezeichnung ‚fantastische Literatur' eine Welt
    umfasst, die besonders das Wunderbare, das Außergewöhnliche, das Übernatürliche,
    das Unerklärbare berührt. Mit anderen Worten gehört zur fantastischen Welt all jenes,
    das sich ‚wissenschaftlichen' oder realistischen Erklärungen entzieht bzw. an ihren
    Grenzen angesiedelt ist; alles das, was außerhalb der gewöhnlichen und nachweisbaren
    Welt liegt." Und im zusammenfassenden Kapitel wiederholt er: „Das fantastische Werk
    taucht bereits in den Ursprüngen der Weltliteratur auf. Natürlich kennen wir die Entstehung dieser fruchtbaren Goldgrube nicht, doch in diesen Ursprüngen – da es ein
    menschliches Werk ist – muss das Schattenhafte, das Übernatürliche und das Wunderbare ebenso vorhanden sein. Daher kann es uns nicht überraschen, dass die ersten uns
    bekannten Erzählungen mythische, d. h. fantastische Werke sind: Das *Gilgamesch-Epos*
    ist ein gutes Beispiel, an das sich viele andere anschließen" (Ebd., S. 63).
    Auch Bioy Casares benennt im Vorwort zur *Antología de la literatura fantástica,* die er
    mit Borges und Silvina Ocampo zusammengestellt hat, die historischen Ursprünge fantastischer Fiktion, unterscheidet jedoch diese Vorläufer von der Fantastik als literarischer
    Gattung: „Alt wie die Angst entstanden die fantastischen Geschichten vor der Schrift. Ihre
    Erscheinungen bevölkern alle Literaturen: man findet sie im *Zend-Avesta,* in der *Bibel,* bei
    Homer, in den *Erzählungen von Tausendundeiner Nacht.* Doch wie so oft waren die ersten
    Spezialisten der Gattung die Chinesen. Der bewundernswerte *Traum der Roten Kammer*

die erste, wirklich fantastische Erzählung das *Santos Vega* ist";[2] noch ambitionierter ist der Vorschlag, das alte Gedicht von Barco Centenera – *La Argentina* (XVII) – als angemessenen Beginn für eine Geschichte der fantastischen Literatur in Lateinamerika zu beanspruchen.[3] Ein derart schwammiges Kriterium öffnet die Tore der Gattung auch für Homer und Shakespeare, für Cervantes und Goethe; es ließe sich sogar zeigen, dass die gesamte argentinische Literatur das Signum des Fantastischen trägt und dass „in der fantastischen Literatur die schöpferische Fähigkeit der Argentinier ihren Höhepunkt erreicht".[4] Ein Werk aufgrund der bloßen Präsenz eines wunderbaren Elements als fantastische Literatur zu definieren, ist wenig zielführend (Gibt es überhaupt ein literarisches Werk, dass ein solches mit absoluter Sicherheit nicht enthält?); ein derartiges Vorgehen entspräche der Definition eines Stückes als Tragödie, nur weil es ein oder mehrere tragische Elemente enthält, oder der Definition einer Kurzgeschichte aufgrund ihres Umfangs. Die Kürze allein macht aus einem literarischen Erzähltext noch keine Kurzgeschichte. Die Feststellung, dass bereits in der *Bibel*, in *Tausendund-*

---

und selbst erotische und realistische Romane, wie *Kin P'ing Mei* und *Sui Hu Chuan*, bis hin zu philosophischen Büchern, sind voll von Geistern und Träumen [...]. Halten wir uns an Europa und Amerika, so können wir feststellen: Als mehr oder weniger definierte Gattung erscheint die fantastische Literatur im 19. Jahrhundert und in englischer Sprache" (Adolfo Bioy Casares: „Prólogo", in: Adolfo Bioy Casares, Jorge Luis Borges u. Silvina Ocampo (Hg.): *Antología de la literatura fantástica*, Barcelona: Edhasa 1977, S. 11.)

2   Vgl. Nicolás Cócaro: „La corriente fantástica en la Argentina" (Vorwort zu *Cuentos fantásticos argentinos*, Buenos Aires: Emecé 1960). Auf Seite 13 sagt er: „Zweifellos ist die erste eigentlich fantastische Erzählung das *Santos Vega*, das von Bartolomé Mitre in seinem Buch *Rimas* von 1854 aus der mündlichen Tradition übertragen wurde."

3   Ana María Barrenechea und Emma Susana Speratti Piñero behaupten dazu im Vorwort zu *La literatura fantástica en Argentina* (México 1957): „Vielleicht hätten wir mit Barco Centenera, dem weitschweifigen Autor von *La Argentina*, anfangen müssen, der – wie schon andere erstaunte Indien-Reisende – das Wunderbare, das die neue Welt ihm bot, barmherzig aufnahm. Warum sich nicht an diesen so zivilisierten Fisch erinnern, der aus Liebe zu einem Fräulein starb oder an die wunderbare Schifffahrt des Carreño, der eine Besatzung aus Dämonen anführte? Vielleicht weil Barco Centenera an deren Wirklichkeit glaubte, so wie andere an die Existenz der Amazonen, der Sirenen oder des Jungbrunnens glaubten."

4   So lautet die These von Enrique Luis Revol. In seinem Artikel „La tradición fantástica en la literatura argentina" sagt er: „Genau wie die Musik unzweifelhaft die Kunst der germanischen Völker ist und sich nur in der Malerei das wahre Genie der Spanier zur Gänze zeigt, muss man anerkennen, dass in gleicher Weise, zumindest im Moment, in der fantastischen Literatur die schöpferische Fähigkeit der Argentinier ihren Höhepunkt erreicht." (in: *Revista de estudios hispánicos* II/2 (1968), S. 212.)

12

einer Nacht oder im *Dekameron* kurze Erzähltexte vorkommen, ändert nichts an der Tatsache, dass die Kurzgeschichte als Gattung erst durch Poe begründet wird (oder zumindest eine identifizierbare Form erhält). Poe umreißt die ersten Regeln der Gattung, die, indem sie Grenzen und Reichweite festlegen, verwandte oder vergleichbare, frühere oder vorhergehende Formen ausschließen.

Die Definition einer literarischen Form ist bestrebt, das Studium dieser Form zu vereinfachen, ihre Möglichkeiten und Beschränkungen zu erfassen und ihre Funktion und Funktionsweise von ähnlichen Formen zu unterscheiden. Erst in den letzten Jahren ist die fantastische Literatur Gegenstand systematischer Untersuchungen geworden.[5] Folgt man den meisten dieser Untersuchungen, dann gehört vieles von dem, was wir gemeinhin als „fantastische Literatur" bezeichnen, eigentlich gar nicht in diese Kategorie. Das entscheidende Merkmal der Gattung, darin scheinen sich alle einig zu sein, besteht in *seiner Fähigkeit, Angst oder Grauen zu erzeugen.* Für Louis Vax zum Beispiel „[lässt] die phantastische Kunst [...] imaginäre Schrecken inmitten einer realen Welt entstehen";[6] und weiter:

> [N]icht-beängstigende übernatürliche Erscheinungen [spielen] in der phantastischen Erzählung keine Rolle [...]. Gott, die Jungfrau und die Engel sind genausowenig wie gute Geister und Feen phantastische Wesen. Die Götter aus der Welt der Sagen und My-

---

5   Die nützlichsten Untersuchungen darunter etwa: Roger Caillois: *Images, images...,* Paris: José Corti 1966 (deutsche Übersetzung des 1. Kap.: Roger Caillois: „Das Bild des Phantastischen. Vom Märchen bis zur Science Fiction", in: Rein A. Zondergeld (Hg.): *Phaïcon 1. Almanach der phantastischen Literatur,* Frankfurt a. M.: Insel 1974, S. 44–83); Roger Caillois: *Au cœur du fantastique,* Paris: Gallimard 1959; Pierre-Georges Castex: *Le conte fantastique en France,* Paris: José Corti 1951; Howard Phillips Lovecraft: *Supernatural Horror in Literature,* New York: Ben Abramson 1945; Peter Penzoldt: *The Supernatural in Fiction,* New York: Humanities Press 1965; Marcel Schneider: *La littérature fantastique en France,* Paris: Fayard 1964; Tzvetan Todorov: *Introducion à la littérature fantastique,* Paris: Seuil 1970 (deutsche Übersetzung: *Einführung in die fantastische Literatur,* übers. v. Karin Kersten, Senta Metz u. Caroline Neubaur, München: Hanser 1972); Louis Vax: *L'art et la littérature fantastiques,* Paris: P. U. F. 1960 (deutsche Übersetzung des 1. Kap.: Louis Vax: „Die Phantastik", in: Rein A. Zondergeld (Hg.): *Phaïcon 1. Almanach der phantastischen Literatur,* Frankfurt a. M.: Insel 1974, S. 11–43); Georges Jacquemin: *Littérature fantastique,* Paris: Nathan 1974 (deutsche Übersetzung des ersten Teils: Georges Jacquemin: „Über das Phantastische in der Literatur", übers. v. Rein A. Zondergeld, in: Rein A. Zondergeld (Hg.): *Phaïcon 2. Almanach der phantastischen Literatur,* Frankfurt a. M.: Insel 1975, S. 33–53); Pierre Mabille: *Le miroir du merveilleux,* Paris: Éditions de Minuit 1962; Eric S. Rabkin: *The Fantastic in Literature,* New Jersey: Princeton University Press 1977.

6   Louis Vax: „Die Phantastik", in: Rein A. Zondergeld (Hg.): *Phaïcon 1. Almanach der phantastischen Literatur,* Frankfurt a. M.: Insel 1974, S. 12.

then, wie zum Beispiel Pan, können phantastisch werden, wenn sie ungezähmte Triebe verkörpern. Aber niemand wird in ‚Télémaque' eine phantastische Geschichte sehen, nur weil Minerva, die aus Anstandsgründen das Geschlecht gewechselt hat, in der Rolle einer moralisierenden Pedantin den Sohn des Odysseus begleitet.[7]

Um diese Diskrepanz zwischen der übernatürlichen Welt der Feen und Wunder und unserer von unveränderlichen Gesetzen beherrschten Welt, in der Wunder unmöglich sind, aufzulösen, schlägt Roger Caillois zwei Konzepte zur Differenzierung vor – das Wunderbare und das Fantastische – und erklärt:

> Die Welt des *Wunderbaren* ist ihrer Natur nach mit Drachen, Einhörnern und Feen bevölkert. Es gibt fortwährend Wunder und Verwandlungen, der Zauberstab ist ein Gebrauchsgegenstand. Amulette, Geister, Elfen und dankbare Tiere sind an der Tagesordnung. Patinnen erfüllen auf der Stelle die Wünsche verdienstvoller Waisenkinder. […] Im *Phantastischen* aber offenbart sich das Übernatürliche wie ein Riss in dem universellen Zusammenhang. Das Wunder wird dort zu einer verbotenen Aggression, die bedrohlich wirkt, und die Sicherheit einer Welt zerbricht, in der man bis dahin die Gesetze für allgültig und unverrückbar gehalten hat. Es ist das Unmögliche, das unerwartet in einer Welt auftaucht, aus der das Unmögliche per definitionem verbannt worden ist.[8]

Das mittelalterliche Volksmärchen von den *Drei Wünschen*, das in Frankreich in der klassischen Fassung von Perrault bekannt ist, und die Geschichte von W. W. Jacobs „The monkey's paw" (dt. „Die Affenpfote") bilden für Caillois zwei Varianten eines alten Motivs (das Gewähren von drei Wünschen und ihre unmittelbare Erfüllung). Gleichzeitig repräsentieren sie zwei Beispiele, in denen einerseits das Wunderbare und andererseits das Fantastische in der jeweiligen Behandlung des gleichen narrativen Materials typisiert wird. Die drei Wunder des Volksmärchens, die eine Fee einem Holzfäller einräumt, „widerstreben der natürlichen Ordnung der Dinge"; in der Geschichte von Jacobs werden „die drei Wünsche erfüllt […], ohne dass ein offensichtlicher Bruch in der Weltordnung auftritt."[9]

Caillois definiert die fantastische Literatur als „ein Spiel mit der Angst"; in der Literatur des Wunderbaren dagegen hat „die Angst, die aus der Vergewaltigung natürlicher Gesetze entsteht, […] nichts zu suchen".[10] In einer von der Wissenschaft domestizierten Welt öffnet die fantastische Erzählung ein Fenster für die

---

7   Ebd., S. 17 f.

8   Roger Caillois: „Das Bild des Phantastischen. Vom Märchen bis zur Science Fiction", in: Rein A. Zondergeld (Hg.): *Phaïcon 1. Almanach der phantastischen Literatur*, Frankfurt a. M.: Insel 1974, S. 46.

9   Ebd., S. 49. [Anm. d. Übers.: Im Original ohne Nachweis.]

10 Ebd., S. 56 f.

Finsternis des Jenseitigen, und durch diese Öffnung sickern Furcht und Schauder. Dieser Schauder kann im Reich des Wunderbaren, wo die Wissenschaft nur ein weiteres Wunder ist, nicht entstehen; die eigentliche Realität ist nicht weniger magisch und wunderbar als die Magie und die Wunderlichkeiten, die die Märchen bevölkern. Deshalb konnte nach Caillois das Fantastische

> nur entstehen, nachdem die wissenschaftliche Auffassung einer zwangsläufig rationalen Ordnung der Dinge sich durchgesetzt hatte, nachdem ein strenger Determinismus in Bezug auf Ursache und Folge allgemein anerkannt worden war. Mit einem Wort, es entstand ein Zeitpunkt, an dem jeder mehr oder weniger von der Unmöglichkeit von Wundern überzeugt war. Wenn danach das Wunder Angst hervorrufen musste, dann nur, weil die Wissenschaft es verbannt hatte: es war unzulässig und erschreckend geworden.[11]

Dieser Moment ereignete sich zwischen den Jahren 1820 und 1850, als laut Caillois „dieses noch neue Genre seine Meisterwerke hervor[brachte]".[12]

Das Gefühl der Angst, obwohl es eher eine Wirkung ist, stellt also eine Art Barometer der Fantastik dar. Auch für H. P. Lovecraft, sowohl Praktiker als auch Theoretiker der Gattung, beruht das Kriterium zur Definition der Fantastik auf ihrer Fähigkeit, beim Leser Gänsehaut zu erzeugen:

> Atmosphäre ist das allerwichtigste, denn das entscheidende Kriterium der Authentizität ist nicht die Konstruktion eines Plots, sondern die Schaffung einer bestimmten Empfindung. [...] Deshalb dürfen wir eine unheimlich-übernatürliche Erzählung nicht nach der Absicht des Autors oder nach der bloßen Konstruktion des Plots beurteilen, sondern müssen uns an der emotionalen Ebene orientieren [...]. Der einzige Prüfstein für das wahrhaft Unheimlich-Übernatürliche ist ganz einfach die Frage, ob im Leser ein tiefes Gefühl der Furcht hervorgerufen wird, ein Gefühl, mit unbekannten Sphären und Mächten in Berührung zu kommen[.][13]

---

11 Ebd., S. 48.
12 „Hoffmann wird 1778 geboren, das Geburtsjahr von Poe und Gogol ist 1809. Zwischen diesen beiden Daten werden William Austin (1778), Achim von Arnim (1781), Charles Robert Maturin (1782), Washington Irving (1785), Balzac (1799), Hawthorne (1803) und Mérimée geboren, das heißt die ersten Meister des Genres. Dickens (1812), Sheridan Le Fanu (1814) und Alexis Tolstoï (1817) folgen kurz darauf. Von Russland bis Pensylvanien, in Irland und England wie in Deutschland und Frankreich, d. h. in dem ganzen Bereich abendländischer Kultur, die Mittelmeergegend ausgenommen, auf beiden Seiten des Atlantischen Ozeans, in einem Zeitraum von dreißig Jahren, etwa zwischen 1820 und 1850 bringt dieses noch neue Genre seine Meisterwerke hervor" (ebd., S. 59).
13 Howard Phillips Lovecraft: *Die Literatur der Angst. Zur Geschichte der Phantastik*, übers. v. Michael Koseler, Frankfurt a. M.: Suhrkamp 1995, S. 12 f.

Ein weiterer Fantastikforscher, Peter Penzoldt, besteht ebenfalls darauf, dass

> mit Ausnahme des Märchens […] alle Erzählungen des Übernatürlichen Angstgeschichten [sind], die auf unserem Zweifel gründen, ob das, was wir für reine Imagination halten, am Ende nicht doch die Wirklichkeit ist.[14]

Eine der neueren Untersuchungen des Genres – *Introduction à la littérature fantastique* (1970) von Tzvetan Todorov – stutzt hinsichtlich der Sinnhaftigkeit eines solchen Kriteriums. Wenn es – so räsoniert Todorov – für die Bestimmung des Fantastischen notwendig sei, dass ein Gefühl der Angst den Leser befällt, „dann muss man daraus folgern […], dass die Gattung eines Werkes von der Nervenstärke des Lesers abhängt."[15] Für Todorov gibt es auch Märchen, die Angstgeschichten sein können, wie bspw. einige von Perraults Märchen, und andererseits gibt es fantastische Texte, in denen das Element der Angst gar keine Rolle spiele, wie *Die Prinzessin Brambilla* von Hoffmann. Todorov fasst zusammen, dass „die Angst […] zwar oft mit dem Fantastischen verbunden, nicht aber eine seiner notwendigen Bedingungen [ist]".[16] Er schlägt eine Definition des Fantastischen vor, die trotz anderslautender Formulierung klar aus dem Vorhergehenden abgeleitet ist.

> In einer Welt, die durchaus die unsere ist, die, die wir kennen, eine Welt ohne Teufel, Sylphiden oder Vampire, geschieht ein Ereignis, das sich aus den Gesetzen eben dieser vertrauten Welt nicht erklären lässt. Der, der das Ereignis wahrnimmt, muss sich für eine der zwei möglichen Lösungen entscheiden: entweder handelt es sich um eine Sinnestäuschung, ein Produkt der Einbildungskraft, und die Gesetze der Welt bleiben, was sie sind (*das Unheimliche*), oder das Ereignis hat wirklich stattgefunden, ist integrierender Bestandteil der Realität. Dann aber wird diese Realität von Gesetzen beherrscht, die uns unbekannt sind (*das Wunderbare*). Entweder der Teufel ist eine Täuschung, ein imaginäres Wesen, oder aber er existiert wirklich, genau wie andere Lebewesen – nur dass man ihm selten begegnet. Das Fantastische liegt im Moment dieser Ungewissheit; sobald man sich für die eine oder die andere Antwort entscheidet, verlässt man das Fantastische und tritt in ein benachbartes Genre ein, in das des Unheimlichen oder das des Wunderbaren. Das Fantastische ist die Unschlüssigkeit, die ein Mensch empfindet, der nur die natürlichen Gesetze kennt und sich einem Ereignis gegenübersieht, das den Anschein des Übernatürlichen hat.[17]

Das Fantastische wird hier also als Moment des Schwankens oder der Ungewissheit definiert, in dem ein unvorhersehbares Ereignis den Gesetzen, die die Realität beherrschen, zu trotzen scheint. Die Domäne des Fantastischen ist durch das

---

14 Peter Penzoldt: *The Supernatural in Fiction*, New York: Humanities Press 1965, S. 9.
15 Tzvetan Todorov: *Einführung in die fantastische Literatur*, übers. v. Karin Kersten, Senta Menz u. Caroline Neubaur, München: Hanser 1972, S. 35.
16 Ebd.
17 Ebd., S. 25 f. [Anm. d. Übers.: Ergänzungen in Klammern von Alazraki.]

begrenzt, was Todorov „das unvermischt Unheimliche" (das Übernatürliche geschieht nicht wirklich, sondern nur in unserer Einbildung) und „das unvermischt Wunderbare" (das Übernatürliche bricht in die Realität ein) nennt, und sein Wirkungskreis ist jener flüchtige Bereich, der von diesen beiden benachbarten Gattungen eingegrenzt wird. Wodurch unterscheidet sich nun diese Definition von den Vorhergehenden? Louis Vax sagt, „das Phantastische erfordert den Einbruch eines übernatürlichen Ereignisses in eine von der Vernunft regierten Welt"[18] und stellt später fest, dass „nicht-beängstigende übernatürliche Erscheinungen in der phantastischen Erzählung keine Rolle spielen."[19] Für Roger Caillois, „[offenbart] das Phantastische dagegen […] ein Ärgernis, einen Riss, einen befremdenden, fast unerträglichen Einbruch in die wirkliche Welt."[20]

Der Unterschied liegt also nicht so sehr in der Definition, sondern in der Wirkung, die dieses „Schwanken", wie es Todorov ausdrückt, das „Einbrechen", wie Vax sagt, oder der „Riss", wie es Caillois nennt, im Leser auslöst. Für die beiden letztgenannten ist das Fantastische in der Angst, dem Schauder oder dem Grauen erkennbar, das den Leser befällt, sobald ein außergewöhnliches Ereignis die kausale Harmonie der Dinge durcheinanderbringt. Todorov bestreitet, dass dieser Effekt eine notwendige Bedingung der Gattung ist, doch im Zuge der Präzisierung distinktiver Merkmale des Fantastischen stellt er klar:

> Erstens erzielt das Fantastische einen speziellen Effekt beim Leser – Angst oder Grauen oder einfach Neugier –, den die anderen literarischen Gattungen oder Formen nicht hervorrufen können. Zweitens dient das Fantastische dem Erzählen, es erhält die Spannung: das Vorhandensein fantastischer Elemente erlaubt eine besonders gedrängte Organisation der Handlung. Drittens schließlich hat das Fantastische eine Funktion, die auf den ersten Blick tautologisch ist: es ermöglicht die Beschreibung eines fantastischen Universums, und dieses Universum hat deshalb noch keine Realität außerhalb der Sprache. Beschreibung und Beschriebenes unterscheiden sich der Natur nach nicht.[21]

Nun ist Spannung als organisierendes Element einer Erzählung kein exklusives Attribut von fantastischen Narrativen: Mehr oder minder ist sie der Natur jeglichen literarischen Erzählens inhärent; und die Neugierde, mehr als bloß Effekt, ist ein Anreger, ohne den wir die Lektüre eines Werkes weder beginnen noch fortsetzen würden, sei es nun literarisch oder nicht. Was den tautologischen Charakter der fantastischen Literatur betrifft, so handelt es sich hierbei erwiesenermaßen nicht um eine Funktion oder eine Wirkung, sondern um eine Eigenschaft, die

---

18 Vax: „Die Phantastik", S. 17.
19 Ebd.
20 Caillois: „Das Bild des Phantastischen", S. 45.
21 Todorov: *Einführung in die fantastische Literatur*, S. 84.

auch die Nachbargattungen des ‚Unheimlichen' und des ‚Wunderbaren' aufweisen. Todorov verweist im Anschluss ein weiteres Mal auf Angst und Grauen als einzige distinktive Wesenszüge der Fantastik. Zweifellos wisse aber jeder Leser, so fügt Todorov hinzu, dass es „fantastische Erzählungen [gibt], denen das Element der Angst völlig fehlt".[22] Dieser Widerspruch lässt sich nur dann auflösen, wenn wir die Funktionen des Fantastischen erweitern, jedoch natürlich ohne die Gattung als solche zu zerschlagen, ohne das Fantastische unnötigerweise als „getreulich[e] Reproduktion der Realität"[23] zu definieren, in welchem Falle sich jede Literatur fantastisch nennen dürfte. Mit anderen Worten: indem man Erzähltexte, die tatsächlich nur darauf aus sind, den Leser erschaudern zu lassen, von denjenigen unterscheidet, deren Funktion über diese Absicht hinausgeht.

Caillois z. B. unterscheidet drei Etappen in der Entwicklung der Gattung: das Märchen, das eigentlich Fantastische und die Science-Fiction. Im Märchen

verwirklicht der Mensch, dem noch keine Technik zur Verfügung steht, die es ihm erlaubt, die Natur zu unterwerfen, in einem imaginären Raum die naiven Wünsche, von denen er weiß, dass er sie nicht realisieren kann: an zwei Orten zur gleichen Zeit zu sein, unsichtbar zu werden, ferngesteuertes Handeln, die Möglichkeit, sich zu verwandeln oder Tiere und Geister als Diener zu haben, die Dämonen und die Elemente zu beherrschen, unbesiegbare Waffen, wirksame Salben, Füllhörner, unwiderstehliche Liebestränke zu besitzen und schließlich dem Alter und dem Tod zu entgehen.[24]

Das eigentlich Fantastische

konnte nur entstehen, nachdem die wissenschaftliche Auffassung einer zwangsläufig rationalen Ordnung der Dinge sich durchgesetzt hatte, nachdem ein strenger Determinismus in Bezug auf Ursache und Folge allgemein anerkannt worden war. Mit einem Wort, es entstand ein Zeitpunkt, an dem jeder mehr oder weniger von der Unmöglichkeit von Wundern überzeugt war. Wenn danach das Wunder Angst hervorrufen musste, dann nur, weil die Wissenschaft es verbannt hatte: es war unzulässig und erschreckend geworden.[25]

---

22 Ebd., S. 35. [Anm. d. Übers.: Im Original ohne Nachweis.]
23 Ebd. [Anm. d. Übers.: Im Original ohne Nachweis.]
24 Caillois: „Das Bild des Phantastischen", S. 62.
25 Ebd., S. 48. Schon der Aufsatz „Das Unheimliche" von Freud unterscheidet zwischen dem Märchen und der fantastischen Erzählung gemäß dem Kriterium, das Caillois hier wieder aufgreift: „Die Welt des Märchens z. B. hat den Boden der Realität von vornherein verlassen und sich offen zur Annahme der animistischen Überzeugungen bekannt. Wunscherfüllungen, geheime Kräfte, Allmacht der Gedanken, Belebung des Leblosen, die im Märchen ganz gewöhnlich sind, können hier keine unheimliche Wirkung äußern, denn für die Entstehung des unheimlichen Gefühls ist, wie wir gehört haben, der Urteilsstreit erforderlich, ob das überwundene Unglaubwürdige nicht doch real möglich ist, eine Frage, die durch die Voraussetzungen der Märchen-

In Europa liegt seine Geburtsstunde zur Zeit der Romantik. Auf jeden Fall erschien es kaum vor dem Ende des 18. Jahrhunderts und dort als Kompensierung eines Übermaßes an Rationalismus.[26]

Die Science-Fiction schließlich zeichnet sich nach Caillois folgendermaßen aus:

> Was nun das Wunderbare in der Science Fiction angeht – und wir meinen damit nicht eine simple oder kindische Form der Literatur, die sich mit Kriegen im All oder Weltraumreisen beschäftigt –, so geht es nicht aus einem Widerspruch mit den Ergebnissen der Wissenschaft hervor, sondern ist, im Gegenteil, eine Reflexion über ihre Macht vor allem über ihre Problematik […]; ihre Funktion [ist] die Erfüllung unbefriedigter Bedürfnisse vorzuspiegeln oder eine starke Verstörung zu mildern […].
> So – schlussfolgert Caillois – ist es zu erklären, dass die Phantastik das Märchen abgelöst hat und die Science Fiction allmählich die Phantastik […] ablöst.[27]

Caillois sagt uns nichts über einen Typ fantastischer Fiktion, der sich jeder Einordnung in eine dieser drei Kategorien widersetzt. Was sollen wir mit einigen Erzählungen von Kafka, Borges oder Cortázar machen, die unbestreitbar fantastische Vorfahren haben, doch auf Geister, Grusel und Technologie verzichten? Kafka, genauer *Die Verwandlung*, stellt auf einer universellen Ebene das paradigmatische Beispiel einer neuen Form des Fantastischen dar; keiner der Ansätze und keine der Funktionen, die den besprochenen Typen zugeschrieben

---

welt überhaupt aus dem Wege geräumt ist. […] Der Dichter kann sich auch eine Welt erschaffen haben, die, minder phantastisch als die Märchenwelt, sich von der realen doch durch die Aufnahme von höheren geistigen Wesen, Dämonen oder Geistern Verstorbener scheidet. Alles Unheimliche, was diesen Gestalten anhaften könnte, entfällt dann, soweit die Voraussetzungen dieser poetischen Realität reichen. […] Wir passen unser Urteil den Bedingungen dieser vom Dichter fingierten Realität an und behandeln Seelen, Geister und Gespenster, als wären sie vollberechtigte Existenzen […]. Anders nun, wenn der Dichter sich dem Anscheine nach auf den Boden der gemeinen Realität gestellt hat. Dann übernimmt er auch alle Bedingungen, die im Erleben für die Entstehung des unheimlichen Gefühls gelten, und alles was im Leben unheimlich wirkt, wirkt auch so in der Dichtung. Aber in diesem Falle kann der Dichter auch das Unheimliche weit über das im Erleben mögliche Maß hinaus steigern und vervielfältigen, indem er solche Ereignisse vorfallen läßt, die in der Wirklichkeit nicht oder nur sehr selten zur Erfahrung gekommen wären. Er verrät uns dann gewissermaßen an unseren für überwunden gehaltenen Aberglauben." (Sigmund Freud: „Das Unheimliche" (1919), in: ders.: *Studienausgabe Bd. IV. Psychologische Schriften*, hg. v. Alexander Mitscherlich, Angela Richards u. James Strachey, Frankfurt a. M.: S. Fischer 1970, S. 272 f.).

26 Caillois: „Das Bild des Phantastischen", S. 57.
27 Ebd., S. 60 f.

wurden, kommen hier zur Anwendung. Bezeichnenderweise schließt Caillois sie aus seiner *Anthologie du fantastique* aus. Auch für Vax gehört *Die Verwandlung* nicht zur Gattung des Fantastischen, sondern zur Psychoanalyse und zum Gedankenexperiment:

> Gregor gehört weiterhin zur Welt der Menschen, von der er auch nicht getrennt wird, wie der Geisteskranke oder das Tier. Sein Verhängnis ist eher tragisch als fantastisch. Gregor versucht weder zu zeigen, dass er unter seiner neuen Erscheinung im Wesentlichen er selbst bleibt, wie der Held/das Opfer in Walter de la Mares Roman *The Return*, noch erklärt er uns, wie es zu seiner Verwandlung kam, wie in Stevensons *Dr. Jekyll and Mr. Hyde*. Gregors Familie fragt sich nicht, ob das Ungeziefer wirklich Gregor ist, ob es möglich ist, dass derart ungewöhnliche Ereignisse stattfinden. Sie konsultieren weder Priester noch Arzt [...]; seine Verwandlung versetzt sie nicht in Erstaunen.[28]

Wie man sieht, verlangt Vax hier Äpfel vom Birnbaum: Er fordert von Kafkas Erzählung, dass sie gemäß einer Gattungspoetik verfährt, die sich am 19. Jahrhundert orientiert, die sich aber im 20. Jahrhundert als eng und unangemessen erweist. Um die Situation des Fantastischen im 20. Jahrhundert zu definieren, verwendet auch Todorov „den zweifellos berühmtesten der Texte, die sich in diese Kategorie einreihen lassen: Kafkas *Die Verwandlung*."[29]

Todorov erkennt allerdings, dass, wenn man diese Erzählung mit den vorher erarbeiteten Kategorien (das Unheimliche, das Fantastische, das Wunderbare) in Angriff nimmt, „sie sich von den traditionellen fantastischen Geschichten stark unterscheidet":[30]

> Zunächst einmal tritt das unheimliche Ereignis nicht nach einer Reihe indirekter Andeutungen ein, nicht als Höhepunkt einer stufenweisen Steigerung: es ist bereits im allerersten Satz enthalten. Die fantastische Erzählung ging von einer vollkommen natürlichen Situation aus, um beim Übernatürlichen zu enden, *Die Verwandlung* hingegen nimmt beim übernatürlichen Ereignis ihren Anfang, um jenem dann im Verlauf der Erzählung ein immer natürlicheres Ansehen zu geben. [...] [Kafka] behandelt das Irrationale als zum Spiel gehörig: seine Welt gehorcht insgesamt einer traumhaften, wenn nicht alptraumhaften, Logik, die mit dem Realen nichts mehr zu tun hat [...]. Die Kafkasche Erzählung lässt das außer acht, was wir die zweite Bedingung des Fantastischen genannt haben: die innerhalb des Textes selbst dargestellte Unschlüssigkeit, die insbesondere die Beispiele des 19. Jahrhunderts kennzeichnet.[31]

---

28 Vax: *L'art et la littérature fantastiques*, S. 85.
29 Todorov: *Einführung in die fantastische Literatur*, S. 150. [Anm. d. Übers.: Im Original ohne Nachweis.]
30 Ebd., S. 152.
31 Ebd., S. 152–154.

Schließlich fasst er zusammen: „Wir sehen uns also bei Kafka mit einem verallgemeinerten Fantastischen konfrontiert: [...] was in der Welt der [fantastischen Erzählung] Ausnahme war, wird hier zur Regel."[32]

Um die Idee des „verallgemeinerten Fantastischen" zu veranschaulichen, führt Todorov ein Zitat Sartres an, für den Schriftsteller wie Kafka oder Blanchot das Fantastische zu einer Sprache machten, die nicht mehr auf übernatürliche Wesen angewiesen ist und deren einziges fantastisches Objekt der Mensch ist:

> Ich setze mich – sagt Sartre –, bestelle einen Milchkaffee, der Kellner lässt mich die Bestellung dreimal wiederholen und wiederholt sie selbst, um jeden Irrtum auszuschließen. Er eilt davon, übermittelt die Bestellung einem zweiten Kellner, der sie notiert und an einen dritten weitergibt. Schließlich kommt ein vierter zurück und sagt: ‚Bitte schön', indem er ein Tintenfass auf meinen Tisch stellt. ‚Ich hatte aber einen Milchkaffee bestellt', sage ich. – ‚Na ja, genau', sagt er im Weggehen. Wenn der Leser beim Lesen solcher Erzählungen denkt, es handle sich um einen Ulk der Kellner oder um eine Kollektivpsychose (was uns beispielsweise Maupassant in *Le Horla* glauben machen wollte), dann haben wir das Spiel verloren. Aber wenn wir es verstanden haben, ihm den Eindruck zu vermitteln, dass die abstrusen Vorgänge ganz normale Verhaltensweisen in unserer Welt darstellen, dann wird er sich jählings mitten ins Phantastische versetzt fühlen.[33]

In diesem Beispiel findet sich nichts, das uns an die Angst und das Grauen denken lässt, das in der fantastischen Literatur des 19. Jahrhunderts sein Unwesen trieb. Eine Unruhe oder Ratlosigkeit, ja, als würde uns plötzlich der Boden unter den Füßen weggezogen und als würden wir eine neue Ebene betreten. Julio Cortázar hat mit beispielhafter Klarheit die Unterschiede erkannt, die diese beiden Genres trennt. Schon 1962 sagte er in Bezug auf die genrespezifische Abstammung seiner kurzen Geschichten: „So gut wie alle Erzählungen, die ich geschrieben habe, gehören einer Gattung an, die man mangels eines besseren Namens das Fantastische nennt."[34]

Er äußerte seine Bedenken hinsichtlich der Angemessenheit dieses Namens zur Gattungsdefinition seiner Erzählungen. Es war nicht allein ein terminologisches Unbehagen, sondern vielmehr ein substanzielles. 1975 spricht er eindeutig an, was seine Erzählungen den großen Meistern des Genres zu verdanken haben und was

---

32 Ebd., S. 155.

33 Ebd., S. 155. [Anm. d. Übers.: Eigentlich ist das Zitat von Sartre. Vgl. Jean-Paul Sartre: „*Aminadab* oder Das Phantastische als Sprache", in: ders.: *Der Mensch und die Dinge. Aufsätze zur Literatur 1938–1946*, übers. v. Lothar Baier u. a., hg. v. Lothar Baier, Reinbek bei Hamburg: Rowohlt 1978, S. 97.]

34 Julio Cortázar: „Algunos aspectos del cuento", in: *Casa de las Américas* Nr. 15–16, (1962), S. 3.

sie dagegen auf eine andere Ebene stellt, in eine neue Gattung, die wiederum, aus jener hervorgehend, einer anderen Wahrnehmung und Poetik folgt:

> Die Spuren von Autoren wie Poe finden sich zweifellos in den tiefsten Schichten vieler meiner Erzählungen, und ich glaube, dass ich ohne „Ligeia" oder ohne „Der Untergang des Hauses Usher" nicht diese Disposition gegenüber dem Fantastischen hätte, die mich in den unerwartetsten Augenblicken überfällt und zum Schreiben treibt, diesem einzigen Weg, gewisse Grenzen zu überschreiten und sich auf dem Terrain „des Anderen" einzurichten. Aber [...] etwas zeigte mir von Anfang an, dass sich der formale Weg zu dieser anderen Realität nicht in den literarischen Kniffen finden würde, auf die die traditionelle fantastische Literatur für ihr so gefeiertes „Pathos" angewiesen ist, dass er nicht in dieser verbalen Bühnenmalerei steckt, die darauf baut, den Leser von Anfang an zu „desorientieren", indem man ihn in ein morbides Ambiente stellt und ihn so dazu bringt, fügsam in das Mysterium und die Angst einzuwilligen. [...] Der Einbruch *des Anderen* geschieht in meinem Fall auf eine ausgesprochen triviale und prosaische Weise [...] [ohne] Andeutungen und Warnhinweise, *ad hoc* Szenarien und entsprechende Atmosphäre wie im Schauerroman oder modernen fantastischen Geschichten von minderer Qualität. [...] Hier ist ein Punkt erreicht, an dem es möglich ist [...] [meine Idee des Fantastischen] in einem weiteren und offeneren Spektrum zu erkennen als in der Ära der Schauerromane und jener anderen Geschichten, deren Merkmale Geister, Werwölfe und Vampire waren.[35]

Wenn für die fantastische Literatur Horror und Angst den Zugang *zum Bereich des Anderen* bilden, und der fantastische Text sich entlang dieses Weges ausrichtet, so verzichtet die neofantastische Erzählung auf die Angst, da *das Andere* aus einem neuen Wirklichkeitspostulat entsteht, aus einer neuen Weltsicht, die die Organisation und Funktionsweise der Erzählung modifiziert und deren Absichten sich deutlich von jenen unterscheiden, die das Fantastische verfolgte. Untersuchen wir nun diese drei Aspekte jeweils einzeln.

---

35 Julio Cortázar: „The Present State of Fiction in Latin America", in: Jaime Alazraki u. Ivar Ivask (Hg.): *The Final Island. The Fiction of Julio Cortázar*, Norman: University of Oklahoma Press 1978, S. 28–31.

II Ein neues Wirklichkeitspostulat

Die Ablehnung von Normen und Gesetzen, die unsere Vorstellung von Wirklichkeit auf eindeutige Weise festlegen, ist kein exklusiver Wesenszug der neuen Fantastik, sondern vielmehr ein Charakteristikum der zeitgenössischen Literatur, die

> nicht [...] eine anerkannte Sprache und übernommene Ideen bestätig[t], sondern die Konventionen der anerkannten Sprache und die gewohnten Muster der Ideenverkettung zerbrechen [will], um eine überraschende Verwendung der Sprache und eine ungewohnte Logik der Bilder vorzuführen, um den Leser einen Informationstyp, eine Interpretationsmöglichkeit, eine Vielfalt von Suggestionen zu vermitteln, die der Bedeutung als Kommunikation einer eindeutigen Botschaft diametral gegenüberstehen.[36]

Die zeitgenössische Kunst und Wissenschaft konfrontiert

> den modernen Menschen mit einem Weltbild [...], das nicht mehr den Schemata vergangener, mehr in sich ruhender und gesicherter Epochen entspricht, während auf der anderen Seite die Formeln, mit denen man das, was um uns geschieht, aufhellen könnte, noch nicht bekannt sind.[37]

Der experimentelle Charakter der zeitgenössischen Kunst ist eine Reaktion auf diese verlorene Sicherheit, er verweist auf die Notwendigkeit, eine Weltanschauung, die von unverrückbaren Axiomen und unanfechtbaren Gesetzen regiert wird, durch ein Weltbild zu ersetzen, das diesen Gesetzen nicht unterworfen ist, sich jedoch näher an der menschlichen Erfahrung weiß, und das, so es überhaupt von bestimmten Normen beherrscht wird, diese nicht preisgibt. Daher die Tendenz zur Mehrdeutigkeit und Unbestimmtheit, daher zwangsläufig ihr Naturell, dem Umberto Eco die Bezeichnung „offenes Kunstwerk" verliehen hat. Das offene Kunstwerk – oder das ‚Kunstwerk in Bewegung' –, so erklärt Eco, versteht sich als

> Kunst, die dem Rezipienten die Vorstellung eines Universums vermittelt, in dem er nicht Untertan, sondern verantwortlich ist, weil keine vorgegebene Ordnung ihm eine definitive Lösung garantiert; dagegen muss er mit hypothetischen und vorläufigen Lösungen arbeiten, in einer kontinuierlichen Negation des bereits Erworbenen und in einer Institution mit neuen Grundsätzen.[38]

---

36 Umberto Eco: *Das offene Kunstwerk*, übers. v. Günter Memmert, Frankfurt a. M.: Suhrkamp 1977, S. 170.
37 Ebd., S. 431.
38 Umberto Eco: *Opera aperta*, Mailand: Bompiani 1962, S. 15. [Anm. d. Übers.: Dieses Zitat stammt aus dem Vorwort zur ersten Auflage (1962) der italienischen Ausgabe, das nicht auf Deutsch vorliegt, da die deutsche Übersetzung (1973) auf der leicht

Später postuliert Eco „vage oder präzise Resonanzen" zwischen diesem Typ von Kunst und einigen Tendenzen der zeitgenössischen Wissenschaft und erklärt:

> Die Bezugnahme auf das Raum-Zeit-Kontinuum zur Erklärung der Struktur von Joyces Universum ist in der fortgeschrittensten Kritik schon durchaus gängig; und es ist kein Zufall, wenn Pousseur bei der Bestimmung des Wesens seiner Komposition vom „Möglichkeitsfeld" spricht. Er benutzt dabei zwei außerordentlich aufschlussreiche Begriffe aus anderen Bereichen der modernen Kultur: der des Feldes kommt aus der Physik und impliziert eine neue Auffassung von den klassischen Beziehungen zwischen Ursache und Wirkung, die man bisher eindeutig und einsinnig verstand, während man sich jetzt ein komplexes Interagieren von Kräften, eine Konstellation von Ereignissen, einen Dynamismus der Struktur vorstellt; der Begriff der Möglichkeit ist ein philosophischer Terminus, der eine ganze Tendenz der zeitgenössischen Wissenschaft widerspiegelt: Das Abgehen von einer statischen und syllogistischen Auffassung der Ordnung, die Offenheit für eine Plastizität persönlicher Entscheidungen und eine Situations- und Geschichtsgebundenheit der Werte.[39]

Daraus wird ersichtlich, dass „das Natürliche, das Reale, das Normale" nur in Relation zu einer gewissen historisch-kulturellen Situation besteht und dass deren Herausforderung oder Ablehnung ein inhärenter Wesenszug nicht nur der fantastischen, sondern der gesamten zeitgenössischen Kunst ist, die aus einer anderen kulturellen Situation hervorgeht und die auf der Suche nach einer Poetik ist, die eben diese neue Ordnung zu fassen in der Lage ist. Wenn Todorov, um die in der *Verwandlung* abgebildete Welt zu beschreiben, behauptet, dass sie „einer traumhaften […] Logik [gehorcht], die mit dem Realen nichts mehr zu tun hat",[40] denkt er nach wie vor an eine Wirklichkeit, die von kausalen Gesetzen zusammengehalten wird, welche das Weltbild im Realismus des 19. Jahrhunderts auszeichneten, die jedoch untauglich werden, wenn es um die Vorstellung von Realität in der zeitgenössischen Kunst geht, da diese aus anderen historisch-kulturellen Umständen und aus einem neuen „Möglichkeitsfeld" entspringt. Nicht nur die neue Fantastik, sondern die gesamte zeitgenössische Literatur operiert aus einer offeneren Perspektive heraus, von der aus der Autor ein breiteres und komplexeres Feld umfasst, in dem sich die Kategorien von Ursache und Wirkung und die Gesetze der Identität aufzulösen beginnen, und mit ihnen das klare und minuziöse Bild der im Handwebstuhl geflochtenen Wirklichkeit der Syllogismen.

---

veränderten zweiten Auflage (1967) basiert, die mit einem neuen Vorwort versehen wurde. Die spanische Übersetzung, aus der Alazraki zitiert, erschien bereits 1965.]
39 Eco: *Das offene Kunstwerk*, S. 47 f.
40 Todorov: *Einführung in die fantastische Literatur*, S. 154. [Anm. d. Übers.: Im Original ohne Nachweis.]

III Die Funktionsweise

Die Literatur des Wunderbaren funktioniert nach einem Mechanismus, der dem der Träume gleicht, wo die Bilder die unbefriedigten oder gescheiterten Wünsche des Bewusstseins im Unbewussten erfüllen. Doch werden diese Wünsche nicht eins zu eins auf die Leinwand der Träume projiziert: nicht gänzlich von der Herrschaft des Bewusstseins befreit, zeigen sie sich metonymisch verschoben oder metaphorisch verwandelt.[41] In diesen Metaphern und Metonymien erkennen wir verdrängte Handlungen und aufgeschobene Wünsche. Der magische Teppich oder das geflügelte Pferd des Märchens agieren im Sinne einer analogen Verschiebung: Es sind die Kräfte der Imagination, die auf der Ebene der historischen Realität unerreichbare Wünsche ausdrücken. Die Wunderdinge der Märchen sind „Ausdruck einfacher Wünsche [...]. Sie entstehen ohne viel Umwege aus den Unzulänglichkeiten der menschlichen Existenz".[42] Das Märchen versucht, kurz gesagt, Wünsche zu erfüllen, die dem Menschen in seiner alltäglichen Realität verwehrt sind. Mit der Entwicklung der Wissenschaften verliert es ihre Wirkungskraft und Popularität: Heute wissen wir mit Sicherheit, dass in einer Welt, die von unerschütterlichen Gesetzen beherrscht wird, kein Platz für Elfen oder Kobolde ist und dass das Düsenflugzeug den fliegenden Teppich aus *Tausendundeiner Nacht* zu einer harmlosen Antiquität gemacht hat.

Die fantastische Literatur des 19. Jahrhunderts ist nicht nur als Ersatz des Wunderbaren zu verstehen; sie ist darüber hinaus eine Art Herausforderung der Unfehlbarkeit der von der Wissenschaft postulierten Gesetze. Sie ist ein Dementi dieser Gesetze, eine Reaktion auf den Rationalismus, oder wie schon gesagt wurde „ein Spiel mit der Angst" in einer Welt, in der die Angst besiegt und vertrieben wurde. Im Unterschied zum Wunderbaren, dessen Funktionsweise einem Bild ähnelt, das durch seine Explizität dem Vergleich näher ist als der Metapher, funk-

---

41 In der *Traumdeutung* unterscheidet Freud vier Modi der Traumarbeit: Verschiebung, Verdichtung, Identifizierung und Symbolisierung. (Vgl. Sigmund Freud: *Die Traumdeutung* (= *Studienausgabe* Bd. *II*), hg. v. Alexander Mitscherlich, Angela Richards u. James Strachey, Frankfurt a. M.: S. Fischer 1972. Darin vor allem Kapitel VI, „Die Traumarbeit", S. 280–487.) Jakobson nimmt diese vier Kategorien wieder auf und ordnet sie nach den linguistischen Kategorien der *Kontiguität* („der metonymische Pol") und der *Similarität* („der metaphorische Pol") neu an. (Vgl. Roman Jakobson u. Morris Halle: *Grundlagen der Sprache*, übers. v. Georg Friedrich Meier, Berlin: Akademie Verlag 1960, S. 65–70.)

42 Caillois: „Das Bild des Phantastischen", S. 62.

tioniert das Fantastische wie ein Anakoluth. Das Anakoluth ist nicht nur eine syntaktische Inkonsequenz: eine grammatikalisch veränderte Konstruktion, die die normative Ordnung des Diskurses kippt. Das Anakoluth, wie jedes Stilmittel, ist eine Abweichung von Modellen, die für gewöhnlich als „normal" akzeptiert sind, mit der Absicht, jene Restriktionen zu überwinden, die diese Modelle oder Normen den Ausdrucksmöglichkeiten der Sprache aufzwingen. Das Anakoluth und das Fantastische sind Verfahren, die versuchen, einen Bruch innerhalb einer festgesetzten Ordnung zu provozieren. Indem das Fantastische die Grammatik, die die Wirklichkeit beherrscht, negiert oder ihr vorübergehend widerspricht, produziert es ein Frösteln, ein Schaudern oder ein Grauen; man könnte es daher als ein Anakoluth im literarischen Diskurs definieren: In einer konventionellen und, auf rationale Weise, als normal oder real definierten Realität (man entschuldige die Tautologie) entsteht eine Aufspaltung oder Abzweigung von einer axiomatisch akzeptierten Ordnung, es geschieht das, was gemäß den herrschenden Gesetzen dieser Ordnung nicht geschehen kann. In fast allen Gattungsdefinitionen, die wir besprochen haben, besteht die Funktion des Fantastischen darin, den Leser zu erschüttern und in ihm Angst und Schrecken auszulösen. Jeder Leser fantastischer Literatur weiß jedoch trotzdem, dass es Texte gibt, in denen das Element der Angst fehlt. Diese Inkonsequenz zwischen dem, was eine fantastische Narration gemäß den vorher angesprochenen Gattungsvorschriften auslösen sollte, und dem, was sie tatsächlich auslöst, entsteht unserer Ansicht nach durch die Tendenz, die Funktion des Fantastischen einem einzigen Effekt – der Angst – zuzuschreiben. Die Wahrnehmung eines Anakoluths wird als erste Reaktion ein Gefühl von Überraschung im Leser hervorrufen, wie es jeder Bruch einer Ordnung, in diesem Falle der syntaktischen, bewirken würde, doch reicht die Intention zweifellos noch viel weiter. Die Überraschung fungiert natürlich als Signal, wie ein Warnschild, das eine Umleitung anzeigt: indem sich der Leser in einen Zustand der Aufmerksamkeit versetzt sieht, wird er darauf vorbereitet, sich den Folgen dieser Umleitung auch bewusst zu werden. Die Funktion des Anakoluths kann man nicht einfach als diese primäre Überraschung des Lesers definieren, obwohl ihr dadurch das Verdienst zukommt, durch die Stimulation der Aufmerksamkeit des Lesers die Wirkungskraft des Textes zu erhöhen. Dem Anakoluth kommt darüber hinaus auch eine bedeutungstragende Intention zu. Die anfängliche Überraschung fungiert als Warnung, die den Leser in die Semantik der Botschaft einführt. Man darf nicht vergessen, dass das Anakoluth, wie jede rhetorische Figur, auf unterschiedliche Weise verwendet werden kann, also zu ornamentalem Zweck oder mit funktionaler Absicht. Der barocke Manierismus beispielsweise benutzte die stilistische Geschicklichkeit, um zu „überraschen, in Erstaunen zu setzen, zu blenden";[43] die Rhetorik war damals ein Fundus der Überraschungen, aus dem man sich bediente, um seinen Erfindungsgeist zur Schau zu stellen. Das Fantastische scheint sich nicht wesentlich vom Anakoluth zu unterscheiden, betrachtet man die Mechanik seiner Funktionsweise. Es gibt zweifelsfrei eine beachtliche Menge fantastischer Erzählungen, deren einziges Ziel ein Spiel mit der Angst des Lesers zu sein scheint, doch es besteht ebenso wenig Zweifel, dass in bestimmten Fällen die vom Fantastischen erzeugte Angst nur einen primären Effekt darstellt, als eine Art und Weise, dem Leser bestimmte Ideen nahezubringen, die der Autor zu vermitteln gedenkt. Erinnern wir uns an Penzoldts Aussage, dass „alle Erzählungen des Übernatürlichen Angstgeschichten [sind], die auf unserem Zweifel gründen, ob das, was wir für reine Imagination halten, am Ende nicht doch die Wirklichkeit ist."[44]

Wichtige Vertreter des Fantastischen wie Balzac, Poe oder Nerval suchten die Realität jenseits des symmetrischen Rasters von Ursache und Wirkung zu definieren und sahen im Wahnsinn einen Weg, ein klareres Bild von der Welt zu erlangen. Das Fantastische kann demnach eine Art und Weise darstellen, mit der Angst des Lesers zu spielen, doch darüber hinaus kann es auch eine Möglichkeit sein, die Wirklichkeit außerhalb der logischen Schemata und Systeme zu begreifen. Wie das Anakoluth erfüllt auch das Fantastische eine doppelte Funktion: eine syntaktische und eine semantische. Auf der Ebene der Syntax erzeugt es Überraschung (wenn wir vom Anakoluth als rhetorischem Stilmittel sprechen) oder Angst (wenn dieser Ordnungsbruch im Fantastischen stattfindet). Auf der semantischen Ebene transportiert der Bruch dieser Ordnung eine Aussage, eine Botschaft, die den Grenzen einer normativen Grammatik entgleitet und trotzt.

Beim Übergang zum Neofantastischen verliert die erste der Funktionen an Bedeutung. Das neue Fantastische versucht nicht mehr, dem Leser Angst einzujagen, es beabsichtigt nicht, ihn durch den Verstoß gegen eine unverletzliche Ordnung zum Erschaudern zu bringen. Die Übertretung ist hier Teil einer neuen Ordnung, die der Autor offenzulegen und zu begreifen versucht, doch mithilfe welcher Grammatik und nach welchen Gesetzen? Die Antwort besteht in jenen Metaphern, mit denen uns die neue Fantastik konfrontiert. Mit Hilfe dieser Metaphern versucht sie eine Ordnung zu fassen, die unserer rationalen Logik entgleitet, mit der wir normalerweise zwischen Realität und Irrealität der Dinge abwägen. Es ist normal, dass Kafka uns nicht erklärt, wer Gregor ist, wie sich seine Ver-

---

43 Nach der Definition von Ernst Robert Curtius: *Europäische Literatur und lateinisches Mittelalter*, Tübingen u. Basel: Francke 1993, S. 286.
44 Penzoldt: *The Supernatural in Fiction*, S. 9.

wandlung vollzogen hat, warum sich seine Familie nicht verwundert oder einen Arzt oder Priester konsultiert. Das einzig Wichtige ist der Zustand Gregors: uns wird, auf Kausalität und logische Schlussfolgerung verzichtend, eine pedantische Krankenakte vorgelegt, vollständig und sehr informativ, in der Gregor jedoch außen vor bleibt, gänzlich abwesend ist seine Menschlichkeit. Kafka bietet uns dagegen eine Metapher, durch die er Gregors Zustand andeutet und ihn definiert, ohne ihn zu definieren, er drückt ihn mittels eines Bildes aus, das die Logik der Kausalität übersteigt, um eine Logik der Ambiguität und der Unbestimmbarkeit einzuführen. Doch diese Ambiguität ist eine Art der Definition, sie ist ein Zeichen, durch das der Zustand Gregors zwar verschwommener wird, aber (schon die symbolistischen Dichter wussten, dass „diese Dunkelheit leuchtet"[45]) zugleich auch deutlicher.

Von Kafkas Technik wurde gesagt, dass sie

zunächst ein Einverständnis mit der Welt beinhaltet, eine Unterwerfung unter die Alltagssprache, doch unmittelbar danach einen Vorbehalt zeigt, einen Zweifel, eine buchstäbliche Furcht vor den von der Welt nahegelegten Zeichen. [...] Das Verhältnis zwischen Kafka und der Welt ist von einem fortwährendem *ja, aber* reguliert [...], das auf unnachahmliche Weise das realistische Projekt (*ja* zur Welt) und das ethische Projekt (*aber...*) durcheinander bringt: [...] Kafkas Vater behandelt ihn wie einen Parasit und so geschieht in der *Verwandlung* alles so, *als hätte sich Kafka* in einen Parasit verwandelt.[46]

Die Idee Roland Barthes' von einer Einmischung der ethischen Ebene in die historische Ebene stellt einen akzeptablen Ausgangspunkt dar, um die Mechanik des neuen Fantastischen langsam zu begreifen; diese Technik auf eines der zahlreichen Verfahren zu reduzieren, die die Fantastik des 19. Jahrhunderts verwendet hat und die darin bestand, die übertragene Bedeutung wörtlich zu nehmen oder rhetorische Figuren in die historische Ebene zu verlängern,[47] wäre jedoch eine übermäßige Vereinfachung, obgleich Kafka in einigen seiner Parabeln ein Sprichwort in ein literarisches Bild übertragen hat.[48] Es wäre, als würde man Gregors Schuldgefühl auf einem expliziten und spezifischen Faktor reduzieren, selbst wenn jeder Leser weiß, dass der Text eine derartige Spezifikation nicht enthält. Berechtigterweise fragt Heinz Politzer in seiner Analyse der *Verwandlung* hinsichtlich Gregors Schuldgefühl:

---

45 Anm. d. Übers.: „esa oscuridad es luminosa". Im Original ohne Nachweis.
46 Roland Barthes: „La response de Kafka", in: ders.: *Essais critiques*, Paris: Éditions du Seuil 1964, S. 141.
47 Vgl. Todorov: *Einführung in die fantastische Literatur*, S. 70.
48 Vgl. Heinz Politzer: *Franz Kafka, der Künstler*, Frankfurt a. M.: S. Fischer 1965, S. 158.

Liegt Gregors Schuld bei ihm selbst, in seiner Besitzgier und seiner Unfähigkeit, sich diesen Wahn einzugestehen? [...] Besteht seine Schuld darin, dass er außerstande ist zu erkennen, dass sich die „ersehnte unbekannte Nahrung" nicht verzehren und verdauen lässt? Ist diese „ersehnte unbekannte Nahrung" mit Musik identisch? Wenn sie aber mit Musik identisch ist, ist Gregor darum einer Verwandlung unterworfen worden, weil er seine Hingabe an das Unbekannte hat delegieren und von sich abschieben wollen? Weil er den Plan hegte, seine Schwester auf das Konservatorium zu senden, statt es selbst zu besuchen? Wollte er Grete als seine Botin ins Reich des Höheren und Ersehnten benützen? [...] Hätte er der Verwandlung vorbeugen können, wenn er in freiem Entschluss dem verhassten Broterwerb entsagt hätte und einem „ersehnten unbekannten" Beruf nachgegangen wäre, dem des Musikers zum Beispiel? Hätte er in der Musik sein Heil gefunden? Dient die Musik hier als ein Sinnbild der Kunst im allgemeinen und der ‚Betkunst', der Literatur, im besonderen? Prägt sich das Lebensparadox des *Urjunggesellen* im paradoxen Bild dieses Menschen aus, der einer Tiergestalt bedurfte, um sich über das Menschliche hinauszusehnen?[49]

Politzer kommt zu folgendem Schluss:

Wenn wir aber Gregors Verwandlung mit unseren Fragen umkreist haben, ohne je eine Antwort zu finden, dann sind wir lediglich dem Strukturprinzip gefolgt, das Kafka in dieser Erzählung zur Anwendung brachte. Dieses Prinzip ist: Bewegung ohne Ursprung und Ziel; sein Bild: der in sich selbst zurückkehrende Zirkel.[50]

Diese von Politzer formulierten Fragen sowie andere nicht formulierte sind sämtlich auf bestimmte Weise in Gregors Verwandlung impliziert, schöpfen allerdings deren Bedeutung nicht aus. Unter Umständen deshalb, so beobachtet er, da „das Grundgesetz der Kraft, die Gregors Verwandlung hervorrief, [...] ihre Undurchdringlichkeit [ist]":[51] Das lässt sich zwar als Bild beschreiben, jedoch nicht konzeptionell in logischen Termini definieren.

Es wird erzählt, dass, als Kafkas Verleger Kurt Wolff ihm eine Zeichnung des Titelblatts zeigte, das die Ausgabe der *Verwandlung* illustrieren sollte und das Gregor als Käfer darstellte, Kafka heftig protestierte: „Das Insekt selbst kann nicht gezeichnet werden. Es kann aber nicht einmal von der Ferne aus gezeigt werden." Als Gegenvorschlag regte er die Szene mit den Eltern und der Schwester im beleuchteten Zimmer an, während die Tür zum ganz finsteren Nebenzimmer offen steht.[52] Die Anekdote ist bedeutsam. Statt einer grafischen Umsetzung der repräsentativsten Aspekte oder Elemente seiner Geschichte versetzt uns Kafka auf

---

49 Politzer: *Franz Kafka, der Künstler*, S. 121 f.
50 Ebd., S. 123.
51 Ebd., S. 127.
52 Zit. n. Politzer: *Franz Kafka, der Künstler*, S. 128.

die Türschwelle eines dunklen Zimmers, genauso vieldeutig und mit Möglichkeiten beladen wie die Metapher seiner Erzählung selbst. Sie in all ihren Details zu interpretieren, sie in eine konventionelle Sprache übersetzen zu wollen, hieße, sie zu verstümmeln. In diesem Sinne, so die Beobachtung Umberto Ecos,

> beruht ein großer Teil der modernen Literatur auf der Verwendung des Symbols als Ausdruck des Unbestimmten, der für immer neue Reaktionen und Interpretationen offenbleibt. Kafkas Werk etwa erscheint als Beispiel eines „offenen" Kunstwerks par excellence: Prozeß, Schloß, Erwartung, Verurteilung, Krankheit, Verwandlung, Folter sind nicht Situationen, die in ihrer unmittelbaren wörtlichen Bedeutung verstanden werden sollen. Doch sind im Unterschied zu den allegorischen Konstruktionen des Mittelalters die mitschwingenden Bedeutungen hier nicht in eindeutiger Weise vorgegeben, werden von keiner Enzyklopädie garantiert, beruhen auf keiner Ordnung der Welt. Die verschiedenen existenzialistischen, theologischen, klinischen, psychoanalytischen Interpretationen der Kafkaschen Symbole können die Möglichkeiten des Werkes keineswegs erschöpfen: es bleibt unausschöpfbar und offen eben wegen dieser Ambiguität, deshalb, weil an die Stelle einer nach allgemeinen Gesetzen geordneten Welt eine auf Mehrdeutigkeit sich gründende getreten ist, sei es im negativen Sinne des Fehlens von Orientierungszentren oder im positiven einer dauernden Überprüfbarkeit der Werte und Gewissheiten.[53]

Für solche unbestimmt-offenen Zeichen, die in der neofantastischen Literatur mit überbordender Fantasie auftauchen, wo sich das Natürliche und das Übernatürliche vermengen und vermischen, um auf dem gleichen Boden zu koexistieren, bevorzugen wir die Bezeichnung der *Metapher* gegenüber der des Symbols. Nicht nur weil der Begriff des Symbols geradezu verschwenderisch exzessiv benutzt wird, sondern weil der Terminus Metapher ihre Strukturen klarer und wirkungsvoller benennt. Darüber hinaus darf man nicht vergessen, dass ‚Symbol' mittlerweile viel mehr bedeutet als ‚Bild'[54] und dass es durch diese Einschränkung einen Teil seiner abgenutzten Physiognomie wiedererlangt.

---

53 Eco: *Das offene Kunstwerk*, S. 37 f.
54 Vgl. hierzu das Kapitel „Bild, Metapher, Symbol, Mythus" in René Wellek u. Austin Warren: *Theorie der Literatur*, übers. v. Edgar u. Marlene Lohner, Frankfurt a. M. u. Berlin: Ullstein 1963, S. 163–187. Auf Seite 166 erklären sie: „Lässt sich das ‚Symbol' wesentlich vom ‚Bild' oder der ‚Metapher' unterscheiden? In erster Linie wohl durch das wiederholte Vorkommen und die Beharrlichkeit des ‚Symbols'. Ein ‚Bild' kann als Metapher einmal beschworen werden, aber wenn es beharrlich, als Präsentation oder Repräsentation, immer wieder auftaucht, wird es zum Symbol. Dann kann es sogar Teil eines symbolischen (oder mythischen) Systems werden."

Bedienen wir uns der von A. I. Richards[55] geprägten Nomenklatur und wenden sie auf *Die Verwandlung* als paradigmatisches Beispiel an, so ist es uns möglich, Gregor Samsas Zustand als den Tenor der Metapher zu beschreiben, das heißt, als jenen Teil des Bildes, den es zu definieren bzw. zu beschreiben gilt, und seine Verwandlung als das Vehikel, oder als den Teil des Bildes, der definiert bzw. das Subjekt oder den Tenor der Metapher relational beschreibt. Der Vergleich etabliert ein Verhältnis, das Tenor und Vehikel in einem bestimmten Aspekt koppelt und das Richards „Basis" nennt. In der *Verwandlung* erreicht die Basis eine Öffnung oder einen Winkel von 360°: Auf den begrenzten Raum, den ein Kreis gewährt, fällt eine unbegrenzte Anzahl an möglichen Interpretationen und Relationen zwischen Tenor und Vehikel. In einer einfachen Metapher wie „glasklar" ist der Öffnungswinkel der Basis begrenzt und augenblicklich erkennbar. Der Vergleich von Quellwasser und „einem klaren Glas" lässt ohne große Mühe das gemeinsame Element erkennen, das den Tenor mit seinem Vehikel verbindet: die Transparenz. In der *Verwandlung* dagegen widersetzt sich die Komplexität des Vehikels einer Basis mit festen Konturen. Selbst wenn man den Gedanken an das Verhältnis von Kafka zu seinem Vater (eine Auffassung, die ansonsten außerliterarisch ist, da sie nicht aus dem Text, sondern aus der Biografie hervorgeht) als vorrangige Motivation, als Keim der Metapher akzeptiert, besteht kein Zweifel daran, dass beim Erschaffen einer literarischen Form, beim Erkennen von Gregors Verwandlung als Vehikel, eine fiktionale Realität entsteht, die man nicht anders verstehen darf und kann als durch die im Text gegebenen Ausdrücke. Nehmen wir an, dass sich Kafka vor seinem Vater als Parasit fühlte oder gezwungen war, sich als Parasit zu fühlen; akzeptieren wir zudem, dass Kafka in der Geschichte eine Metapher wortwörtlich nimmt, die im übertragenen Sinne sein Verhältnis zum Vater beschreibt;

Auch Roland Barthes unterscheidet zwischen *Zeichen* und *Symbol* und unterstreicht das Unvermögen des letzteren zur Definition oder auch einfach zur Benennung der kafkaesken Metapher: „Das Symbol (das Kreuz des Christentums zum Beispiel) ist ein *gesichertes* Symbol, es bestätigt eine (teilweise) Analogie zwischen einer Form und einer Idee, es impliziert eine Sicherheit. Wenn die Figuren und die Ereignisse einer kafkaesken Erzählung symbolisch wären, würden sie auf eine positive (wenn auch verzweifelte) Philosophie verweisen, auf einen universellen Menschen: es ist nicht möglich, dem Sinn eines Symbols auszuweichen, im Gegenteil, das Symbol vereitelt dies. Die Erzählungen Kafkas aber erlauben tausend gleichermaßen plausible Lösungen, das heißt, dass keiner irgendein Wert zukommt." (Barthes: „La response de Kafka", S. 140.)

55 Ivor Armstrong Richards: *The Philosophy of Rhetoric*, New York u. London: Oxford University Press 1936, S. 96 ff. Vgl. außerdem Norman Friedman: „Tenor and Vehicle", in: Alex Preminger u. T.V.F. Brogan (Hg.): *Encyclopedia of Poetry and Poetics*, Princeton: Princeton University Press 1993, S. 1267–1269.

durch die Verwandlung in ein Insekt wird jedoch, als Folge seines neuen Zustands, Gregors gesamte Realität neu definiert. Eben seine Verwandlung birgt in sich die Bewusstwerdung neuer Bedeutungen und seine Situation bringt eine Totalität mit sich, in der die ursprüngliche Motivation (falls die Metapher nur einen einzigen übertragenen Sinn besitzt) nurmehr so wichtig ist wie eine Keimzelle im Verhältnis zum gesamten Organismus: Wie sich ein Organismus nicht aufgrund der Keimzelle definieren kann, da seine Biologie ungleich komplexer ist als dessen bescheidene Herkunft, ebenso wenig kann sich die ganze Vielfalt implizierter Bedeutungen in der *Verwandlung* nur hinsichtlich dieses Keims definieren (was auch immer dieser sei), von dem sie abstammt und sich entwickelt. Der Text besitzt nun die Unabhängigkeit eines entwickelten und komplexen Organismus. Entstanden aus der Erfahrung und den kreativen Fähigkeiten des Autors, hört er auf, nur dessen Attribut zu sein, um sich in eigenständige literarische Realität zu verwandeln. *Die Verwandlung* wird somit nicht zu einer Metapher Kafkas, sondern Gregor Samsas, und in dieser Metapher erkennt man eine ontologische Dimension, die die Figur selbst transzendiert und zur Erfahrung eines jeden einzelnen Lesers wird.

IV Die Ziele

Lassen wir also Angst oder Überraschung als diejenigen Unterscheidungsmerkmale, durch die sich das fantastische Genre im Laufe des 19. Jahrhunderts definiert hat, beiseite und fragen uns, was sich die Literatur des Neofantastischen vornimmt und aufgrund welcher Funktionen es möglich ist, ihre Semantik einzugrenzen. Die Antwort liegt implizit bereits in dem, was bis hierher schon über die neue fantastische Fiktion gesagt wurde; aber, müssten wir ihre Erkenntnisziele in einem Satz zusammenfassen, würden wir das wiederholen, was Sartre über das Fantastische bei Kafka oder Blanchot sagt: „[Sie] unternehmen [...] nicht mehr, außergewöhnliche Wesen zu schildern; für sie gibt es nur noch einen phantastischen Gegenstand: den Menschen."[56] Fragen wir uns nun, warum das Neofantastische auf diese alogischen Metaphern zurückgreift, deren Subjekt der Mensch und seine Situation in der Welt sein soll, und warum diese Literatur das Bild des Fantastischen braucht, um diesen Zustand des Menschen auszudrücken.

---

56 Sartre: „*Aminadab* oder Das Phantastische als Sprache", S. 96. [Anm. d. Übers.: Nur der zweite Satz ist von Sartre, der erste ist von Todorov, der wiederum Sartre zitiert. Vgl. Todorov: *Einführung in die fantastische Literatur*, S. 154.]

V Das Neofantastische als gnoseologische Alternative

Die Metapher als Struktur des Neofantastischen wendet sich von der aristotelischen Definition ab und nähert sich dagegen Nietzsches Metaphernbegriff an. In der *Poetik* definiert Aristoteles die Metapher als „die Übertragung eines Wortes (das somit in uneigentlicher Bedeutung verwendet wird), und zwar entweder von der Gattung auf die Art, oder von der Art auf die Gattung, oder von einer Art auf eine andere oder nach den Regeln der Analogie."[57] Diese Definition beruht

> auf einer wohl definierten Teilung der Welt in Arten und Gattungen [...], die den einzelnen Wesenheiten entsprechen, während für Nietzsche, dem das Wesen der Dinge für unbegreiflich gilt, Arten und Gattungen als solche nichts als menschliche, allzu menschliche Metaphern sind.[58]

Nietzsche verwandelt die Metapher von einem rhetorischen Konzept in eine grundsätzlich operative Konzeption, der zufolge

> die Wahrheit des Seins in symbolische Sprachen [übertragen wurde]: [...] das [innerste] Wesen der Welt, [...] das unabhängig von der es symbolisierenden Metapher besteht. [...] Das Eigentliche wäre ein Vater, wozu Metaphern sich wie dessen Söhne oder Enkel verhielten.[59]

Für den frühen Nietzsche ist die Philosophie eine Form von Dichtung, weil

> der neue Philosoph keinen rhetorischen Gebrauch von der Metapher macht, sondern sie dem Ziel einer richtigen Sprache oder einer strategischen Finalität unterordnet: Nichtstereotype, unverbrauchte Bilder verwenden, um die für jeden Begriff konstitutiven Metaphern zu demaskieren.[60]
> [...]
> Die Begriffe sind das Produkt eines Triebs zur Metaphernbildung, wie es die Konstruktion der Honigwaben bei der Biene ist. [...] [S]o wie die Biene, um überleben zu können, die Waben konstruiert und sie mit Honig anfüllt, den sie in der Außenwelt gesammelt hat, so konstruiert die Wissenschaft eine formal leere Architektur und lässt darin die Gesamtheit der Welt Platz finden.[61]

---

57 Aristoteles: *Poetik*, Kap. 21, übers. u. hg. v. Manfred Fuhrmann, Stuttgart: Reclam 2005, S. 67. [Anm. d. Übers.: Im Original ohne Nachweis.]

58 Sarah Kofman: *Nietzsche und die Metapher*, übers. v. Florian Scherübl, Berlin: Wolff Verlag 2014, S. 29.

59 Ebd., S. 29 f.

60 Ebd., S. 32 f.

61 Ebd., S. 96 f.

Im Gegensatz zu dieser konzeptionellen Welt, in der alles hierarchisiert und klassifiziert wurde, bis diese rechtmäßige Ordnung des Rationalen und Vernünftigen errichtet ward, stellt Nietzsche die Kunst:

> Der Trieb zur Metaphernbildung – verdrängt in der begrifflichen und wissenschaftlichen Tätigkeit, wo er sich nur sublimiert und maskiert manifestieren kann – bricht sich Bahn in Richtung anderer Domänen, der Lüge, dem Traum, dem Mythos, der Kunst: „Fortwährend verwirrt er [der künstlerische Mensch] die Rubriken und Zellen der Begriffe dadurch, dass er neue Übertragungen, Metaphern, Metonymien hinstellt, fortwährend zeigt er die Begierde, die vorhandene Welt des wachen Menschen so bunt unregelmässig folgenlos unzusammenhängend, reizvoll und ewig neu zu gestalten, wie es die Welt des Traumes ist."[62]
> [...]
> Wenn ein Dichter einen Baum als eine Nymphe reden lässt, zeigt er durch die Überschreitung der natürlichen Ordnung, die Möglichkeit des Sprechens in einer anderen Ordnung als jener auf, die von unseren Gewohnheiten erzwungen wird. Einem Gewächs, das nicht sprechen können „sollte", das Wort zu erteilen – das heißt, dass die Abwesenheit der Rede ein anderes System der Metaphern verbirgt, welche der Pflanze „eigentümlich" sind und es demaskiert auch unsere Sprache als metaphorisch. [...] Dank Kunst und Mythos, die die Verbote aufheben, wird alles möglich: Die Natur, weit entfernt von der Reduzierung auf Asche, wird verherrlicht: Sie ist Kunst, spielt mit sich selbst, indem sie die Welten erschafft und dekonstruiert; durch unaufhörliche Metaphern wirkend, treibt sie ihr Spiel, um den Menschen zu täuschen. Um dieses Spiel aufzuführen, muss sie stark genug sein, um die Illusion, die Maske, die Erscheinung, die Oberfläche zu wollen. Dieser Geschmack an der Mystifizierung inhäriert dem Trieb zur Metaphernbildung und tritt überall dort zutage, wo der Mensch seiner selbst sicher genug ist oder wenn immer er die Überschreitung nicht zu fürchten hat[.][63]

Diese Übertretung, die Nietzsche als das zentrale Merkmal der Metapher bestimmt, ist zweifellos die Keimzelle des Neofantastischen. Wenn Nietzsche schreibt, die Welt ist „eine Ausdichtung und Rundung über einer mageren Summe von Beobachtungen",[64] dann ist das Neofantastische ein Versuch, sie neu zu erfinden, ausgehend von einer neuen Sprache, ausgehend von einer Übertretung der Namen der Dinge: Laut Nietzsche müsse man einsehen,

---

62 Ebd., S. 111 f. [Anm. d. Übers.: Das zitierte Zitat stammt aus Nietzsches Essay *Über Wahrheit und Lüge im außermoralischen Sinne*, § 2. Die Einfügung ist von Kofman.]

63 Kofman: *Nietzsche und die Metapher*, S. 115–116.

64 Anm. d. Übers.: Es handelt sich um ein Zitat aus dem Fragment 2[108]. Vgl. Friedrich Nietzsche: *Nachgelassene Fragmente 1885–1887* (= *Sämtliche Werke, Kritische Studienausgabe Bd. 12*), hg. v. Giorgio Colli u. Mazzino Montinari, München, Berlin u. New York: dtv u. De Gruyter 1980, S. 114. Im Original ohne Nachweis.

dass unsäglich mehr daran liegt, *wie die Dinge heißen*, als was sie sind. [...] [E]s genügt, neue Namen und Schätzungen und Wahrscheinlichkeiten zu schaffen, um auf die Länge hin neue „Dinge" zu schaffen.[65]

So definiert präsentiert sich das Neofantastische als eine gnoseologische Alternative.

Die abendländische Kultur, diese „ganze künstliche Welt, in der wir als Glieder einer Gesellschaft leben",[66] ist in ihren Fundamenten das Werk der Griechen – „sie erfanden die Mathematik, die Naturwissenschaft und die Philosophie".[67] Der Dreh- und Angelpunkt dieser Kultur ist die Vernunft, mit deren Hilfe die Griechen allmählich die Dinge durch ihre Namen, die Realität durch eine Idee der Realität ersetzten. Seitdem ist Erkenntnis, nach der Definition von Locke, „die Wahrnehmung der Übereinstimmung oder Nichtübereinstimmung zweier Ideen",[68] und die Welt wurde

> mit Hilfe der Logik konstruiert[:] [...] Wo verschiedene Möglichkeiten auf den ersten Blick gleiche Wahrscheinlichkeit für sich zu haben scheinen, kommt man aufgrund dieser Logik dahin, alle außer einer einzigen zu verwerfen, die man dann für in der objektiven Welt verwirklicht erklärt.[69]

Die Allmacht der Vernunft wurde schon im vierten Jahrhundert durch das Aufkommen der Allmacht des Glaubens herausgefordert; in seinen *Confessiones* behauptet der Heilige Augustinus:

> Die Macht der Vernunft war [...] zur höchsten Macht des Menschen erhoben worden. Aber was der Mensch nicht erkennen konnte, solange ihm nicht durch göttliche Offen-

---

65   Friedrich Nietzsche: *Die fröhliche Wissenschaft*, Frankfurt a. M.: Insel 2000, S. 84. [Hervorhebung im Original. Anm. d. Übers.: Kofman verweist auf dieses Zitat in ihrer Arbeit, woraus Alazraki zitiert. Vgl. Kofman: *Nietzsche und die Metapher*, S. 126, EN 6 (= S. 261).]

66   Claude Lévi-Strauss: „Kultur und Sprache", in: *„Primitive" und „Zivilisierte". Nach Gesprächen aufgezeichnet von Georges Charbonnier*, übers. v. Alfred Kuoni u. Katrin Reinhart, Zürich: Arche 1972, S. 148.

67   Bertrand Russell: *Philosophie des Abendlandes. Ihr Zusammenhang mit der politischen und sozialen Entwicklung*, übers. v. Elisabeth Fischer-Wernecke u. Ruth Gillischewski, Frankfurt a M.: Holle 1950, S. 24.

68   Anm. d. Übers.: Im Original ohne Nachweis. Lockes Zitat lautet: „In der Erkenntnis sehe ich deshalb nichts anderes als die Wahrnehmung des Zusammenhangs und der Übereinstimmung oder Nichtübereinstimmung sowie des Gegensatzes zwischen beliebigen Ideen, die wir haben." Zit. n. Russell: *Philosophie des Abendlandes*, S. 507.

69   Bertrand Russell: *Unser Wissen von der Außenwelt*, übers. v. Walther Rothstock, Michael Otte u. a., hg. v. Michael Otte, Hamburg: Meiner 2004, S. 14 f.

barung die Erleuchtung zuteil wurde, war, dass die Vernunft selbst eine höchst frag-
würdige und zweischneidige Sache ist. Die Vernunft kann uns den Weg zum Licht, zur
Wahrheit und zur Weisheit nicht zeigen.[70]

Doch erst durch Kierkegaard gerät dieses Universum der klassischen Tradition
aufgrund seiner eigenen Konstruktion ins Stolpern und strauchelt daraufhin, bis
es schließlich in jene Situation stürzt, die Husserl „die Krisis des europäischen
Menschentums"[71] nennt. Doch Kierkegaard gehörte noch zu jener Generation von
Helden des Glaubens, die wie auch Buber und Unamuno versuchten, Gott aus
dem Heiligtum der Vernunft zu befreien, um mit Ihm zu kämpfen, „vom Morgen-
grauen an bis zum Einbruch der Nacht, ganz so wie Jakob mit Ihm kämpfte",[72] wie
es Unamuno ausdrückt: ein „menschlicher Gott", der mit dem abstrakten Gott der
Theologie nichts gemeinsam hat. Nietzsche dagegen geht von der Auffassung aus,
dass Gott tot ist, und wird diese Kritik, verheerend für die Vernunft als Maß aller
Dinge, zu Ende führen. In einem seiner früheren Werke, *Die Geburt der Tragödie
aus dem Geiste der Musik* (1871), wendet sich Nietzsche wütend gegen Sokrates,
gegen Kultur, verstanden als logische Erkenntnis, gegen den Schematismus der
Konzepte, gegen den Glauben, alles könne rational begriffen werden, gegen die
kausale Ordnung und schließlich gegen die Wissenschaft und ihre illusorische
Prämisse, dass die Existenz begreifbar wäre.

[E]ine tiefsinnige Wahnvorstellung [kam] zuerst in der Person des Sokrates zur Welt[:]
jener unerschütterliche Glaube, dass das Denken, an dem Leitfaden der Kausalität, bis
in die tiefsten Abgründe des Seins reiche, und dass das Denken das Sein nicht nur zu
erkennen, sondern sogar zu korrigieren im Stande sei. Dieser erhabene metaphysische
Wahn ist als Instinkt der Wissenschaft beigegeben[.][73]

Nietzsche verwirft die Möglichkeit, die Welt auf rationale Weise zu erkennen, und
proklamiert dagegen die Notwendigkeit, sie intuitiv zu begreifen. Das Vorbild
dazu liefern Aischylos und Sophokles. Die griechische Tragödie schaffe es, dem

---

70 Ernst Cassirer: *Versuch über den Menschen. Einführung in eine Philosophie der Kultur*,
    übers. v. Reinhard Kaiser, Hamburg: Meiner 1996, S. 27.
71 Anm. d. Übers.: Im Original ohne Nachweis. Alazraki bezieht sich hier auf den Titel
    eines Vortrags von Husserl von 1935. Vgl. Edmund Husserl: „Die Krisis des euro-
    päischen Menschentums und die Philosophie", in: ders.: *Die Krisis der europäischen
    Wissenschaften und die transzendentale Phänomenologie (= Husserliana Bd. IV)* hg. v.
    Walter Biemel, Den Haag: Martinus Nijhoff 1976, S. 314–349.
72 Anm. d. Übers.: Im Original ohne Nachweis. Vgl. Miguel de Unamuno: „Mi religión"
    (1907), in: ders.: *Ensayos, artículos y conferencias (= Obras completas, Bd. IX)*, hg. v.
    Ricardo Senabre, Madrid: Biblioteca Castro 2008, S. 52.
73 Friedrich Nietzsche: *Die Geburt der Tragödie*, Frankfurt a. M.: Insel 2000, S. 115.

Ausdruck zu verleihen, was Nietzsche den „dionysischen Geist" nennt. Dionysos repräsentiert die ontologische Einheit des Lebens, die ursprüngliche Einheit aller Wesen:

> Unter dem Zauber des Dionysischen schließt sich nicht nur der Bund zwischen Mensch und Mensch wieder zusammen: auch die entfremdete, feindliche oder unterjochte Natur feiert wieder ihr Versöhnungsfest mit ihrem verlorenen Sohne, dem Menschen.[74]

Angesichts dieser von der Vernunft verfälschten Welt

> will [die Poesie] das gerade Gegenteil sein, der ungeschminkte Ausdruck der Wahrheit und muss eben deshalb den lügenhaften Aufputz jener vermeinten Wirklichkeit des Kulturmenschen von sich werfen. Der Kontrast dieser eigentlichen Naturwahrheit und der sich als einzige Realität gebärdenden Kulturlüge ist ein ähnlicher wie zwischen dem ewigen Kern der Dinge, dem Ding an sich, und der gesamten Erscheinungswelt[.][75]

Die wahre Realität finde sich in der durch den dionysischen Geist belebten Kunst und nicht in der Wissenschaft: als der junge Tragiker Platon den Weg von Aischylos verließ, um sich Sokrates anzuschließen, musste er zuallererst seine Dichtungen verbrennen.[76]

> Wenn die alte Tragödie durch den dialektischen Trieb zum Wissen und zum Optimismus der Wissenschaft aus ihrem Gleise gedrängt wurde, so wäre aus dieser Tatsache auf einen ewigen Kampf zwischen *der theoretischen* und *der tragischen Weltbetrachtung* zu schließen, und erst nachdem der Geist der Wissenschaft bis an seine Grenzen geführt ist, dürfte auf eine Wiedergeburt der Tragödie zu hoffen sein.[77]

Der Mythos sei nur als eine Verbildlichung dionysischer Weisheit durch die Kunst zu verstehen; „er führt die Welt der Erscheinungen an die Grenzen, wo sie sich selbst verneint und wieder in den Schoß der wahren und einzigen Realität zurückzuflüchten sucht".[78] *Der tragische Mythus* – schließt Nietzsche – biete eine „Brücke, die ins Herz der Welt, in die wahre Realität führt: [...] Die Zeit des sokratischen Menschen ist vorüber."[79]

„Eine Brücke zur wahren Realität": Das ist es, was der Mensch seit seinen finsteren Ursprüngen für sich zu finden beanspruchte, das ist es, was die Wissenschaft seit den Griechen und fortan suchte, das ist es, was die Religionen aller Zeiten aufzudecken versprachen, das ist es, was die Dichter immer schon zu

---

74 Ebd., S. 32.
75 Ebd., S. 67.
76 Vgl. ebd., S. 107.
77 Ebd., S. 129 f.
78 Ebd., S. 166.
79 Ebd., S. 155, 163.

konstruieren versuchten. Doch Nietzsche spricht aus der Perspektive des europäischen Menschen, der eines Tages glaubte, in der Vernunft diese Brücke entdeckt zu haben, und seitdem in einer konzeptionell postulierten Realität lebt. Nicht ohne Ironie hat Whitehead bemerkt, dass „zweitausendfünfhundert Jahre abendländischer Philosophie nicht viel mehr sind als eine Reihe von Fußnoten zu Platon".[80] Dieser allumfassende Glaube an die Vernunft verleitete Hegel dazu, zu sagen, dass „das Wirkliche vernünftig ist, und das Vernünftige wirklich".[81] Für eine konsequente Erklärung der Hegel'schen Idee des kosmischen Ganzen müsse man – nach Russell – „die blasphemische Vermutung [hegen], das Universum habe sich allmählich Hegels Philosophie zu eigen gemacht".[82] Wenn man an die Unsinnigkeit dieser Schlussfolgerung denkt und an den berühmten Vers von Parmenides: „Das, was gedacht werden kann und das, was sein kann, ist das Gleiche, die Welt wurde durch Logik konstruiert",[83] beginnen wir, den Widerwillen Kierkegaards gegen die logischen Systeme und die Nostalgie Nietzsches für das präsokratische Griechenland des Mythos und der Tragödie zu verstehen, beginnen wir, die Husserl'sche Prognose zu verstehen, der zufolge „die europäische Krise in einem sich verirrenden Rationalismus wurzelt",[84] und wir beginnen zu verstehen, dass die Revision der epistemologischen Gültigkeit der Vernunft nicht mit den beizeiten ängstlichen Übertritten der Dichter-Philosophen (Kierkegaard, Nietzsche, Unamuno) zum Stillstand kam, sondern mit Jaspers und Heidegger ein systematisches Postulat wurde, formuliert im Fachjargon der professionellen Philosophen. Mehr noch: Wir beginnen die Unruhe und die Ungehaltenheit zu verstehen, die die Wissenschaft in den letzten Jahrzehnten in Bezug auf die Unfehlbarkeit von Zahlen und Konzepten an den Tag legte – in ihrem Bestreben, die Welt wissenschaftlich in Beschlag zu nehmen und sie ausschließlich rational zu begreifen. Die Wissenschaften – die mächtigste Bastion

---

80 Anm. d. Übers.: Im Original ohne Nachweis. In Whiteheads *Prozess und Realität* findet sich eine Stelle, die so ähnlich lautet und die hier vermutlich gemeint ist: „Die sicherste Charakterisierung der philosophischen Tradition Europas lautet, dass sie aus einer Reihe von Fußnoten zu Platon besteht." (Vgl. Alfred North Whitehead: *Prozess und Realität. Entwurf einer Kosmologie*, übers. v. Hans-Günter Holl, Frankfurt a. M.: Suhrkamp 1979, S. 91.)

81 Anm. d. Übers.: Im Original ohne Nachweis. Alazraki bezieht sich hier auf das berühmte Epigramm von Hegels Rechtsphilosophie von 1820: „Was vernünftig ist, das ist wirklich; und was wirklich ist, das ist vernünftig." (Vgl. Georg Wilhelm Friedrich Hegel: *Grundlinien der Philosophie des Rechts*, Frankfurt a. M.: Ullstein 1972, S. 11.)

82 Russell: *Philosophie des Abendlandes*, S. 608.

83 Anm. d. Übers.: Im Original ohne Nachweis.

84 Husserl: „Die Krisis des europäischen Menschentums", S. 337.

des Glaubens innerhalb der Allmacht der Vernunft – akzeptieren heute nicht nur, dass das Reale und das Rationale nicht identisch sind, wie Hegel glaubte, sondern dass zwischen diesen beiden ein unüberwindbarer Abgrund liegt. Einstein – das absolute Symbol für den Siegeszug der Wissenschaften dieses nicht mehr jungen Jahrhunderts – erkannte paradoxerweise an, dass die Wissenschaft „eine Schöpfung des Menschengeistes [ist] mit all den frei erfundenen Ideen und Begriffen, wie sie derartigen Gedankengebäuden eigen sind."[85] Die Anthropologie und besonders die Psychologie haben gezeigt, dass „die menschliche Vernunft die langjährige historische Schöpfung einer Kreatur [ist], der des Menschen",[86] und Freud, die strukturalistische Perspektive vorwegnehmend, die in der Psychoanalyse „die moderne Form der schamanischen Technik"[87] sieht, schreibt schon 1933 in einem Brief an Einstein:

> Vielleicht haben Sie den Eindruck, unsere Theorien seien eine Art von Mythologie, nicht einmal eine erfreuliche in diesem Fall [gemeint ist die Theorie des Todestriebs]. Aber läuft nicht jede Naturwissenschaft auf eine solche Art von Mythologie hinaus? Geht es Ihnen heute in der Physik anders?[88]

85 Albert Einstein u. Leopold Infeld: *Die Evolution der Physik*, übers. v. Werner Preusser, Wien: Zsolnay 1950, S. 342. Vgl. auch Maurice Merleau-Ponty: „Einstein und die Krise der Vernunft", in: ders.: *Zeichen*, übers. v. Barbara Schmitz u. a., Hamburg: Meiner 2007, S. 281–290. Darin kommentiert Merleau-Ponty die Auffassung der „Wissenschaft als Wundertäterin".

86 William Barrett: *Irrational Man; A Study in Existential Philosophy*, New York: Doubleday 1958, S. 32.

87 Claude Lévi-Strauss: „Die Wirksamkeit der Symbole", in: ders.: *Strukturale Anthropologie, Bd. 1*, übers. v. Hans Naumann, Frankfurt a. M.: Suhrkamp 1967, S. 225.

88 Sigmund Freud: „Warum Krieg?", in: ders.: *Fragen der Gesellschaft, Ursprünge der Religion (= Studienausgabe, Bd. IX)*, hg. v. Alexander Mitscherlich, Angela Richards u. James Strachey, Frankfurt a. M.: S. Fischer 1974, S. 282.

VI Die Perspektive der Wissenschaften

Betrachten wir einige der bedeutsamsten wissenschaftlichen Entdeckungen der letzten Jahrzehnte, wird eine bedenkliche Inkonsequenz ersichtlich zwischen den fundamentalen Prinzipien der Logik und dem, was diese Entdeckungen uns lehren. Die „Heisenberg'sche Unschärferelation" zum Beispiel zeigt, dass

unsere Fähigkeit die physischen Zustände der Dinge zu kennen und vorherzusagen, grundsätzlich limitiert ist, und konfrontiert uns mit einer Auffassung der Natur, wonach diese sich als im Grunde irrational und chaotisch herausstellen könnte.[89]

Für Hegel, der glaubte, dass „das Wesen des Wirklichen [...] sich allein aus der Erwägung ableiten [lasse], dass es sich nicht selbst widersprechen dürfe",[90] ergab diese Feststellung, dass die Realität ihre eigenen Gesetze missachte und die Sprache der Logik überhöre, um unversehens in einem „unverständlichen" Idiom zu uns zu sprechen. Das „Komplementaritätsprinzip" von Bohr, nach dem ein Elektron gleichzeitig sowohl als Welle als auch als Teilchen aufgefasst werden muss, ist ein Skandal für unsere von aristotelischer Logik und euklidischer Geometrie geformten geistigen Gewohnheiten. Nach diesem Prinzip ist A gleich A und doch nicht mehr A; A ist B und Nicht-B auf einmal. Nur durch die Annahme von Bohrs revolutionärem Vorschlag, der die Möglichkeit abweist, atomare Prozesse durch den exklusiven Gebrauch der Gesetze des klassischen Denkens zu erklären, hat die moderne Physik angefangen, dieses „unverständliche Idiom" der Natur zu verstehen. Einige Physiker haben in der Tat eine neue Logik vorgeschlagen, aus der das alte „Ausschlussprinzip" ausgeschlossen bleiben sollte.

Auf dem Feld der Mathematik, wo die Ratio seit jeher König war und seit Pythagoras als Modell und Beweis für die menschliche Fähigkeit diente, dem Universum eine verständliche Wendung zu geben, ist die Idee, dass ihre Lehrsätze auf der Ebene reiner Mathematik nichts aussagen, was der Wirklichkeit nahe käme, mehr und mehr zu einem Gemeinplatz geworden.[91] Im Jahr 1931 formuliert Kurt

---

89 Barrett: *Irrational Man*, S. 33.
90 Anm. d. Übers.: Im Original ohne Nachweis. Zit. n. Russell: *Philosophie des Abendlandes*, S. 604.
91 Vgl. Claude Lévi-Strauss: *Das wilde Denken*, übers. v. Hans Naumann, Frankfurt a. M.: Suhrkamp 1968, S. 285. In „Wie ich die Welt sehe" sagt auch Einstein: „Die am wenigsten verständliche Sache der Welt ist die Tatsache, dass die Welt verständlich ist." (Zit. n. Maurice Merleau-Ponty: „Einstein und die Krise der Vernunft", in: ders.: *Zeichen*, übers. v. Barbara Schmitz u. a., Hamburg: Meiner 2007, S. 282.) Diese Einstellung ist keine Ne-

Gödel sein berühmtes Theorem, wonach die verschiedenen Zweige der Mathematik teilweise auf Annahmen basieren, die nicht beweisbar sind.

Es gibt kein mögliches System für die menschliche Existenz, sagte Kierkegaard vor einem Jahrhundert und widersprach damit Hegel, der sich bemühte, die Realität in eine vollständig rationale Struktur zu fassen; das System ist für die Mathematik unmöglich, sagt uns Gödel heute.[92]

Die Versuche der Mathematiker, das Universum in eine Zahl zu komprimieren, sind nicht weniger ambitioniert als die Bemühungen eines Historikers, ein Bild der menschlichen Gesellschaft zu entwerfen. Lévi-Strauss hat gezeigt, dass die Geschichte eines Landes oder einer Zivilisation, wie wir sie aus Büchern kennen, nichts mit der Geschichte des Landes oder der Zivilisation zu tun hat, wie sie sich in Wirklichkeit zugetragen hat.

Jede Episode einer Revolution oder eines Krieges löst sich in eine Vielzahl psychischer und individueller Bewegungen auf; jede dieser Bewegungen bringt unbewusste Entwicklungen zum Ausdruck, und diese wiederum lösen sich in Erscheinungen der Gehirn-, Hormon- oder Nerventätigkeit auf, die selbst wieder physischer oder chemischer Natur sind… Infolgedessen ist die historische Tatsache nicht *mehr* „gegeben" als die anderen; der Historiker oder der Agent des historischen Werdens konstituiert sie durch Abstraktion und gleichsam unter der Drohung eines unendlichen Regresses […]. [D]er Historiker und der Agent der Geschichte [wählen], sie zergliedern und zerschneiden, denn eine wirklich totale Geschichte würde sie mit dem Chaos konfrontieren. […] Eine wahrhaft totale Geschichte würde sich selbst neutralisieren: ihr Produkt wäre gleich Null. […] [Der Historiker weiß, dass es nicht eine, sondern mehrere Geschichten beispielsweise der Französischen Revolution gibt und jede einzelne von ihnen gleichermaßen wahr ist; er muss] allen eine gleiche Wirklichkeit zuerkennen: doch nur, um zu entdecken, dass die Französische Revolution, so, wie man von ihr spricht, nicht existiert hat.[93]

---

gation der Kultur, sondern deren Neubewertung oder, wie Merleau-Ponty in Bezug auf Husserl betont: „Diese Erneuerung der Welt ist auch eine Erneuerung des Geistes, eine Wiederentdeckung des rohen Geistes (*l'esprit brut*), der von keiner Kultur gebändigt wurde, und dem es aufgetragen ist, aufs Neue die Kultur zu schaffen. Das Irrelative ist nun nicht die Natur an sich, noch das System der Inhalte des absoluten Bewusstseins und ebensowenig der Mensch, sondern jene „Teleologie", von der Husserl spricht – die in Anführungszeichen geschrieben und gedacht wird –, als ein Gefüge und Gerippe des Seins, das sich durch den Menschen erfüllt." (Merleau-Ponty: „Der Philosoph und sein Schatten", in: ebd., S. 264.)

92 Barrett: *Irrational Man*, S. 34.
93 Lévi-Strauss: *Das wilde Denken*, S. 296 f. [Anm. d. Übers.: Bei dem Satz in eckigen Klammern handelt es sich um eine Ergänzung Alazrakis.]

Der Mensch kreiert jedoch nicht nur im Bereich der Wissenschaften seine eigene Version der Natur; er erfindet darüber hinaus in der Geschichte ein Bild seiner sozialen Realität, die nicht weniger fiktiv ist als die Naturvorstellung der Wissenschaften. Noch im 19. Jahrhundert bestimmt Helmholtz die Aufgabe der Wissenschaft als das Bemühen, „[die Naturerscheinungen] der Herrschaft unseres Verstandes zu unterwerfen", und fügt hinzu: „wir müssen also an ihre Untersuchung gehen mit der Voraussetzung, dass sie zu begreifen sein werden."[94]

Im Laufe des 20. Jahrhunderts hat diese Annahme durch die ungewöhnliche Entwicklung der Wissenschaften an Halt verloren. Die Menschen, die heute in den Wissenschaften tätig sind, haben sich von der Idee verabschiedet, dass „die Natur eine Zahl und eine Harmonie darstellt",[95] um zu erkennen, dass zwischen den Phänomenen und den Wissenschaften eine unüberwindbare Distanz liegt. Die Welt, die wir dank der Wissenschaft kennen, wäre somit nicht weniger fantastisch, als der Planet Tlön aus Borges' Erzählung, das heißt „das Werk einer Geheimgesellschaft von Astronomen, Biologen, Ingenieuren, Metaphysikern, Dichtern, Chemikern, Algebraikern, Moralisten, Malern und Geometern".[96]

Die Welt, die wir kennen, ist lediglich unsere Idee der Welt.

[Die Erkenntnis] – so hat Ernst Cassirer beobachtet – vermag niemals das schlichte Wesen der Dinge einfach abzuspiegeln, sondern sie muss dieses Wesen in „Begriffe" fassen: sind aber Begriffe etwas anderes als Bildungen und Schöpfungen des Denkens, die eben als solche, statt der reinen Form des Gegenstandes, vielmehr nur die Form des Gedankens selbst in sich schließen? Demnach sind auch alle Schemata, die das theoretische Denken sich schafft, um mittels ihrer das Sein, die Wirklichkeit der Erscheinungen zu sichten, zu gliedern, zu übersehen, zuletzt nichts als bloße Schemen – als luftige Gespinste des Geistes, in denen sich nicht sowohl die Natur der Dinge, als seine eigene Art ausdrückt. Auch das Wissen ist damit […] zu einer Art von Fiktion geworden – zu einer Fiktion, die sich durch ihre praktische Brauchbarkeit empfiehlt, an die wir aber den strengen Maßstab der Wahrheit nicht anlegen dürfen, wenn sie uns nicht alsbald in Nichts zergehen soll.[97]

Cassirer und mit ihm die Wissenschaft der letzten Jahrzehnte scheint die alte idealistische These zu bestätigen, wonach die Dinge nur im Geiste dessen exis-

---

94 Hermann von Helmholtz: *Handbuch der physiologischen Optik*, Leipzig: L. Voss 1867, S. 455.

95 Anm. d. Übers.: Im Original ohne Nachweis.

96 Jorge Luis Borges: „Tlön, Uqbar, Orbis Tertius", in: ders.: *Gesammelte Werke, Erzählungen I*, übers. v. Karl August Horst, Wolfgang Luchting u. Gisbert Haefs, hg. v. Gisbert Haefs u. Fritz Arnold, München: Hanser 2000, S. 104.

97 Ernst Cassirer: *Sprache und Mythos. Ein Beitrag zum Problem der Götternamen*, Leipzig, Berlin: Teubner 1925, S. 6.

tieren, der sie wahrnimmt oder denkt. Eine solche Schlussfolgerung ist trotzdem
trügerisch. Heutzutage wird die Existenz der Dinge von wissenschaftlicher Seite
weder negiert noch unter einen Geist subordiniert, der ihnen erst durch den Akt
der Wahrnehmung Realität einräumt. Was die Wissenschaften behaupten, ist, dass
zwischen den Dingen und unserem Verständnis derselben eine unpassierbare Distanz besteht. Hegel hat sein „logisches System", dessen Substanz die Vernunft ist,
mit dem Universum identisch gesetzt. Was uns die Wissenschaften heute sagen,
ist, dass zwischen den menschlichen Systemen und der Ordnung des Universums
(gesetzt den Fall, eine solche Ordnung existiere) keine Identität möglich ist, und
dass die Wissenschaften, weit davon entfernt, Entwürfe der Objektwelt darzustellen, „Gespinste des Geistes"[98] sind. Daher die Schlussfolgerung Foucaults: „Die
tiefe Zusammengehörigkeit der Sprache und der Welt wird aufgelöst. Der Primat
der Schrift wird aufgehoben [...]."[99] Diese Trennung vollzieht sich allerdings nicht
so schnell, wie Foucault wollte. Gegenüber dem Wissenschaftler, der behauptet:
„Neben unserem Verstande steht wenigstens für die Auffassung der Aussenwelt
kein anderes gleichgeordnetes Vermögen da",[100] oder der schlussendlich dieser
Außenwelt entsagt, um zu erkennen, dass „die Wissenschaft eine Kreation des
menschlichen Geistes ist",[101] hat sich der Dichter oder der Künstler immer dazu
ermutigt, die Welt jenseits von Konzepten und dem Intellekt wahrzunehmen.
Der dionysische Geist, von dem Nietzsche spricht, ist nichts anderes als ein Er-
klärungsversuch dieser Bestrebungen. Im Wesentlichen ist das, was Nietzsche
vorschlägt, eine Substitution des Intellekts durch die Intuition, der Vernunft durch
den Mythos, der Konzepte durch Metaphern, der Wissenschaft als Verbindung zur
Außenwelt durch die Kunst als „eine Brücke zur wahrhaftigen Realität".

---

98   Anm. d. Übers.: Im Original ohne Nachweis. Vgl. das zuvor angeführte Zitat Cassirers,
     Cassirer: *Sprache und Mythos*, S. 6.
99   Michel Foucault: *Die Ordnung der Dinge. Eine Archäologie der Humanwissenschaften*,
     übers. v. Ulrich Köppen, Frankfurt a. M.: Suhrkamp 1971, S. 75.
100 Helmholtz: *Handbuch der physiologischen Optik*, S. 455.
101 Anm. d. Übers.: Im Original ohne Nachweis.

VII Ein Bild von Chirico

Es gibt wahrscheinlich kein anderes Bild, das den Graben zwischen Wissenschaft und Kunst mit größerer Intensität ausdrückt, als das Gemälde „Der Philosoph und der Dichter" von Giorgio de Chirico. Chirico vergleicht den bestirnten, grenzenlosen, unendlich weit entfernten Himmel mit dem gleichen Bild, zum Zeichen gemacht, in einem Bild inmitten seines Bildes. Die Büste des Philosophen steht dem Gemälde gegenüber; die Büste des Dichters hingegen steht gegenüber dem durch einen Fensterrahmen begrenzten Himmel, der das Bild des Gemäldes im Gemälde reproduziert. Chirico unterstellt, der Philosoph verschmähe den realen Himmel, den er als unzugänglich erfahren hat, und kehrt resigniert zu dessen Abbild zurück; hier fühlt er sich sicher: Es handelt sich um einen von Menschenhand geschaffenen Himmel, der nichts mit jenem anderen zu tun hat, der sich weit und unergründlich jenseits des Fensters erstreckt. Der Dichter dagegen sieht den wirklichen Himmel herausfordernd an, mit Hoffnung und Nostalgie, angetrieben von einem unbestechlichen Glauben an die Kunst als Offenbarung. In dem zum Bild gemachten Himmel wird die Natur auf ein Zeichen reduziert, das sie unter die Kontrolle des Intellekts stellt und sie wieder verständlich macht: sie existiert nur in Abhängigkeit zu dem vom Menschen geschaffenen Zeichen. Der Dichter strebt einen direkten Zugang zu den Dingen an, er will das Unkommunizierbare kommunizieren. Wenn, wie Borges beobachtet hat, die Realität simultan, die Sprache aber sukzessiv ist, so ist eine Übereinstimmung offensichtlich nicht erreichbar. Trotz dieser Einsicht versucht der Dichter weiterhin, sie zu überwinden; vom Scheitern des Wortes als Grundzustand ausgehend, erschafft er eine neue sprachliche Wirklichkeit, die versucht, ihr eigenes Scheitern zu überwinden. Man beachte, dass vom Standpunkt des Gemäldes von Chirico aus, die Büste des Dichters in den Himmel vertieft ist; aus der Sicht des Malers jedoch ist der vom Dichter betrachtete Himmel nicht weniger Abbild als das Himmel-Gemälde, das die Philosophenbüste ansieht. Hier deutet das Gemälde von Chirico aus einer Perspektive, die sich außerhalb des Gemäldes befindet, das im Versuch des Dichters enthaltene Scheitern an. Von außerhalb des Gemäldes sind der wirkliche Himmel des Dichters und der zum Zeichen reduzierte Himmel des Philosophen gleichermaßen Zeichen, mit denen der Maler seine Fiktion komponiert. Wenn wir uns jedoch auf das Spiel der Fiktion einlassen, wenn wir diese Zeichen unter ihrem neuen Wert und ihrer neuen Bedeutung, die ihnen der Künstler verliehen hat, sehen, beginnt sich ein neuer Raum zu formen, in dem das Gemälde seine Realität wiedererlangt. Hier betrachtet der Dichter die Wirklichkeit und der Philosoph ihr zeichenhaftes Abbild: Der Himmel des Dichters ist eine Frage; der Himmel des Philosophen ein Schema. Dennoch, wenn es soweit ist, die Frage zu stellen, im Moment der Übersetzung dieser intuitiven Auffassung von Wirklichkeit, ist der Dichter gezwungen, auf Worte zurückzugreifen, auf die durch Konvention geschaffenen Zeichen, die nicht weniger abstrakt und rational sind wie Zahlen. Die Magie des Dichters besteht genau darin, mithilfe der Sprache eine neue Sprache zu erschaffen, die diese transzendiert, darin, dem Verb seine verlorene Wirklichkeit wiederzugeben, darin, mithilfe von Begriffen Anschauungen zu konstruieren, die diese Begriffe negieren, darin, mit Zeichen Wirklichkeiten zu schaffen.

> Der Dichter hat kein anderes Mittel – schreibt Paz – als sich der Worte zu bedienen – jedes einzelne mit einer ähnlichen Bedeutung wie die anderen – und mit ihnen eine neue Sprache zu erschaffen. Seine Worte, nach wie vor Sprache – das heißt: Kommunikation –, sind gleichzeitig etwas anderes: Poesie, etwas *nie Gehörtes*, *nie Gesagtes*, etwas, das Sprache ist und sie negiert und weit darüber hinaus geht [...], Worte auf der Suche nach dem Wort.[102]

Auch das Fantastische bietet uns „nie gehörte" Bilder. Mehr noch: Bilder, die ohne die rationale Ordnung auskommen, aus der die Worte und die Grundfesten unserer Kultur gemacht sind, um uns eine Ordnung zu offenbaren, die das Konventionelle übersteigt, „die sie negiert und weit darüber hinaus geht". Die Wissenschaften scheinen den Verdacht und den Vorbehalt des Fantastischen bezüglich dieses rational geordneten Wirklichkeitsbildes zu bestätigen. Umberto Eco hat im Hinblick darauf beobachtet, dass man wohl nicht zu weit gehe, „wenn man in der Poetik des ‚offenen' (und noch mehr des *Kunstwerks in Bewegung*), [...] die vagen oder präzisen Resonanzen einiger Tendenzen der modernen Wissenschaft sieht".[103] Zur Erläuterung:

> In der Tat ist es immer riskant, zu behaupten, dass die Metapher oder das poetische Symbol, die musikalische Realität oder die plastische Form tiefschürfendere Werkzeuge der Erkenntnis seien als die der Logik. Die Wissenschaft ist der autorisierte Bereich der Welterkenntnis, und jedes Streben des Künstlers in dieser Richtung laboriert, so sehr es auch poetisch produktiv werden mag, an einem Missverständnis. Aufgabe der Kunst ist es weniger, die Welt zu *erkennen*, als Komplemente von ihr hervorzubringen, autonome Formen, die zu den schon existierenden hinzukommen und eigene Gesetze und persönliches Leben offenbaren. Gleichwohl kann jede künstlerische Form mit höchstem Recht wenn nicht als Surrogat der wissenschaftlichen

---

102   Octavio Paz: *Corriente alterna*, México: Siglo XXI 1967, S. 7–9.
103   Eco: *Das offene Kunstwerk*, S. 47 f.

Erkenntnis so doch als *epistemologische Metapher* angesehen werden: das will heißen, dass in jeder Epoche die Art, in der die Kunstformen sich strukturieren – durch Ähnlichkeit, Verwandlung in Metaphern, kurz Umwandlung des Begriffs in Gestalt –, die Art, wie die Wissenschaft oder überhaupt die Kultur dieser Epoche die Realität sieht, widerspiegelt.[104]

Diese Kunstformen, indem sie als Metaphern fungieren, erlauben ein weniger abstraktes, unmittelbareres und umfassenderes Verständnis einer Version der Wirklichkeit, die fortlaufend durch die Wissenschaft korrigiert und erweitert wird. Auf dieses unaufhörliche Neuanpassen zwischen den Vorstellungen von Realität, die unsere Kultur entwirft, und den Metaphern der Kunst weist Cortázar hin, wenn er erklärt:

> Die Art der Probleme, die die Reflexion im Athen des fünften Jahrhunderts vor Christus auslösten, ist im Grunde die gleiche geblieben, weil sich unsere logischen Strukturen nicht verändert haben. Die Frage ist folgende: Kann man etwas anderes tun, etwas anderes werden? Jenseits der Logik, jenseits der kantschen Kategorien, jenseits des gesamten intellektuellen Apparats des Okzidents – würde man zum Beispiel eine Welt postulieren, wie jemand, der eine nicht-euklidische Geometrie postuliert – ist so ein Fortschritt möglich? Schaffen wir es so auf einem authentischeren Grund und Boden Fuß zu fassen? Ich weiß es natürlich nicht. Aber ich glaube daran.[105]

Cortázar lotet auf einer literarischen Ebene Möglichkeiten und Alternativen neu aus, mit denen sich die Wissenschaft ungefähr seit Mitte des 19. Jahrhunderts auseinandersetzt.

---

104 Ebd., S. 46.
105 In: Luis Harss: *Los nuestros,* Buenos Aires: Sudamericana 1968, S. 288.

VIII Die nicht-euklidische Geometrie und das Neofantastische

Die neuen Behauptungen der nicht-euklidischen Geometrie erschienen den Mathematikern des 18. Jahrhunderts fantastisch. Bis weit ins 19. Jahrhundert hinein waren Rationalisten und Empiriker nach wie vor von Axiomen abhängig, die über Jahrhunderte hinweg als Beispiele ewiger Wahrheit galten. Gauss, der Pionier der neuen Geometrie, entschloss sich schließlich, einige der grundlegenden Konzepte zu veröffentlichen:

> Eine Mehrheit von „Geometrien" anzuerkennen schien daher nichts Geringeres einzuschließen, als auf die Einheit der „Vernunft", der ihr eigentlicher und auszeichnender Charakter ist, Verzicht zu leisten.[106]
> Nichts scheint für die Anschauung gewisser zu sein als die Tatsache, dass eine krumme Linie in jedem ihrer Punkte eine „Richtung", eine bestimmte Tangente haben müsse. Aber Weierstraß konnte zeigen, dass es Funktionen gibt, die überall stetig, aber nirgends differenzierbar sind, denen also Kurven entsprechen, für die die hier gegebene Bedingung aufgehoben ist. Ebenso gab später Peano die Darstellung einer „Kurve", die ein ganzes Quadrat erfüllt, die also, im Sinne einer anschaulichen Interpretation, ein höchst paradoxes Gebilde darstellt. Möbius zeigte [...], dass es Polyeder gibt, denen man auf keine Weise einen bestimmten Rauminhalt beilegen kann.[107]

Es gibt also nicht eine Geometrie, sondern mehrere. Was in einer von ihnen unerklärbar ist, findet in einer anderen eine zufriedenstellende Antwort. Die sogenannte metrische oder euklidische Geometrie zum Beispiel bedeutet einen großen Schritt nach vorne im Vergleich zur unmittelbaren sinnlichen Anschauung, die nur „ein hic et nunc, [...] nur örtlich-bestimmte und individualisierte Gestalten"[108] kennt. In der euklidischen Geometrie sind ähnliche Dreiecke, die sich nur durch ihre absolute Lage im Raum und durch ihre Seitenlänge unterscheiden, nicht verschiedene Figuren, sondern eine einzige geometrische Figur. In der affinen Geometrie dagegen, wo sich das Problem von Länge und Winkel nicht mehr stellt, hört die Unterscheidung zwischen Kreis und Ellipse auf zu existieren. Gehen wir weiter zur projektiven Geometrie, so verschwindet die

---

106 Ernst Cassirer: *Das Erkenntnisproblem in der Philosophie und Wissenschaft der neueren Zeit. Bd 4: Von Hegels Tod bis zur Gegenwart (1832–1932)*, Stuttgart: Kohlhammer 1957, S. 32.
107 Ebd.
108 Ebd., S. 41. [Anm. d. Übers.: Im Original ohne Nachweis.]

Unterscheidung zwischen endlicher und *unendlicher Ausdehnung*, die in der affinen Geometrie noch aufrechterhalten wurde. Dieser Auflösungsprozess von Grenzen und Unterscheidungen von einer Geometrie zur nächsten wird aufs Äußerste getrieben, sobald man die *Analysis situs* erreicht, in der Kegel, Würfel und Pyramiden eins werden, da jede von ihnen aufgrund einer stetigen Transformation das jeweils andere sein könnte: Die partikulären Formen weichen zugunsten einer einzigen Struktur.[109] Eine an eine räumliche Anschauung angepasste Geometrie stellt sich in einer anderen als unzureichend dar. Geht man von der gewöhnlichen sensorischen Wahrnehmung zur euklidischen Geometrie über, und von dieser zur nicht-euklidischen in ihren verschiedenen Ausprägungen, so treten räumliche Formen in einem immer höheren Komplexitätsgrad an den Tag. Der Prozess kann in allen Wissenschaften nachgewiesen werden: Das Elektronenmikroskop enthüllt dem Biologen Welten, die für das menschliche Auge nicht existent sind, und vom Standpunkt unserer Sinneswahrnehmung aus könnten auch die mittels einer Nuklearrakete aufgenommenen Fotos vom Mars leicht als eine fantastische Erfindung der Einbildungskraft durchgehen.[110] Etwas Ähnliches geschieht mit künstlerischen Ausdrucksformen.

---

109 Vgl. ebd., S. 41.
110 In diesem Sinne bietet die Mathematik das überzeugendste Beispiel. Für die Mathematiker des alten Griechenlands bedeutete die Entdeckung der irrationalen Zahlen eine tiefgreifende Erschütterung: „Aus der Sicht der griechischen Logik und Mathematik waren die ‚irrationalen Zahlen' ein Widerspruch in sich. Sie waren [...] etwas, das nicht gedacht werden konnte und von dem nicht gesprochen werden konnte. [...] Die Erweiterung des natürlichen Bereichs der Zahlen, seine Ausweitung über ein größeres Feld, bedeutete lediglich die Einführung neuer Symbole, die angemessen waren, Beziehungen einer höheren Ordnung zu beschreiben." (Ernst Cassirer: *Vorlesungen und Studien zur philosophischen Anthropologie*, hg. v. Gerald Hartung, Herbert Kopp-Oberstebrink u. Jutta Faehndrich, Hamburg: Meiner 2005, S. 620 f.) Das Unzulässige auf der Ebene der rationalen Zahlen findet auf der Ebene der irrationalen Zahlen Ausdruck; eine undurchführbare Operation im ersten System, lässt sich im zweiten lösen. Ein drittes System, das der „imaginären" Zahlen, bedeutet einen sogar noch größeren Skandal: „Für die großen Mathematiker des siebzehnten Jahrhunderts bedeuteten die imaginären Größen nicht *Instrumente* der mathematischen Erkenntnis, sondern sie waren ihnen eine eigene Klasse von *Objekten*, auf die diese im Verlauf ihrer Entwicklung gestoßen waren und die für sie nicht nur etwas Geheimnisvolles, sondern etwas fast Undurchdringliches behielten. [...] [Und dennoch – so Cassirer weiter – haben eben jene Zahlen, die] anfangs als ein ‚Unmögliches' galt[en] oder als ein Rätsel, das man anstaunte, ohne es zu begreifen, [...] sich zu einem der wichtigsten Instrumente der mathematischen Erkenntnis entwickelt. [...] [Wie] die verschiedenen ‚Geometrien' uns verschiedene Aspekte

Es ist überaus bedeutsam, dass die Meisterwerke des fantastischen Genres in den drei Dekaden von 1820 bis 1850 geschrieben wurden. Dass unterschiedliche Länder zu einem bestimmten historischen Moment die Werke produzierten, durch die es möglich ist, die Fantastik als Genre zu definieren, ist kein Zufall, kann kein Zufall sein, und Caillois hat, wie wir gesehen haben, versucht, die Kräfte aufzuzeigen, die diese neue Poetik des Fantastischen hervorbrachten. Die Neofantastik gehorcht einer vergleichbaren Dynamik. Ihre Metaphern sind Versuche, eine Repräsentationsform zu schaffen, die jener Wahrnehmung oder Sichtweise gerecht wird, die die Grenzen der realistischen Poetik überschreitet. Damit ein solches Vorhaben gelingt, führt diese Literatur eine neue Poetik ein, genau wie die Formulierung einer neuen Geometrie unumgänglich wird, sobald es darum geht, bestimmte räumliche Formen zu verstehen, die innerhalb der Grenzen der euklidischen Geometrie unzulässig sind. In dieser Poetik ist kein Platz für die Gesetze von Identität, Widerspruch und Ausschluss der aristotelischen Logik. Der Name *fantastisch*, mit dem wir diese Literatur bezeichnen, trägt weiterhin den Beigeschmack unserer kausalen Gewohnheiten, aus deren Verständnis oder Sichtweise *fantastisch* so viel bedeutet wie „illusorisch" oder „irreal". Wenn Realität in Begriffen einer kausalen Logik definiert wird, so ist es nur natürlich, dass alles, was ihre Grenzen überschreitet als „irreal" oder „fantastisch" bezeichnet werden muss. Wenn wir Realität jedoch als einen Raum auffassen, in dem Kausalität eine, wenngleich nicht die einzige Geometrie ist, und in dem auch für andere, nicht-kausale Geometrien Platz ist, die zwar der Ratio widerstreben, jedoch neue Formen innerhalb dieses Raumes ausdrücken, so erlangt folglich auch das Fantastische seine Realitätsurkunde. Mehr noch: Die durch das Fantastische ausgedrückte Realität erlangt einen Grad an Komplexität, der dem der nicht-euklidischen Geometrie in Bezug zur metrischen Geometrie vergleichbar ist.

---

der Raumordnung geben [...] so verlieren die neuen Zahlarten, insbesondere das Irrationale und Imaginäre, alles Metaphysisch-Geheimnisvolle, das man in ihnen seit ihrer ersten Entdeckung immer wieder gesucht hat, [und werden zu neuen operationalen Symbolen, durch die sich die Mathematik als ein kompletterer Organismus erweist.]" (Cassirer: *Das Erkenntnisproblem*, S. 77–80.) Wie die irrationalen Zahlen im Verhältnis zu den natürlichen Zahlen ein komplexeres System bilden, stellt das Neofantastische, verglichen mit dem realistischen Code, einen komplexeren und „undurchdringlicheren" Code dar, allerdings nicht um diesen zu negieren, sondern um den Ausdruck von Inhalten und Bedeutungen zu ermöglichen, die im Zeichensystem des realistischen Codes nicht artikulierbar sind.

Umberto Eco verwendet den Begriff der „epistemologischen Metapher" zur Charakterisierung „jede[r] künstlerische[n] Form", weil, so erklärt er,

die Art, in der die Kunstformen sich strukturieren – durch Ähnlichkeit, Verwandlung in Metaphern, kurz Umwandlung des Begriffs in Gestalt –, die Art, wie die Wissenschaft oder überhaupt die Kultur dieser Epoche die Realität sieht, widerspiegelt.[111]

Das heißt, die Kunst wäre so etwas wie die Übersetzung der abstrakten Version wissenschaftlicher Realität in Bilder. *Finnegans Wake* zum Beispiel möchte in gewisser Hinsicht die Verfahren, Methoden und rein begrifflichen Schlüsse der neuen Wissenschaft auf fantasiehafte und metaphorische Weise reflektieren, indem Formen der wissenschaftlichen Forschung und der mathematischen Definition in sprachliche Einheiten und semantische Beziehungen übertragen werden;[112] „im *Finnegans Wake* schließlich haben wir wirklich einen Einstein'schen, in sich selbst zurückgekrümmten – das erste Wort ist mit dem letzten verschweißt – Kosmos vor uns, der zwar *endlich*, aber gerade darum *unbegrenzt* ist."[113] „Das geschlossene und eindeutige Kunstwerk des mittelalterlichen Künstlers" dagegen „spiegelte eine Konzeption des Kosmos als einer Hierarchie von geklärten und von vornherein festgelegten Ordnungen."[114] Dass dieses Verhältnis besteht, dass die Kunst in ihrer Weise die Version der von den Wissenschaften einer bestimmten Epoche postulierten Realität reflektiert, wird deutlich, sobald wir an ein klassisches Beispiel denken: die *Göttliche Komödie* als Ausdruck einer ptolemäischen Konzeption des Universums. Für Eco stellt das „offene" Kunstwerk so etwas wie eine in künstlerischer Sprache abgefasste Paraphrase für die unstetige, zusammenhanglose und unbestimmte Vorstellung der Realität dar, die uns die zeitgenössische Wissenschaft heutzutage anbietet. Eine Paraphrase, die nicht systematisch konstruiert ist, sondern sich als eine „schwindelerregende Explosion" manifestiert, die der Leser „als Hinweise, Anspielungen, als Reflexe von etwas, das in der Luft lag",[115] erkennt. *Finnegans Wake* ist für Eco das offene Kunstwerk schlechthin. Die Bezeichnung „epistemologische Metapher" für diese Beziehung passt besonders auf die neue Fantastik. Am Beispiel der *Göttlichen Komödie* wäre es schwierig, von einer Metapher zu sprechen; es handelt sich eher um einen Vergleich, da Tenor und Vehikel, das heißt die mittelalterliche Weltsicht und das Gedicht, auf Grundlage der Ähnlichkeit präzise Korrelate vorfinden. Die fantastische Literatur

---

111 Eco: *Das offene Kunstwerk*, S. 46.
112 Vgl. ebd., S. 432.
113 Ebd., S. 39.
114 Ebd., S. 46.
115 Ebd., S. 417.

konfrontiert uns mit Bildern, bei denen es nicht immer möglich ist, festzulegen, auf welchen Tenor das Vehikel abzielt oder welche gemeinsame Basis zwischen Vergleich und Verglichenem besteht. In dieser unmittelbaren Abwesenheit des Tenors unterscheidet sich die Metapher vom Vergleich.

Der Beiname „epistemologisch" verträgt sich zudem mit den Absichten der fantastischen Literatur vielleicht sogar besser als mit anderen Formen von Literatur, jedoch immer unter dem Vorbehalt, dass diese Kunstform, wie jede andere, nicht versucht, mit der Wissenschaft zu konkurrieren, nicht einmal ihr nachzueifern. Während die Wissenschaft dazu neigt, intellektuell zu abstrahieren, war die Kunst immer um intuitive Integration bemüht. Denken wir noch einmal an das Gemälde Chiricos, kann man sagen, dass, während der Philosoph (der bis vor kurzem selbst noch ein Mann der Wissenschaft war) mittels der abstrakten Vorstellung, die er selbst erschaffen hat, also Zeichen, Gesetze, Systeme – der Himmel, als Bild dargestellt –, die Realität erkennt, hat der Dichter (in seiner umfassenderen Bedeutung als Künstler) immer ein direktes Verständnis der Realität gesucht und hat in Mythen und Metaphern spontane Erleuchtungen und Visionen einer totalen, intuitiv wahrgenommenen Realität ausgedrückt. Daher präsentiert Chirico den Dichter, im Kontrast zum Philosophen dem Himmel in seiner konkreten Wirklichkeit zugewandt, vertieft in der Betrachtung nicht des Zeichens, sondern der Sache. Man könnte argumentieren, dass der Himmel des Dichters sich nicht vom Himmel des Philosophen unterscheidet: Von außerhalb des Gemäldes sind beides Zeichen. Doch innerhalb hat der Maler die Illusion eines realen Himmels erschaffen. Dies scheint der grundlegendste Wesenszug der Kunst zu sein: ohne auf Zeichen zu verzichten, eine Illusion der Dinge zu erschaffen, mit Worten einen Raum zu erschaffen, in dem die Worte verschwinden, durch das Fantastische eine Realität zu erschaffen, die „das Reale" in Fiktion überführt. Die Wissenschaft abstrahiert und zerlegt; die Kunst (selbst der Kubist) synthetisiert und integriert. Selbst wenn die Kunst eine bestimmte Sichtweise der Dinge annimmt, die auf wissenschaftliche Neuentdeckungen zurückzuführen ist, gilt ihre Perspektive doch immer der Welt der Phänomene in ihrer unmittelbarsten Erscheinungsform; sie ist näher am menschlichen Empfinden, statt an der abstrakten und schematisierten Welt der Wissenschaft. Man könnte sagen, obwohl das Empfindungsvermögen zum großen Teil vom Verstand abhängt, dass sich die Kunst an das Gefühl richtet, an die menschliche Fähigkeit des intuitiven Verstehens. Die Wissenschaft wendet sich an die Ratio, eine nicht weniger menschliche Kapazität, die jedoch auf intellektuelle Weise begreift. Auf jeden Fall sind es zwei Möglichkeiten, das Wesen des Menschen in der Welt zu begreifen. Der epistemologische Wert neofantastischer Metaphern gründet auf der menschlichen Fähigkeit intuitiv zu begreifen: Ihr Bereich ist das Empfinden.

> [W]ie sollte der Mensch die gesamte Welt, das heißt die Welt mit dem Menschen darin, beurteilen können? [...] Der Künstler hat es sich in den Kopf gesetzt, während der Philosoph darauf verzichtet. Er erfindet bequeme Fiktionen, um uns zu befriedigen: [...] reine Blicke, die sich dem Menschsein entziehen und es daher beobachten können. In den Augen dieser Engel ist die menschliche Welt eine *gegebene* Realität [...]. [D]er menschliche Fortschritt tritt auf der Stelle, denn der Mensch kann der endlichen und unbegrenzten Welt nicht entfliehen, ebenso wenig wie die Ameise ihrer Ameisenwelt entgehen kann. Doch wenn ich den Leser zwinge, sich mit einem unmenschlichen Helden zu identifizieren, dann lasse ich ihn im Vogelflug über dem Menschsein schweben; er entweicht und verliert die Grundnotwendigkeit der von ihm betrachteten Welt aus den Augen: dass nämlich der Mensch darin ist. Wie soll man ihm *von außen* den Zwang sichtbar machen, darin zu sein?[116]

Dies sei, nach Sartre, das Problem der neuen Fantastik, „ein ausschließlich literarisches und technisches Problem, das philosophisch keinen Sinn hätte."[117] Die Methode – so Sartre weiter – beruhe auf Folgendem:

> [D]a die menschliche Tätigkeit von außen gesehen umgekehrt erscheint, haben Kafka und Blanchot, um unser Menschsein ohne Rücksicht auf die Engel von außen vorzuführen, eine umgekehrte Welt geschildert, eine widersprüchliche Welt, wo der Geist zur Materie wird, da die Werte als Fakten erscheinen, wo die Materie vom Geist unterhöhlt wird, da alles zugleich Mittel und Zweck ist, wo ich mich, obwohl ich ständig innen bleibe, von außen sehe. Wir können das nur mit sich verflüchtigenden Begriffen, die sich selbst zerstören, denken. Vielmehr können wir es überhaupt nicht denken. Darum schreibt Blanchot: „(Der Sinn) kann nur über die Fiktion erfasst werden und verflüchtigt sich, sobald man ihn durch sich selbst zu verstehen sucht... Die Geschichte... scheint mysteriös zu sein, weil sie alles sagt, was eigentlich nicht gesagt werden kann."[118]

Dazu Sartres Kommentar:

> Es gibt eine Randexistenz des Phantastischen: Man schaue ihm ins Gesicht, man versuche seinen Sinn durch Worte auszudrücken, und es schwindet, denn schließlich muss man innen oder außen sein. Aber wenn man die Geschichte liest, ohne dass man versucht, sie zu übersetzen, dann bestürmt es einen von allen Seiten.[119]

Dieser Einwand ist auf jede Art von Literatur anwendbar.

---

116 Sartre: „*Aminadab* oder Das Phantastische als Sprache", S. 102 f.
117 Ebd., S. 103.
118 Ebd., S. 103 f.
119 Ebd., S. 104.

Die wenigen Wahrheiten, die man in *Aminadab* auffischen kann, verlieren ihre Farbe und ihr Leben, sobald man sie aus dem Wasser gezogen hat. [...] Als jedoch diese Wahrheiten unter Wasser gegen den Strom der Erzählung schwammen, schimmerten sie in einem seltsamen Glanz.[120]

Es ist symptomatisch und sogar verständlich, dass Sartre die literarische Form als bloßes Gefäß bestimmter Inhalte behandelt. Sartre, der sich schon immer mehr als Philosoph denn als Künstler verstand, sah in den Ideen das oberste Gebot einer Literatur. Die Literatur schien ihn immer mehr als Medium denn als Selbstzweck zu interessieren. Sartre kehrt zur Dichotomie von Form und Inhalt zurück, die seit Croce nur mehr ein irreführender Anachronismus ist. Seine Ratlosigkeit gegenüber der Fantastik ist nicht anders zu erklären als aus seiner irrtümlichen Auffassung von Form: Die Wahrheiten eines literarischen Werkes „aus dem Wasser" zu ziehen, das heißt aus seinem Form-Medium, ist, als würde man den Körper eines lebenden Organismus von seinen Funktionen trennen: Der Körper lebt von den Tätigkeiten, die er ausführt, doch zugleich erhalten diese Körperfunktionen die Realität des Körpers: Ohne sie würde der Körper aufhören zu leben. Eine fantastische Geschichte in die gewöhnliche Sprache der Kommunikation zu übersetzen, ist ebenso wenig zielführend und unfruchtbar, wie ein Sonett Shakespeares in die Alltagssprache zu übersetzen. Wenn es irgendeine „Wahrheit" in dem Sonett gibt, so existiert diese Wahrheit ausschließlich im Verbund mit dem von Shakespeare geschaffenen Medium, womit wir auf die abgedroschene, aber deshalb nicht weniger gültige Behauptung zurückgreifen, nach der der Dichter, müsste er sein Werk erklären, es noch einmal so schreiben würde, wie wir es bereits kennen. Die sogenannten „Inhalte" oder „Wahrheiten" eines Werkes lassen sich nur von der Form ausgehend erklären und verstehen: Hier hat der Autor eine neue Wahrheit erschaffen, obwohl es an der Oberfläche, als Idee, so scheinen könnte, als würde er nichts Neues sagen. Das Neue wurzelt gerade in der Erschaffung einer neuen Form, sei es auch ausgehend von einer wohlbekannten, sogar abgedroschenen Wahrheit. Hier schließlich nähern wir uns der Grenze, die das Fantastische von anderen literarischen Formen unterscheidet.

Die Literatur als Entdeckung einer Form, die die Gültigkeit einer Idee, eines Gedankens oder einer bestimmten „Wahrheit" wiederentdeckt und neubewertet, und die Literatur als eine Suche nach einer nichtausgedrückten oder noch nie dagewesenen Wahrheit ist das, was die zeitgenössische Kunst von früheren Formen zu trennen scheint. Der zeitgenössische Dichter weiß nicht, was er sagen wird, bis er es gesagt hat; und nachdem er es gesagt hat, kann er uns das, was er gesagt hat, nicht erklären oder „übersetzen". Oder, wie Paz schreibt:

---

120 Ebd.

Die wahren Ideen eines Gedichts sind nicht die, die dem Dichter einfallen, *bevor* er das Gedicht schreibt, sondern jene, die *danach*, willkürlich oder unwillkürlich, ganz natürlich aus dem Werk hervorgehen. Der Gehalt keimt in der Form und nicht umgekehrt. [...] Die Form zählt; und mehr noch: in der Kunst sind es ausschließlich die Formen, die Bedeutung besitzen.[121]

So wie wir die Postulate der projektiven Geometrie nicht erklären können, solange wir uns auf die metrische Geometrie beziehen – hier sieht man wieder die Notwendigkeit einer Pluralität von Geometrien –, ist es gleichermaßen unmöglich, die impliziten Bezüge eines Gedichts in die alltägliche Sprache der Kommunikation zu übertragen. Das Gedicht entsteht gerade deshalb, weil die Bezeichnungen, die die Sprache der Kommunikation bereithält, nicht ausdrücken können, welche Bedeutungen oder Intuitionen den Dichter befallen. Der Dichter erschafft neue Referenten, da das, was sich ihm darstellt, völlig neue Referenzen sind. Wir können im Folgenden die Funktionsweisen und Funktionen dieser Signifikanten untersuchen – und dies ist auch die bescheidene und schwierige Aufgabe der Forschung – und, von einer Untersuchung der Mechanik der Formen ausgehend, mögliche Signifikanten, mögliche Bedeutungen und Sinngehalte ableiten; diese Sinngehalte jedoch funktionieren als solche nur im Kontext der Form, von der Form, diesen neuen, vom Dichter geprägten Signifikanten ausgehend. Was wir nicht tun können und sollen, ist, was Sartre – an einer Stelle seines Essays – hinsichtlich Blanchots Roman macht: die wenigen Wahrheiten, die *Aminadab* enthält, abzuspalten und sie wie Fische auf dem Trockenen zu präsentieren, da der Roman dadurch „seine Farbe und sein Leben" verlöre:

[D]er Mensch ist allein, er entscheidet allein über sein Schicksal, er erfindet das Gesetz, dem er unterworfen ist; sich selbst fremd ist jeder von uns für alle anderen Opfer und Henker; vergebens sucht man das Menschsein zu transzendieren [...].[122]

Seine Schlussfolgerung: „Aber schließlich klingt das alles nicht sehr neu."[123] Die Neuheit besteht natürlich nicht so sehr in diesen „Wahrheiten" als in der Erschaffung von Formen, mittels derer wir das, was wir kennen, plötzlich wiederentdecken, mit einem neuen Komplexitätsgrad und aus bislang unbeachteten Blickwinkeln. Ja, es erscheint, was wir bereits wussten, aber auch was wir bislang noch nicht wussten, auf die gleiche Weise wie die alten Bedeutungen durch die neuen berichtigt oder gelöscht werden; so kann die Dichtung nicht auf Worte verzichten, sie jedoch dazu verwenden, ihre konventionelle Bedeutung aufzuheben und neue Bedeutungen zu schaffen.

---

121 Paz: *Corriente alterna*, S. 7 f.
122 Sartre: „*Aminadab* oder Das Phantastische als Sprache", S. 104.
123 Ebd.

In einigen der repräsentativsten Werke moderner Erzählkunst sind diese primären Bedeutungen auf den ersten Blick erkennbar. Denken wir an den ersten Satz vom *Prozeß*: „Jemand musste Josef K. verleumdet haben, denn ohne dass er etwas Böses getan hätte, wurde er eines Morgens verhaftet"; oder an den ersten Satz von *Rayuela*: „Ob ich die Maga finden würde?"; oder einfach an den bedeutungsschwangeren Titel von Becketts Theaterstück *Warten auf Godot*. Von diesen ersten Signifikanten ist es möglich, die Signifikate abzuleiten, die zweifellos in den Werken angedeutet sind und von denen es sicher nicht gänzlich falsch ist, als didaktische Übung zu behaupten, sie fungierten als zentrale Motivation jedes einzelnen. So ist in Kafkas Roman der Gedanke, dass ein Mann eines Verbrechens, das er nicht begangen hat, angeklagt und verurteilt wird, offensichtlich eines der zentralen Motive. Die Erwähnung der Maga in *Rayuela* als Personifikation einer Suche, die nicht nur die Person betrifft, ist ein Element, das ermöglicht, viele der Fragestellungen von Cortázars Roman zu verstehen. Und das Stück von Beckett kann man schon vom Titel her mit jenem Kommentar von Kafka an Max Brod paraphrasieren, der als Antwort auf seine Frage diente, ob es nicht noch Hoffnung in der Welt gäbe: „Viel Hoffnung – für Gott –, unendlich viel Hoffnung – nur nicht für uns."

So definiert, sind die Signifikate kaum mehr als ein Schatten ihrer Signifikanten: Wir nahmen das Bild wie einen Block und haben die Kontur genau bestimmt, die Gesamtheit dagegen, aus der der Block zusammengesetzt ist, haben wir dabei allerdings übersehen. In Werken wie den erwähnten werden wir Zeuge davon, was beschrieben wurde als

ein in einer Endlichkeit eingeschlossenes Unendliches; [...] Es gibt deshalb unendlich viele Aspekte des Kunstwerks, die nicht nur „Teile" oder Fragmente von ihm sind, weil jeder von ihnen das ganze vollständige Werk enthält und in einer bestimmten Perspektive enthüllt.[124]

Es handelt sich, um es bildlicher auszudrücken, um ein unendliches Vieleck, das im Kreis seine Endlichkeit findet. Der Kreis, eine festgelegte und begrenzte Form, ist die einzige Figur, die dazu imstande ist, ein Vieleck mit unendlich vielen Seiten zu beinhalten. Mit der Entdeckung seiner Endlichkeit im Kreis verliert das Vieleck allerdings seine Identität an die neue Figur, die es jetzt definiert. Das ist der Zwiespalt jener literarischen Werke, die auf Ambiguität und Unbestimmtheit gründen: Sie finden nur eine Form unter der Voraussetzung ihrer Nicht-Existenz – wie der Vieleck-Kreis – außer durch und mit dieser Form. In jeder seiner Seiten – dank der weiten Öffnung seiner Winkel – erkennen wir das Ganze, das Ganze als solches jedoch ist unüberschaubar, wie die Totalität der

---

124   Eco: *Das offene Kunstwerk*, S. 57.

Aspekte eines Werkes unerschöpflich ist. Isolieren wir einen Aspekt und versuchen von diesem aus das ganze Werk zu definieren, passiert uns das gleiche wie Sartre hinsichtlich Blanchots Roman: „Die wenigen Wahrheiten, die man in *Aminadab* auffischen kann, verlieren ihre Farbe und ihr Leben, sobald man sie aus dem Wasser gezogen hat".[125]

Aber einen einzelnen Aspekt zu erkennen, bedeutet schon einen großen Schritt nach vorne: dann haben wir nämlich einen Ansatzpunkt gefunden, von dem aus sich das ganze Werk zu organisieren beginnt, einen Faden, der uns – wie der Faden der Ariadne –, folgen wir ihm vorsichtig, an sein Ende führen wird, das heißt, an den Punkt, an dem das scheinbare Chaos die bestimmende Ordnung der Form zurückerlangt, genauso wie ein einzelner Winkel des unendlichen Vielecks ermöglicht, seine Totalität als Kreis zu erahnen.

Dieser Faden ist jedoch nicht immer erkennbar. Einige Parabeln von Kafka sind

für so viele Interpretationen geeignet, dass sie sich letztendlich keiner und allen widersetzen […], [und] seine reifere Prosa zeigt nur eine Oberfläche, die sich über Vorgänge spannt, die zutiefst undurchschaubar bleiben.[126]

---

125 Sartre: „*Aminadab* oder Das Phantastische als Sprache", S. 104. [Anm. d. Übers.: Im Original ohne Nachweis.]

126 Heinz Politzer: *Franz Kafka. Parable and Paradox*, Ithaca, NY: Cornell University Press 1962, S. 17, 21. [Anm. d. Übers.: Zitiert wird hier aus der amerikanischen Ausgabe der Studie, die auch Alazraki verwendet, da die (überarbeitete) deutsche Ausgabe an dieser Stelle (und anderen) im Wortlaut zu stark abweicht.] Politzer fügt hinsichtlich dieses Typs der kafkaesken Erzählung hinzu: „Seine reifere Prosa zeigt nur eine Oberfläche, die sich über Vorgänge spannt, die zutiefst undurchschaubar bleiben. […] In all diesen Erzählungen haben wir es nicht mit Darstellung von Lebewesen zu tun, sondern vielmehr mit Geheimzeichen, die eine unentzifferbare Botschaft übermitteln." (Ebd., S. 17.) Man beachte die auffallende Ähnlichkeit zwischen dieser Definition der Erzählungen Kafkas und den Beobachtungen Cassirers hinsichtlich der imaginären Zahlen in Fußnote 110. Durch den neofantastischen Diskurs werden Möglichkeiten der literarischen Wahrnehmung aufgezeigt, die sich dem realistischen Diskurs entziehen. Die neofantastische Erzählung strebt nicht nach einer kausal motivierten Beschreibung oder Repräsentation der Realität; sie versucht dagegen neue Beziehungen herzustellen, die, obwohl sie allem Anschein nach unser System logischer Beziehungen negieren, im Grunde zu einer Ausweitung des *Möglichkeitsfeldes* realistischer Logik neigen. Wenn sich ihre Botschaften als unentzifferbar herausstellen, dann deshalb, weil wir stur darauf beharren, sie nach einem Code zu dechiffrieren, der nicht der ihre ist, auf die gleiche Weise wie für die Mathematiker des 17. Jahrhunderts die imaginären Zahlen „nicht nur etwas Geheimnisvolles, sondern etwas fast Undurchdringliches behielten", während es sich in Wirklichkeit darum handelte, „von einem System relativ einfacher Beziehungen

Unter Umständen müsste man hinzufügen: Weil sie einer nicht-euklidischen Ordnung angehören und jede Möglichkeit der Reduktion auf euklidische Termini zurückweisen, oder einfach, wie Walter Benjamin erklärt hat, weil wir die Lehre nicht besitzen, die Kafkas Parabeln erläutern würde.[127] Sie sind Rätsel ohne mögliche Auflösung, Signifikanten ohne Signifikate oder mit einer unendlichen Anzahl an Signifikaten, absolute Metaphern, die jeden Tenor zurückweisen oder sie alle akzeptieren. Was sollen wir mit solchen Metaphern tun? Wenn ein Rätsel eine unendliche Anzahl von Lösungen hat, welchen Wert darf man diesen Lösungen dann noch zuschreiben?

---

zu verwickelteren Beziehungssystemen fortzuschreiten und auch für sie die entsprechenden symbolischen Ausdrücke zu schaffen." (Cassirer: *Das Erkenntnisproblem*, S. 75, 78.)
Ist die Schlussfolgerung, bei der Cassirer hinsichtlich der Mathematik ankommt, nicht auch auf die neofantastische Erzählung anwendbar? „Das mathematische Denken scheint dem wissenschaftlichen Erforschen immer vorauszugehen. Unsere wichtigsten mathematischen Theorien entsprangen nicht unmittelbarer praktischer oder technischer Notwendigkeit. Sie wurden als allgemeine Gedankenkonstrukte erdacht, bevor sie in irgendeine Form konkreter Anwendung gelangten. Als Einstein seine allgemeine Relativitätstheorie entwickelte, griff er zurück auf die Riemannsche Geometrie, die lange vorher erschaffen wurde. Riemann betrachtete seine geometrische Theorie als bloße logische Möglichkeit. Doch er war überzeugt, dass wir diese Möglichkeiten benötigen würden, um einmal tatsächliche Tatsachen beschreiben zu können." (Cassirer: *Vorlesungen und Studien zur philosophischen Anthropologie*, S. 626.)

127 Vgl. Walter Benjamin: „Über Franz Kafka", in: ders.: *Über Literatur*, Frankfurt a. M.: Suhrkamp 1969, S. 166. [Anm. d. Übers.: Das Zitat, das Alazraki hier meint, lautet: „Besitzen wir die Lehre aber, die von Kafkas Gleichnissen begleitet und in den Gesten K.'s und den Gebärden seiner Tiere erläutert wird? Sie ist nicht da."]

IX Eine Metapher des Neofantastischen: „Brief an ein Fräulein in Paris"

In Cortázars Erzählung „Brief an ein Fräulein in Paris" wird berichtet, wie der Ich-Erzähler kleine Kaninchen hochwürgt und erbricht. Cortázar hat in dieser Erzählung ein poetisches Medium geschaffen, in dem diese „wohligen und quirligen Wuschel" mit einer beunruhigenden Natürlichkeit agieren. Eigentümlicherweise ist das, was den Erzähler besorgt, eben nicht der Akt, „ein kleines Kaninchen zu spucken", sondern die Notwendigkeit, sie zu verbergen und die folgenden Schwierigkeiten der Geheimhaltung, als ihre Anzahl stetig steigt. Cortázar selbst erwägt eine erste Interpretation:

> Wie ein Gedicht in den ersten Minuten, die Frucht einer Nacht in Edom: so sehr eins mit uns wie wir selbst... und später überhaupt nicht mehr wie man selbst, so entrückt und fern in seiner schlichten weißen Welt im Briefpapierformat.[128]

Graciela de Sola nimmt den Vergleich aufs Wort und ergänzt:

> Das Thema der Poesie ist das Zentrum von „Brief an ein Fräulein in Paris": der Dichter spuckt *lebende Kaninchen* (man kann an Worte denken, an Gedichte, an eben jene aggressiven und ironischen Erzählungen, die das reinliche Apartment überschwemmten). [...] Das Bild des Selbstmords setzt der Erzählung ein Ende, und schafft Platz für die Gleichung: Dichtung = Unmöglichkeit.[129]

Eine solche Erklärung reduziert den Sinn der ganzen Erzählung auf eine Parallele, die ein Detail erhellt, den Rest der Geschichte aber überflüssig werden lässt. Kann man wirklich die ganze Erzählung in Abhängigkeit dieser Idee erklären? Was soll man zu der Opferung der schutzlosen Kreaturen und zum Suizid des gequälten Protagonisten sagen? Die vorgeschlagene Gleichung „Dichtung = Unmöglichkeit" wäre schon durch die klare Umsetzung der Erzählung, durch die gelungene poetische Wirksamkeit, widerlegt. Die Schwierigkeit in Cortázars Erzählung liegt gerade darin, dass, falls in den übermütigen Kaninchen eine allegorische Lesart liegt, wir nicht wissen, welchem Code, welcher Enzyklopädie, welchem Bestia-

---

128 Julio Cortázar: „Brief an ein Fräulein in Paris", in: ders.: *Die Nacht auf dem Rücken. Erzählungen Bd. 1*, übers. v. Rudolf Wittkopf u. Wolfgang Promies, Frankfurt a. M.: Suhrkamp 1998, S. 106. Die folgenden Zitate beziehen sich auf diese Ausgabe und werden direkt im Text durch Angabe der Seitenzahl nachgewiesen.

129 Graciela de Sola: *Julio Cortázar y el hombre nuevo*, Buenos Aires: Sudamericana 1968, S. 45.

rium (wie es bei den mythischen Symbolen des Mittelalters der Fall war) diese Allegorie angehört. Wir haben bereits gesehen, dass ein besonderes Merkmal der neuen Fantastik darin liegt, dass ihre Mehrdeutigkeit völlig neuen Gesetzmäßigkeiten entspricht, einer Poetik der Unbestimmtheit, die das komplette Gegenteil zum objektiven, institutionellen Symbolismus des Mittelalters darstellt. Wie auch im Falle der *Verwandlung* von Kafka geht Cortázar von intimen persönlichen Erfahrungen aus:

> Die Geschichte mit den Kaninchen – „Brief an ein Fräulein in Paris" – fiel mit einer Phase von ziemlich akuter Neurose zusammen. Diese Wohnung, in der ich ankomme und wo ich im Fahrstuhl ein Kaninchen spucken muss (ich sage „ich spucke", weil ich in erster Person erzählt habe), existierte in etwa so, wie ich sie beschrieben habe, und in ihr lebte ich in dieser Zeit in sehr schwierigen persönlichen Umständen. Die Geschichte zu schreiben heilte, mich von vielen Sorgen.[130]

Die Kaninchen könnten eine halluzinatorische Täuschung der Erzählerfigur sein, damit bliebe die Erzählung auf die Beschreibung einer Neurose und ihrer unmittelbarsten Auswirkungen beschränkt. Aber Cortázar belässt es nicht bei einer klinischen Übertragung seiner Neurosen. Die Erzählung ist in Briefform geschrieben, deren Tonfall von hoher lyrischer Spannung den fantastischen kleinen Kaninchen narrative Wahrscheinlichkeit verleiht: Ihre Wirklichkeit ist aus einem Guss mit dem poetischen Fieber, das während der ganzen Erzählung aufrechterhalten wird. Die kleinen Kaninchen stehen hier für mehr als irgendeine Halluzination – sie stehen für eine Metapher von Obsessionen, Spannungen, Phobien, Erschöpfung, emotionaler Verwirrung, intellektueller Beschränkung und weiteren möglichen Auswirkungen und Ursachen jener Neurose, auf die Cortázar anspielt. In der Erzählung wird das Syndrom der Neurose nicht beschrieben, nicht einmal erwähnt. Es gibt Hinweise auf „eine abgeschlossene Ordnung", „Überdruss", „Schatten", „Peitsche", „Vereinsamung", „Angst", „Fremdartigkeit", „Traurigkeit", „einer eisigen Einsamkeit" und vor allem auf die Tatsache, dass sie „tagsüber schlafen". Cortázar bietet uns das Vehikel einer Metapher an, deren Tenor wir nicht kennen. Beziehen wir, wie im Falle der *Verwandlung*, die Möglichkeit eines biografischen Zeugnisses mit ein, so kann dies helfen, die Motivation und Umstände, aus denen die Metapher hervorgeht, zu verstehen. In die Form einer Erzählung umgewandelt, entspringt die Metapher nur sich selbst, dank der Effizienz, mit der es Cortázar gelingt, sie literarisch zu realisieren. Wir wissen, dass die Metapher auf irgendeine Obsession, Phobie, Anspannung oder Erschöpfung anspielt, auf eine Neurose, die Cortázar in logischen Begriffen nicht zu begreifen

---

130   Harss: *Los nuestros*, S. 270.

vermag („der Gedanke zum Arzt zu gehen, kam mir gar nicht",[131] gesteht er), um sie in einem poetischen Bild zu sublimieren. Doch die letzten Implikationen dieser Alchemie bleiben unausgedrückt, oder besser gesagt, nur ausgedrückt über eine Metapher, deren undefinierter Tenor für das Bild das Gleiche ist wie das, was man in der Magie *incantatio* nennt. Das Fantastische ist hier eine Art, auf poetische Weise zu begreifen, was auf rationale Weise unbegreiflich ist; eine Art, etwas künstlerisch auszudrücken, was in logischen Termini unausdrückbar ist.

Ein Werbespot im amerikanischen Fernsehen zeigt eine Person, die beim Husten leichte, kleine Federn oder Flaum „erbricht", die anschließend in der Luft schweben. Der Spot bewirbt Hustenpastillen, die dem Sprecher zufolge „das Kitzeln bekämpfen" („*it tackles the tickles*"), ein Kitzeln oder Jucken, das natürlich Husten auslöst. Der Erfolg des Spots beruht darauf, dem Kitzeln oder dem Juckreiz, das man kurz vor dem Husten in der Kehle verspürt – ein Gefühl, wenn schon nicht undefinierbar, so zumindest unsichtbar – visuelle Realität zu verleihen. Die Effektivität der Werbung stützt sich auf die Tatsache, dass die angepriesenen Tabletten nicht den Effekt (den Husten) bekämpfen, sondern die Ursache (das Kitzeln). Die kleinen Federn, die die vom Husten geschüttelten Patienten spucken, fungieren als visuelle Parallele des Kitzelns, das sie hervorruft. Der Tenor (das Kitzeln) und sein Vehikel (die ausgespuckten kleinen Federn) sind klar definiert, wie es sich für Werbeanzeigen gehört, die ja grundsätzlich zum *overstatement* neigen. Die Gemeinsamkeit zwischen den ‚ausgespuckten kleinen Federn' und den ‚ausgespuckten kleinen Kaninchen' von Cortázars Erzählung ist das fantastische Element, das dem Vehikel des Bildes Ausdruck verleiht. Während die Werbung jedoch das Element der Fantasie neutralisiert, indem es dem originellen Vehikel einen spezifischen, festen Wert verleiht, ähnlich dem, der sich in Fabeln unmittelbar aufdrängt, bietet Cortázar ein Vehikel an, dessen Uneindeutigkeit eine Herausforderung darstellt. Um alles klar und verständlich auszudrücken, eliminiert die Werbung außerdem jegliche Notwendigkeit einer Teilnahme seitens des Zusehers. Im Verzicht auf die Tenor-Vehikel-Entfaltung, durch das Anbieten eines Empfängers ohne Absender, eines Bildes mit mehreren möglichen Tenoren, fordert Cortázars Metapher vom Leser eine aktive und kreative Lektüre. Tenor und Vehikel sind eins. Das Vehikel enthält in gewisser Weise bereits den Tenor, das ist die Form, die Cortázar gewählt hat, um das Unerklärbare seiner Erfahrung zu erklären, das ist die literarische Lösung für seine Phobien und Obsessionen, eine Lösung jedoch, die, statt die Essenz dieser Erfahrung in die Sprache der Kausalität zu übersetzen, ihre eigene Sprache erfindet. Wie jede andere Sprache

---

131 Harss: *Los nuestros*, S. 269. [Anm. d. Übers.: Im Original ohne Nachweis.]

wollen auch die Metaphern der Neofantastik Brücken der Kommunikation bauen, nur dass man den Code, der diese Zeichen dechiffriert, nicht im herkömmlichen Wörterbuch des Alltagsgebrauchs findet. Es ist ein neuer Code, erfunden vom Autor, um auf eigene Weise die in der sogenannten „Sprache der Kommunikation" nicht kommunizierbaren Botschaften auszudrücken. Konventionelle Referenzen in Cortázars Metapher zu suchen – also die kleinen Kaninchen nach unserem gängigen Wörterbuch zu übersetzen –, hieße, in der Erzählung ein reines Spiel zu sehen, eine Scharade, wo von Anfang an klar ist, dass es eine vom Autor spielerisch versteckte Ordnung gibt und dass der Leser diese zu rekonstruieren vermag, solange er nur seinen Verstand anstrengt. Die Kaninchen stehen hier aber als Ausdruck und Repräsentation von etwas Unartikulierbarem; ihr logischer Sinn ist vielleicht unwiederbringlich und unverständlich (selbst für den Autor); das ist jedoch nicht von Bedeutung. Worauf es ankommt, ist die langsame Agonie, die am Erzähler nagt, seine subtile Verzweiflung, seine Machtlosigkeit nach jeder weiteren unerwarteten Geburt eines neuen und unerwünschten „Gasts". Cortázar meidet zwar Melodramatisches, das den Erzähler befallende Unbehagen wird jedoch schon auf der dritten Seite geschildert:

> Am vergangenen Donnerstag, um fünf Uhr nachmittags, bin ich umgezogen, halb verwirrt, halb widerwillig. Ich habe in meinem Leben so viele Koffer geschlossen, ich habe so viele Stunden damit verbracht, meine Habseligkeiten zu packen, was dann zu nichts geführt hat, dass Donnerstag ein Tag voller Schattengebilde und Riemen war, denn wenn ich die Riemen der Koffer sehe, ist es, als sähe ich Schatten, Elemente einer Peitsche, die mich indirekt, auf die raffinierteste und schrecklichste Weise peitscht. (S. 104)

Etwas später beschreibt der Erzähler seine Anstrengungen, die Kaninchen eingeschlossen und im Verborgenen zu halten, als

> eine Arbeit, die mir mit einem einzigen Harkenzug meine Tage und meine Nächte raubt und mich innerlich ausglüht und verhärtet, wie dieser Seestern, den Sie auf den Rand der Badewanne gelegt haben, und der einem bei jedem Bad den Körper mit Salz und peitschender Sonne und großem Rauschen der Tiefe zu füllen scheint. (S. 107)

Tagsüber, wenn die Kaninchen schlafen, bieten die Arbeitsstunden im Büro dem Protagonisten eine Zufluchtsstätte, doch nur scheinbar:

> Welche Erholung, dieses Büro, voller Geschrei, Anweisungen, Royal-Maschinen, Vizepräsidenten und Vervielfältigungsapparaten! Welche Erholung, welcher Friede, welch Greuel, Andrée! (S. 109)

Nachts dagegen, nachdem sich Sara zurückgezogen und den Gast mit seinen geheimen Kaninchen alleingelassen hat, berichtet dieser: „[I]ch [bin] auf einmal allein [...], allein mit dem verdammten Schrank, allein mit meiner Pflicht und meiner Traurigkeit" (S. 108). Schließlich ist die Anzahl der „hervorgewürgten Kaninchen" auch irgendwie ein Hinweis auf den Grad der Ernsthaftigkeit des Zustands, dessen einzige explizite Manifestation die kleinen Kaninchen sind, die der Erzähler hervorwürgt und deren Zahl gerade auf elf angestiegen ist:

> Was mich betrifft, zwischen zehn und elf ist wie eine unüberwindliche Kluft. Sehen Sie: zehn, das ging gerade noch, mit einem Kleiderschrank, mit Klee und Zuversicht lässt sich vieles machen. Nicht mehr bei elf, denn sagt man elf, bedeutet das sicher zwölf, Andrée, zwölf, was dreizehn bedeutet. (S. 111)

Wir wissen außerdem, dass der Erzähler in die Wohnung seiner Bekannten in der Calle Suipacha gezogen ist, um sich „zu erholen" (S. 108), und dass er bei zwei Gelegenheiten einen Punkt erreicht, an dem er auf die Metapher verzichtet; am Anfang der Geschichte: „[…] bis der September Sie wieder nach Buenos Aires führt und es mich in eine *andere Wohnung verschlägt, wo vielleicht…*" (S. 104) und fast am Ende:

> Wozu Ihnen, Andrée, die unseligen Läppereien dieser dumpfen und vegetabilischen Morgenstunde erzählen, in der ich verschlafen herumgehe und Kleestengel, einzelne Blätter, weiße Flaumflocken auflese, an den Möbeln mich stoßend, taumelig vor Müdigkeit, und mit meinem Gide immer mehr im Rückstand, mit Troyat noch gar nicht angefangen, und was einer Dame im fernen Land sagen, die *sich schon fragen wird ob…* Wozu all das weitermachen […] (S. 110)

Cortázar neigt jedoch nicht zu einfachen Lösungen. In einer Erzählung, die auf den Spannungen und dem Schweigen einer Metapher beruht, die Ebene der Buchstäblichkeit wiederherzustellen, würde bedeuten, diese Magie, die im Laufe der ganzen Erzählung aufblitzt, zu zerstören. Cortázar überlässt jedem einzelnen Leser die Aufgabe, die Lücken zu füllen. Seine eigene Aufgabe besteht hingegen darin, einer Situation Wahrscheinlichkeit zu verleihen, die sich am Anfang des Textes fantastisch ausnimmt, die wir aber im Laufe der Erzählung mit der gleichen Natürlichkeit akzeptieren, mit der Cortázar es schafft, die „gespuckten Kaninchen" zu beschreiben, als handle es sich um ein Gedicht oder um einen Schnupfen oder um irgendeine andere normale, alltägliche Begebenheit. Die kleinen Kaninchen werden nicht als Metapher präsentiert, sondern sie verleihen sich selbst Wirklichkeit: Cortázar lässt sie spielen, Klee fressen, Bücher anknabbern, Dinge kaputt machen; er verschenkt sie an die Señora Molina, er versteckt sie im Schrank, er will sie mit Esslöffeln voll Alkohol töten. Die ausgespuckten kleinen Kaninchen sind Kaninchen wie alle anderen Kaninchen: Nichts in ihrem Verhalten – abgesehen von ihrer fantastischen Herkunft – lässt uns an eine Allegorie denken. Ebenso wenig sind sie der bloßen Willkür der Einbildungskraft geschuldet. Cortázar hat ein Medium geschaffen, in dem die übermütigen Kaninchen zum Ausdruck und zur Manifestation der intimsten Realität des Erzählers werden. Von Kaninchen zu Kaninchen wird diese Realität auf subtile Weise an vier oder fünf Stellen angedeutet. Schatten und Geißeln, Unbarmherzigkeit und Ausbrennen, Peitschen und Gerüchte, Schrecken und Traurigkeit, Einsamkeit und Unglück lösen sich nicht in exzessiven und gewaltigen Melodramen oder expliziten Bekenntnissen auf, sondern in verspielten kleinen Kaninchen. Wenn der Protagonist spürt, dass er ein kleines Kaninchen spucken wird, „stecke ich mir die Finger in den Mund, wie eine geöffnete Zange, und warte, bis ich im Hals den wohligen Flaum fühle, der schäumend hochkommt wie brausendes Natron" (S. 104). Die Willkür besteht darin, kleine Kaninchen gewählt zu haben, so wie Kafka in der *Verwandlung* ein Insekt wählt, aber nichts Willkürliches liegt im Akt des Erbrechens, zu fühlen, dass diese kleinen Monster Teil von einem selbst sind, Ergebnisse der eigenen Unruhen, Phobien und Beklemmungen, die sich unserer Kontrolle entziehen und sich wie ein Demiurg gegen uns wenden, um uns zu beherrschen und uns mitzureißen in ihre spielerischen Höhen und grausigen Tiefen. Nichts anderes sagt der letzte Satz: Um sie zu beseitigen, muss sich der Erzähler selbst beseitigen.

Cortázar hat bemerkt, dass Erzählungen wie „Brief an ein Fräulein in Paris" auf ihn die Wirkung eines Exorzismus haben, in dem Sinne, dass er sich beim Schreiben von bestimmten neurotischen Symptomen kurierte, die ihn zu jener Zeit plagten. Das befreiende, gar therapeutische Blatt Papier der Literatur ist seit der Romantik eine Eigenschaft, die die Psychoanalyse auf alle Künste ausgeweitet hat. Der Patient wird dazu angehalten, seine Gefühle und Gemütszustände durch ein plastisches oder poetisches Medium auszudrücken. Das Ziel dabei ist, den Patienten dazu zu bringen, Wünsche, Sorgen, Phobien zu äußern, die er weder rational verstehen, noch auf kohärente Weise in die Sprache der Kommunikation übertragen kann, die jedoch zweifellos einen Gutteil seines Verhaltens beeinflussen und bestimmen. Der künstlerische Wert dieser Äußerungen ist sehr verschieden, worauf es jedoch in Wirklichkeit ankommt, ist der Wert der Erkenntnis im Zusammenhang mit den Kräften und Spannungen, die das psychologische Verhalten des Patienten bedingen. Dieses Element, das die Persönlichkeit des Autors enthüllt, ist ohne Zweifel in einer großen Anzahl von Kunstwerken enthalten. Das klassische Beispiel ist gleichzeitig ein klassischer Roman der Romantik: *Werther*. Goethe überträgt auf seine Figur eine emotionale Last, die er selbst erfahren hatte: die Versuchung des Suizids, von der er sich befreit, indem er die Romanfigur Selbstmord begehen lässt. Ungeachtet der Anstrengungen der psychologischen Forschung ist offensichtlich, dass in einem Kunstwerk das Werk nicht als aufschlussreiches Dokument der Psychologie seines Autors zählt, sondern das Werk als Erschaffung einer Form. Man muss jedoch hinzufügen, dass für das umfassende Verständnis dieser Form die psychologischen Koordinaten zu berücksichtigen sind, aus denen man einen guten Teil der Werke erklären kann, jene nämlich, die auf psychologische Motivation zurückzuführen sind. Doch die motivierende Kraft bedeutet nicht automatisch ein erfolgreiches Resultat. Das wirklich Interessante ist, was der Autor mit dieser Motivation anstellt. In letzter Instanz ist die psychologische Motivation nur im Verhältnis dazu relevant, was der Autor durch sie erschafft, auch wenn sie dem Kritiker später eine gültigere Interpretation des Werks erlaubt.

„Brief an ein Fräulein in Paris" ist, obwohl ausgelöst durch jene Neurosen, von denen Cortázar selbst erzählt, nicht auf diese Motivation zurückzuführen, sondern auf eine literarische Realität; auf die Erschaffung einer Form, aus der heraus die Erzählung lebt und funktioniert. Um diese Motivation zu verstehen, haben wir uns zu Anfang auf ein extratextuelles Zeugnis gestützt; aber durch die Vertiefung unserer Lektüre konnten wir sehen, dass diese Motivationen im Text selbst enthalten sind und dass nur im Zusammenspiel mit ihnen das fantastische Element, das Cortázar erschaffen hat, die Notwendigkeit einer metaphorischen Lesart eröffnet. Zwischen Anlass und Ergebnis liegt ein kreativer Prozess, der den formlosen Felsen in Nofretete verwandelt; das Chaos von Tönen und Stille in eine Partita von Bach; ein Wörterbuch in „einen bestimmten Elfsilber von Garcilaso".[132] Niemand, den ich kannte, hat diesen Prozess in Bezug auf die Metaphern des neofantastischen Genres besser beschrieben als Cortázar selbst:

Ein wunderbarer Vers von Pablo Neruda: *Meine Geschöpfe entstehen aus langer Zurückweisung,* scheint mir die beste Definition eines Prozesses, in dem Schreiben gewissermaßen Exorzieren ist, Eindringlinge abwehren, indem man sie in einer Art und Weise projiziert, die ihnen paradoxerweise universale Existenz verleiht und sie zugleich auf das andere Ende der Brücke versetzt, wo der Erzähler, der die Blase aus seiner Tonpfeife gepustet hat, nicht mehr ist. Es ist vielleicht übertrieben zu behaupten, dass jede vollauf gelungene Kurzgeschichte, und insbesondere die phantastischen Erzählungen, das Produkt von Neurosen, Alpträumen oder Halluzinationen sind, die man mittels der Objektivierung und der Überführung in eine Sphäre ausserhalb des neurotischen Bereichs neutralisiert hat; immerhin lässt sich in jeder bemerkenswerten Kurzgeschichte diese Polarisierung feststellen, so als hätte der Autor sich so schnell wie möglich und in entschiedenster Weise von seinem Eindringling befreien wollen, ihn auf die einzige Weise exorzierend, auf die es ihm möglich war: schreibend.[133]

---

132 Das Beispiel von Garcilaso stammt von Cortázar. Vgl. Julio Cortázar: *Rayuela. Himmel und Hölle*, übers. v. Fritz Rudolf Fries, Frankfurt a. M.: Suhrkamp 1987, S. 438.

133 Julio Cortázar: „Über die Kurzgeschichte und ihr Umfeld", in: ders.: *Letzte Runde*, übers. v. Rudolf Wittkopf, Frankfurt a. M.: Suhrkamp 1984, S. 21 f.

Zweiter Teil

Einige Kontexte des Neofantastischen im Werk von Cortázar

Selbst heute noch vergiften, so sagt man, giftige Tiere das Wasser nach Sonnenuntergang, so daß die guten Tiere nicht mehr davon trinken können. Aber in aller Frühe, kurz nach Sonnenaufgang, erscheint ein Einhorn, das sein Horn in das Wasser des Flusses taucht, um das Gift aus ihm zu vertreiben, so daß die guten Tiere tagsüber aus ihm trinken können. Und das habe ich selbst gesehen (Et hoc vidi).

(Johannes de Hese, 1389.)

I Erzählung und Roman

Manche Aussagen Cortázars nach dem Erscheinen von *Rayuela* hinterlassen den Eindruck, der Romancier würde seine Kurzprosa jenem Teil seines Werkes unterordnen, der mit „Der Verfolger" begann: „Die fantastischen Erzählungen – sagt er – waren durchaus Untersuchungen, allerdings therapeutische Untersuchungen, nicht metaphysische."[1] Cortázar scheint für sein Romanwerk das Recht zu reservieren, Werkzeug einer „existentiellen, menschlichen" Suche zu sein, während er dem kürzeren Genre eine geringere Funktion zuweist:

> Bis zu „Der Verfolger" war ich mit Schöpfungen fantastischer Art zufrieden. In allen Erzählungen von *Bestiarium* und *Ende des Spiels* genügte mir der Akt des Erschaffens, des Imaginierens einer fantastischen Situation, die sich ästhetisch auflösen würde, die eine zufriedenstellende Geschichte für mich abgeben würde, in dieser Hinsicht war ich immer sehr anspruchsvoll. *Bestiarium* ist das Buch eines Menschen, der nicht über die Literatur hinaus problematisiert.[2]

Aber noch im selben Interview berichtet Cortázar den irreführenden Eindruck, seine Erzählungen seien bloße „ästhetische Spiele", deren größtes Verdienst darin läge, als Unterstützung für die Romane zu dienen:

> Die Wahrheit ist, dass diese Erzählungen, wenn wir sie, sagen wir, aus der Perspektive von *Rayuela* betrachten, als Spiele erscheinen können; dennoch muss ich festhalten, dass sie, während ich sie schrieb, absolut nichts Spielerisches an sich hatten. Sie waren Anzeichen, Dimensionen, Eintrittsgelegenheiten in Möglichkeiten, die mich bestürzten oder faszinierten und die ich durch das Schreiben der Geschichte auszuschöpfen versuchen musste.[3]

Cortázar äußert diese Urteile, als *Rayuela* noch immer ein verlegerisches Großereignis ist. In späteren Texten, mit etwas mehr Abstand und objektiverem Blick, bewertet er seine Erzählungen wohlwollender und in Einklang mit seinem Gesamtwerk. Nach *Rayuela* veröffentlicht er zwei Romane (*62, Modellbaukasten*, 1968; und *Album für Manuel*, 1973) sowie vier neue Bände mit Erzählungen (*Das Feuer aller Feuer*, 1966; *Oktaeder*, 1974; *Passatwinde*, 1977; und *Alle lieben Glenda*, 1980):[4] ein Detail der bibliografischen Chronologie, das für sich schon als Urteil

---

1   Harss: *Los nuestros*, S. 270.
2   Ebd., S. 273.
3   Ebd., S. 270.
4   Anm. d. Übers.: Die spanischen Originaltitel lauten: *62, modelo para armar* (1968), *Libro de Manuel* (1973), *Todos los fuegos el fuego* (1966), *Octaedro* (1974), *Alguien que anda por ahí* (1977), *Queremos tanto a Glenda* (1980).

und überzeugender Beweis seiner Neubewertung des kurzen Genres gelten kann. Im Laufe der Zeit erläutert er dann auch die Gründe. Im Essay „Von dem Gefühl, nicht ganz da zu sein" erklärt er den Lesern, die ihm

> vorwerfen, Romane zu schreiben, in denen fast ständig in Zweifel gezogen wird, was gerade behauptet wurde, [...] [und die darauf] bestehen [...], dass das Annehmbarste meiner literarischen Produktion einige Erzählungen sind, wo man eine eindeutige Art zu schreiben findet, [dass von diesen Erzählungen,] gut oder schlecht geschrieben, [...] die meisten [...] von der gleichen Sorte [sind] wie meine Romane: Öffnungen auf die Verwunderung, Momente eines Deplacement, von wo an das Gewohnte aufhört, beruhigend zu sein, weil nichts gewöhnlich ist, sobald man es einer geheimen, fortgesetzten Prüfung unterzieht.[5]

Und im weiteren Verlauf fügt er, bestürzt von der Bequemlichkeit des Lesers, der seine Präferenzen als Maßstab für das Verdienst oder Versagen benutzt, hinzu:

> Als Leser ist es sein gutes Recht, das eine oder andere Vehikel [Erzählung oder Roman] vorzuziehen, für Beteiligung oder für Reflexion zu optieren. Doch sollte er den Roman nicht im Namen der Erzählung kritisieren (oder umgekehrt, falls jemand das zu tun versucht hat), da die Grundeinstellung ja die gleiche bleibt und lediglich die Perspektiven verschiedene sind, in die der Autor sich versetzt, um seine interstitiellen Möglichkeiten zu vermehren. *Rayuela* ist gewissermaßen die Philosophie meiner Erzählungen, eine Untersuchung dessen, was im Laufe vieler Jahre ihren Stoff oder ihren Impuls bestimmte.[6]

Erzählung und Roman, so Cortázar, gehen auf die gleiche „innere Einstellung" zurück, auf die gleichen Sorgen, die den intellektuellen und existenziellen Kontext bilden, an dem der Autor sein Werk ausrichtet. Das Medium – Erzählung, Roman, Gedicht, Essay – variiert, je nachdem welches die wirkungsvollste Lösung bereithält, gegen die Monster und das „Raubzeug", die den Autor belagern. Doch in jeder dieser Formen, obzwar in ihren Möglichkeiten und Bereichen verschieden, erkennen wir die gleiche „Sorte" wieder, eine gemeinsame Motivation, zu der man zurückkehren muss, um die grundlegenden Triebkräfte von Cortázars Werk zu erahnen. Der Text, der diese Motivation oder Antriebe am besten definiert, entstand anlässlich einer von Cortázar einberufenen Konferenz in Havanna 1961:

> Fast alle Erzählungen, die ich geschrieben habe, gehören zu einem Genre, das man, mangels eines besseren Namens, Fantastik nennt und widersetzen sich jenem falschen Realismus, der darin besteht, wie vom philosophischen und wissenschaftlichen Optimismus des 18. Jahrhunderts als selbstverständlich ausgegeben, zu glauben, dass man alles erklären und beschreiben könne, dass die Welt mehr oder weniger harmonisch von

---

5   Julio Cortázar: „Von dem Gefühl, nicht ganz da zu sein", in: ders.: *Reise um den Tag in 80 Welten*, übers. v. Rudolf Wittkopf, Frankfurt a. M.: Suhrkamp 1995, S. 42 f.
6   Ebd., S. 43.

einem System von Gesetzen, Prinzipien, Beziehungen zwischen Ursache und Wirkung, klar definierten Weltanschauungen und gut gezeichneten Landkarten beherrscht wird. In meinem Fall gehörten der Verdacht, dass eine andere, geheimere und schwerer kommunizierbare Ordnung existiert, und die anregende Entdeckung von Alfred Jarry, der das wahre Studium der Realität nicht in der Erkundung von Gesetzmäßigkeiten sah, sondern in der Beschäftigung mit den Ausnahmen dieser Gesetze, zu den richtungsweisenden Prinzipien meiner persönlichen Suche nach einer Literatur abseits jenes allzu naiven Realismus.[7]

So verstanden besteht die Fantastik nicht in einer Flucht oder imaginativen Ablenkung von der Wirklichkeit, sondern sie ist ganz im Gegenteil eine Form der noch tieferen Durchdringung, über die Systeme hinaus, die sie an eine Ordnung knüpfen, die wir in der Literatur als „Realismus" kennen, die sich jedoch, epistemologisch ausgedrückt, aus unserer rationalistischen Wahrnehmung der Realität ergibt. Das Problem beschäftigt Cortázar nicht nur unter literarischen Gesichtspunkten. Obwohl seine Annäherung an die Realität als eine Ordnung, die sich nicht aus einer, sondern aus vielen verschiedenen Geometrien zusammensetzt, in und durch Literatur stattfindet, gleicht seine literarische Arbeit einer Suche, die nicht im rein Ästhetischen stehenbleibt, sondern sich in Bereiche vorwagt, die wir normalerweise mit metaphysischer Abstraktion assoziieren:

Die Art der Probleme, die die Reflexion im Athen des fünften Jahrhunderts vor Christus auslösten, ist im Grunde die gleiche geblieben, weil sich unsere logischen Strukturen nicht verändert haben. Die Frage ist folgende: Kann man etwas anderes tun, etwas anderes werden? Jenseits der Logik, jenseits der kantschen Kategorien, jenseits des gesamten intellektuellen Apparats des Okzidents – würde man zum Beispiel eine Welt postulieren, wie jemand, der eine nicht-euklidische Geometrie postuliert – ist so ein Fortschritt möglich? Schaffen wir es so, auf einem authentischeren Grund und Boden Fuß zu fassen? Ich weiß es natürlich nicht. Aber ich glaube daran.[8]

Hier wird die quintessentielle Frage aufgeworfen, die sich wie ein roter Faden durch das gesamte Werk Cortázars zieht. Allerdings ist diese Frage, so wie sie hier gestellt wird, ein Endpunkt. Es ist also notwendig, Cortázars frühen Inspirationsfunken nachzuspüren, um die ersten Hinweise dessen zu erhalten, was Morelli als einen „Kontakt [...] mit einer Realität ohne Einschaltung von Mythen, Religionen, Systemen und Rastern"[9] bezeichnet, um vollständig zu verstehen, welche Einflüsse schließlich die Fäden liefern, die er in seinen Erzählungen verknüpft.

---

7   Cortázar: „Algunos aspectos del cuento", S. 3 f.
8   Harss: *Los nuestros*, S. 288.
9   Cortázar: *Rayuela*, S. 560.

II Existenzialismus

Eine der frühesten Spuren des Weges, den wir hier zu rekonstruieren versuchen, findet sich in der Rezension des Buches *Kierkegaard et la philosophie existentielle* [dt. *Kierkegaard und die Existenzphilosophie*] von Leo Schestow. Cortázar schrieb sie 1948 für die Kunst- und Literaturzeitschrift *Cabalgata*, ein Jahr vor der Veröffentlichung von *Los Reyes*.

> Wer dieses Buch anpackt – schreibt er im ersten Absatz der Rezension – und sich dabei starrköpfig an Schemata klammert, die ein Großteil der abendländischen Kultur befolgt und die unverrückbare Erklärungen der Realität und der Stellung des Menschen in ihr liefern, für den wird die Lektüre von Schestows Studie das unsägliche Wesen jener Albträume annehmen, in denen sich jede Beziehung, jede Hierarchie, jeder sicher geglaubte Kanon auflöst oder auf grässliche Weise verwandelt (und dennoch hat ein Albtraum nichts Grässliches, diese Bewertung nehmen wir erst beim Aufwachen vor).[10]

Schon in dieser ersten Annäherung an jene Schlüsselfrage unterscheidet Cortázar zwischen den kulturellen Schemata und der Realität, zwischen Wirklichkeit und ihrer möglichen Erklärung. Die Unterscheidung ist mehr als eine bloße Feststellung: Es ist die Bewusstwerdung, dass sich Realität von jener Beschreibung ihrer selbst unterscheidet, die uns die Kultur anbietet. Noch wichtiger jedoch ist das, was Cortázar in der Klammer hinzufügt: Wenn die Kanones und Hierarchien, mit denen wir unsere Realität denken und begründen, von Kierkegaards „theologischem Sprung" erschüttert, plötzlich einzustürzen scheinen, als handle es sich um einen grässlichen Albtraum, so ist dies lediglich aus dem Kontext unserer Kultur heraus grässlich und albtraumhaft. Aus dem Wachzustand betrachtet, ist der Albtraum grässlich; doch vom Albtraum aus gesehen erlangt dieser Gültigkeit zurück und ist als Zustand nicht weniger wert oder gültig als jener andere, sagt Cortázar elliptisch, wie mit einem Augenzwinkern, das jede weitere Erläuterung redundant werden lässt. Schon hier etabliert Cortázar die Legitimation der Träume und jener Monster, die ein Niemandsland bewohnen, aber doch ein Land; ein Gebiet, unsichtbar für die Netzhaut des Verstandes, doch gleichermaßen real. Die Bewohner dieses Gebiets erscheinen unserem Wachbewusstsein als irreal oder fantastisch; und sobald der Autor aus ihnen neofantastische Geschöpfe macht, tendieren wir dazu, sie mit-

---

10 Julio Cortázar: „León Chestov: *Kierkegaard y la filosofía existencial*", in: *Cabalgata. Revista mensual de letras y artes* 16 (1948), S. 12. Für einen Überblick über Cortázars literarische Mitarbeit bei *Cabalgata*, vgl. Jaime Alazraki: „Cortázar en la década de 1940: 42 textos desconocidos", in: *Revista Iberoamericana* 110–111 (1980), S. 259–297.

hilfe unserer Kausallogik zu betrachten, deren Umlaufbahn sie zu entkommen versuchen, deren Hierarchien sie trotzen. Cortázar, der zu diesem Zeitpunkt bereits erste Erzählungen veröffentlicht hat („Das besetzte Haus", 1946; „Bestiarium", 1947; und „Die Ferne", 1948), bestimmt hier eine Geografie des Fantastischen, in deren Grenzen seine Figuren heranwachsen und leben werden.

> Unserem Bedürfnis nach Klarheit antwortet Kierkegaard mit dem irrationalen Aufschrei des Glaubens, mit der Forderung nach Auflösung jeglicher Ordnung [...]. Und den Strukturen, die der Verstand verteidigt und die Philosophie hierarchisiert, widerspricht er mit den Schlussfolgerungen der Leidenschaft, den einzig gesicherten, den einzig überzeugenden.[11]

In diesem Abschnitt taucht ein zutiefst in der abendländischen Tradition verwurzelter Cortázar wieder auf, ein Schriftsteller, der in dieser Tradition „Klarheit und Ordnung" sieht und diese als Notwendigkeit und Freiheit empfindet, die Kierkegaards Position aus irrationalem Glauben und Passion ablehnt, damit neue Notwendigkeiten und neue Freiheiten statuiert werden können. Diese Ablehnung bedeutet, den Spiegel zu zersplittern, in dem wir uns selbst erkennen und mit dessen Hilfe wir die Identität und Selbstvergewisserung finden, die uns definiert.

> Uns verpflichtet – erklärt Cortázar – die tausendjährige Bindung an den Mittelmeerraum, an das Prestige einer Philosophie, an eine Vernunft, die sich nach jenen Tugenden ausrichtet, die ihren Philosophen in Aristoteles und ihren Dichter in Valéry finden.[12]

Zwanzig Jahre später erklärt Cortázar seinen Bruch mit diesen „Verpflichtungen" und geht eine Bindung ein, die zwar heterodoxer ist, doch seiner neuen Weltsicht viel näher steht:

> In meiner Jugend – erklärt er 1968 – bedeutete Literatur für mich, die „Großen" zu lesen, das heißt, neben den Klassikern auch die Literatur der Avantgarde, die selbst schon klassisch wurde: Valéry, Eliot, Saint-John Perse, Ezra Pound, eine Literatur, die man als goethisch bezeichnen könnte; heutzutage lockt mich all dies viel weniger, da ich fühle, mit ihr mehr oder weniger am Ende zu sein. Niemand kann ihre beachtlichen Errungenschaften abstreiten, doch ist sie gleichzeitig gänzlich auf den Mainstream der abendländischen Tradition beschränkt. Was mich derzeit immer mehr interessiert, ist das, was man Literatur der Ausnahme nennen könnte. Eine gute Seite von Jarry gibt mir viel mehr als die gesammelten Werke von La Bruyère.[13]

Bis zu diesem Punkt jedoch verschlingt Cortázar, ein unersättlicher Leser, „alle" Bücher dieser Tradition – das heißt, die repräsentativsten –, und in der Rezension von

---

11 Ebd., S. 12.
12 Ebd.
13 Harss: *Los nuestros*, S. 297.

Schestows Buch drückt er naturgemäß etwas von dieser Erschütterung aus, die „der irrationale Aufschrei" Kierkegaards im abendländischen Bewusstsein hervorrief:

> Niemand hört Kierkegaard ohne Entsetzen an – schließt er – wie er die Sünde der Erkenntnis verkündet, die Lüge der Vernunft; niemand wird ohne Bestürzung akzeptieren, dass das Nichts uns *eben darum* bedrückt, *weil wir den Baum der Erkenntnis gewählt haben* und weil die Freiheit mit dem Anbruch des Vernunftzeitalters gestorben ist.[14]

Im Jahr darauf, in einem Artikel, der in der Zeitschrift *Realidad* erschien, nimmt sich Cortázar dem Thema erneut mit größerer Freiheit an, möglicherweise angespornt von den bissigen Beobachtungen von Guillermo de Torre in einem mit „Existenzialismus und Nationalsozialismus" betitelten Kapitel seines Buches *Valoración literaria del existencialismo*. De Torre versucht den Existenzialismus mit dem Nationalsozialismus in Verbindung zu bringen und folgert, dass beide einer gemeinsamen Quelle entspringen: dem Irrationalismus. Die Antwort Cortázars versucht „sich eben jener Idee von Irrationalität zu stellen, um sie im Lichte der nun schon mehr als provisorischen Bilanz zu betrachten, die uns die fünfzig Jahre des zwanzigsten Jahrhunderts bereitstellt".[15] Zwei Argumente setzt Cortázar dagegen, um der Schlussfolgerung Guillermo de Torres zu widersprechen, dass „trotz der vielen einzelnen Diskrepanzen, die sich isolieren lassen, man nicht bestreiten kann, dass heideggerscher Existenzialismus und Nationalsozialismus den gleichen Stamm haben: den Irrationalismus". Zum einen nutze er das gleiche

> Bild aus der Botanik, um daran zu erinnern, dass die Blüte, das Blatt und der Stachel gleichermaßen dem Stamm entspringen, ohne dass man ihren funktionalen Wert (ganz abgesehen von den anderen Werten) verwechseln könnte. Der Stamm interessiert weniger als der Prozess, durch den sich eine gewöhnliche Substanz an einem bestimmten Punkt und zu einer bestimmten Zeit zu einer Blüte entwickelt oder ein Blatt oder ein Stachel wird.[16]

Zweitens lädt er, auch wenn es sich um eine Binsenweisheit handelt, seinen Leser ein,

> sich an einen einzigen historischen Prozess mit massiven negativen Konsequenzen zu erinnern, der aus einer irrationalen Überschreitung hervorging. Was geschieht, ist genau das Gegenteil – fährt Cortázar fort. Die Verfolgungen, die abscheulichsten Taten, die Strukturen der Sklaverei, der Leibeigenschaft und der Erniedrigung, die rassistischen Ausschreitungen, die Errichtung despotischer Imperien, all das, was man als die Schattenseiten des historischen Prozesses zusammenfassen kann, verläuft in seiner Durchführung mindestens genauso rational und systematisch wie die Prozesse mit positiven Vorzeichen.[17]

---

14 Cortázar: „León Chestov", S. 12.
15 Julio Cortázar: „Irracionalismo y eficacia", in: *Realidad* 6 (1949), S. 251.
16 Ebd., S. 254.
17 Ebd., S. 257.

Interessanter als die polemische Seite des Essays ist jedoch seine Verteidigung des Irrationalen als Bedingung zur Wiedererlangung einer Freiheit, die gerade durch die rationalistische Tradition bedroht und verletzt wurde. Gegen den Trugschluss, dass der Irrationalismus manche der Schrecken dieses Jahrhunderts zeugte, stellt Cortázar die Behauptung auf, dass es gerade die Erschöpfung und die Hypertrophie der Ratio ist, die diese Katastrophen vorantreibt und die menschliche Fähigkeit zu erschaffen, zu imaginieren und zu wachsen paralysiert:

> Als das 19. Jahrhundert in der Dichtung die ersten Anzeichen einer „Rebellion des Irrationalen" zeigte, überträgt dieses Phänomen den schon unerträglichen Spannungsüberschuss, den die rationale Hegemonie mit sich brachte, auf den Menschen, und der jähe Sprung – mittels des dichterischen Ventils – entfesselt Kräfte, die viel Freiraum benötigen. Europa entdeckte in der Folge, mit ebenso viel Entzücken wie Furcht, dass die Vernunft beiseitegelassen werden kann und sollte, um bestimmte Erfolge zu erzielen.[18]

Die Krisen der abendländischen Welt erklären sich nicht durch das Überhandnehmen irrationaler Kräfte, die die Macht der Vernunft bändigen, sondern durch die Ohnmacht oder Wirkungslosigkeit des Verstandes, diese Kräfte des negativen Irrationalen im Zaum zu halten.

> Das Banner der Vernunft lenkte bisher das Abendland; aber wohin hat das geführt? [...] Es ist die Vernunft, die nachgibt gegenüber der Grausamkeit, sie wählt und ihr den Weg frei macht, um eine Gestapo zu begründen [...]. Sofort, unter dem Banner des Irrationalen, wird der Versuch geboren – möglicherweise unnütz, aber dem Menschen angemessen – den Kurs dieses Wegs zu ändern. Erscheinen seine Bemühungen kindisch? Es sind die von achtzig Jahren im Vergleich zu zwanzig Jahrhunderten. Die Anstrengung Christi, achtzig Jahre nach ihrer Erfüllung, schien den Cäsaren als kindisch.[19]

In diesen befreienden Kräften des Irrationalen, die sich für den Cortázar von 1949 in der Psychoanalyse, im Kubismus, in der dadaistischen Dichtung, im „großangelegten surrealistischen Experiment" und im Existenzialismus äußern, liegt ein Weg, aus dem Dilemma der Krise der modernen Welt herauszukommen:

> Es wird Zeit brauchen, zu verstehen, dass der Existenzialismus keinen Betrug am Abendland darstellt, sondern dass er versucht, es vor einem tragischen Ungleichgewicht im metaphysischen Fundament seiner Geschichte zu retten, indem er dem Irrationalen seine notwendige Stellung in der Menschheit einräumt, die durch das totale Scheitern des vernunftgeleiteten „Fortschritts" ratlos ist.[20]

---

18 Ebd.
19 Ebd., S. 257–259.
20 Ebd., S. 259.

Doch ordnet Cortázar in dieser Anmerkung die befreienden Möglichkeiten des Irrationalen noch immer der guten oder schlechten Führung der Ratio unter. Was er vorschlägt, ist eher ein Eklektizismus; ein Gleichgewicht, das die Wirksamkeit des Irrationalen vom guten Funktionieren des Rationalen abhängig macht. Sein Essay schließt mit einer Warnung, die die regulierende Funktion der Ratio restituiert, ihre unbestreitbare Verantwortung für die endgültigen Ergebnisse und Konsequenzen des Irrationalen:

> Die Leistung (die mögliche „Gefahr") des Existenzialismus hängt auf einer *historischen* Ebene von der großartigen Dialektik ab, mit der seine Meister ihn ausstellen und für ihn eintreten, sowohl in der deutschen Traditionslinie als auch auf französischer Seite. Auch hier wäre die Vernunft diejenige, die in der Stunde der Verantwortung, sich einer möglichen Anschuldigung gegenübersehen würde, wenn sie ihr Schicksal betröge. Doch die rationale Funktion im Existenzialismus hat, an diesem Punkt meines Schreibens, nichts mit der rationalen Funktion gemein, die den Nationalsozialismus ermöglicht hat; es ist ein wachsamer Mechanismus innerhalb einer menschlichen Ordnung, die Vernunft und Unvernunft mit gleicher Notwendigkeit und gleichem Recht beinhaltet.[21]

Cortázar verteidigt an diesem Punkt seines Werks „eine menschliche Ordnung, die Vernunft und Unvernunft mit der gleichen Notwendigkeit und dem gleichen Recht beinhaltet". Diese Schlussfolgerung unterscheidet sich allerdings von jenem „Kontakt [...] mit einer Realität, ohne Einschaltung von Mythen, Religionen, Systemen und Rastern",[22] jener Ordnung „jenseits von Logik und jeglichem intellektuellen Apparat des Abendlandes", die quer durch die Seiten von *Rayuela* gesucht und postuliert wird. Nein, die Schlussfolgerung zeigt eindeutig, dass Cortázar schon vor der Veröffentlichung seines ersten Erzählbandes ein klares Bild von der Richtung hatte, der sein ganzes narratives Werk folgen sollte: Er hat sich in seinem Umfeld orientiert und verortet, er hat sein Sammelsurium vorbereitet, er hat eine Weltsicht reifen lassen, aus der seine literarischen Figuren hervorgehen werden. Eine Zusammenfassung seiner Auffassung und Bewertung des Existenzialismus erscheint in seiner Rezension der spanischen Übersetzung von Sartres *La nausée* (vorgelegt von Aurora Bernárdez). In dieser Notiz, geschrieben 1948 für die Zeitschrift *Cabalgata*, sagt Cortázar:

> Heute, wo nur noch unsinnige, reaktionäre und feige Gestalten weiterhin die enorme Präsenz des Existenzialismus in dieser Nachkriegszeit und seinen schöpferischen Einfluss auf die gesamte Generation unterschätzen können, wird die spanische Version des ersten Romans Sartres einer Vielzahl von verblüfften und beunruhigten Lesern

---

21 Ebd.
22 Cortázar: *Rayuela*, S. 560.

den Beginn von etwas aufzeigen, das der Autor später „die Wege der Freiheit" genannt hat; Wege, die rasant alle provisorischen Formen der Freiheit beseitigen und die dem existenzialistisch engagierten Menschen die harte und große Aufgabe der Wiedergeburt auferlegen, aus der Asche seines historischen Ichs, seines angepassten Ichs, seines konformistischen Ichs.[23]

＊

23 Julio Cortázar: „Jean-Paul Sartre: *La náusea*", in: *Cabalgata. Revista mensual de letras y artes* III/15 (1948), S. 11.

III Surrealismus

Zusammen mit der Verteidigung des Existenzialismus als Alternative gegen die „vernunftbegabte Vernunft", gegen diese in ihre eigene Krise versunkene Vernunft, wird Cortázar auch den Surrealismus als „das höchste Unternehmen des zeitgenössischen Menschen, als Vorhersage und Versuch eines umfassenden Humanismus"[24] verteidigen. Der Text, in dem dieses Thema am deutlichsten behandelt wird, ist der Artikel, den er 1948 anlässlich des Todes von Antonin Artaud im selben Jahr für die Zeitschrift *Sur* schrieb. Im Gegensatz zum Großteil der spanischen und lateinamerikanischen Schriftsteller, die im Surrealismus eher eine literarische Technik als eine allumfassende Weltsicht sahen, versteht ihn Cortázar wie Artaud und dessen Gefolgschaft orthodoxer: nicht als eine Technik, sondern als eine Bewegung der totalen Befreiung; nicht als literarische Schule, sondern als ein „nicht-literarisches, sogar anti- oder extraliterarisches" Ereignis; kurzum, nicht als einen weiteren literarischen „-ismus", sondern „als höchste und komplizierteste Stufe der Authentizität".[25] Die Tendenz der Literaturkritik, ihn in ein abgeschlossenes Kapitel der Literaturgeschichte zu verwandeln, findet empörte Zurückweisung:

> Es ist abstoßend, den gewaltigen Druck von ästhetischer und akademischer Seite zu bemerken, die sich bemüht, mit dem Surrealismus ein weiteres Kapitel der Literaturgeschichte zu vollenden, und sich seiner rechtmäßigen Bedeutung verschließt.[26]

Für Cortázar

> ist Surrealismus Weltanschauung, keine Schule und kein -ismus, der Versuch einer Aneignung der Realität, die die Realität selbst ist, statt jener anderen aus Pappmaché und für immer bernsteinfarben; eine Rückeroberung des schlecht Eroberten (des halb Eroberten: durch Parzellierung einer Wissenschaft, einer vernunftbegabten Vernunft, einer Ästhetik, einer Moral, einer Theologie) und nicht die bloße Weiterführung, dialektisch antithetisch, der alten, angeblich progressiven Ordnung.[27]

Fünfzehn Jahre vor *Rayuela* findet Cortázar im Surrealismus einige der Schlüsselideen (die Suche nach einem verlorenen Reich, die Dichtung als Magie und als Kraft, die imstande ist, die Realität zu verändern, der Anbruch eines goldenen Zeitalters, die Liebe als eine Form der Realitätsaneignung), die den Roman wie Hauptschlag-

---

24 Cortázar: „Irracionalismo y eficacia", S. 253.
25 Julio Cortázar: „Muerte de Antonin Artaud", in: *Sur* 163 (1948), S. 80.
26 Ebd.
27 Ebd.

adern durchziehen und die jene Sprungbretter bilden, von denen aus sich Horacio Oliveira in seine Suche stürzt. Im Namen dieses Surrealismus, der „den eigentlichen Zustand und das Verhalten des menschlichen Tiers repräsentiert", verwirft Cortázar jenen anderen Surrealismus des *Tick*, der Etikette, der sich offenbart in

> schmelzenden Uhren, in einer Mona Lisa mit Schnurrbart, in einäugig warnenden Por-traits, in Ausstellungen und Anthologien […], weil die surrealistische Vertiefung den Ak-zent mehr auf das Individuum legt als auf seine Erzeugnisse […], und leben wichtiger ist als schreiben, außer wenn das Schreiben – was nur sehr selten geschieht – ein Leben ist.[28]

Der Surrealismus, dem sich Cortázar anschließt, ist

> ein Sprung zur Tat: Er fordert, die Realität als Dichtung zu erkennen […]; so verschwindet der wesentliche Unterschied zwischen einem Gedicht von Desnos (verbaler Modus der Realität) und einem poetischen Ereignis – einem bestimmten Verbrechen, einem be-stimmten „knock-out", einer bestimmten Frau – (faktische Modi der gleichen Realität).[29]

> Wenn ich Dichter oder Schauspieler bin – sagt Cortázar Artaud zitierend –, so bin ich das nicht, um Gedichte zu schreiben oder zu rezitieren, sondern um sie zu leben.[30]

In Kapitel 112 von *Rayuela* drückt Morelli – wie ein Echo von Artauds literari-scher Vision – seine Abscheu vor der Rhetorik und der literarischen Sprache aus, in der „eine[…] verbale[…] Austrocknung […] parallel und korrelativ zu einer anderen, vitalen [ist]",[31] um eine Schönheit einzufordern, die Zweck und nicht Mittel ist, weil sie aus der totalen Identifikation „[zwischen der] Auffassung von der menschlichen Natur mit [der] Auffassung von der Natur des Künstlers"[32] erwächst. Schließlich verleiht Cortázar schon im Artikel von 1948 einem Grund-gedanken Ausdruck, der später in verschiedenen Formulierungen im Verlauf von *Rayuela* wieder auftaucht und der einen der zentralen Impulse seines gesamten Werks enthält; auf Artaud bezogen, sagt er:

> Ich vermute, dass sein Wahnsinn – ja, liebe Professoren, nur ruhig: er war wahn-sinn-ig – ein Zeugnis des Kampfes zwischen dem tausendjährigen homo sapiens (na, Søren Kierkegaard?) und jenem anderem ist, der weiter drinnen stammelt, sich von unten mit nächtlichen Klauen festklammert, hinaufklettert und ankämpft, rechtmäßig danach strebend, zu koexistieren und sich anzunähern bis zur vollständigen Verschmelzung.[33]

---

28 Ebd., S. 81.
29 Ebd.
30 Antonin Artaud: „Lettre à Henri Parisot" (geschrieben aus der geschlossenen psy-chiatrischen Klinik in Rodez). Zit. n. Cortázar: „Muerte de Antonin Artaud", S. 81.
31 Cortázar: *Rayuela*, S. 540.
32 Ebd., S. 541.
33 Cortázar: „Muerte de Antonin Artaud", S. 82.

Das ist der neue Cortázar'sche Mensch, von dem in *Rayuela* gesagt wird, „dass der Mensch nicht ist, sondern zu sein sucht",[34] und der, vom Existenzialismus aus gesehen, als der freie Mensch hervortritt, der danach strebt, aus der Asche seines historischen und konformistischen Ichs wiedergeboren zu werden.[35]

Im folgenden Jahr veröffentlicht Cortázar in *Realidad* einen kurzen Artikel mit dem Titel „Un cadáver viviente". Die Andeutung bezieht sich auf den Surrealismus, der, obwohl in den Lehrbüchern als literarische Bewegung begraben, in seinem Geiste und seiner Weltanschauung sehr lebendig fortdauert.

> Es ist erstaunlich – schreibt Cortázar – wie die guten Leute mit ihm abgeschlossen haben, wie er mausetot und schon mit historischen Beschreibungen bedacht wurde, die jenen gleichen, für die Maurice Nadeau noch kämpfen musste, um sie zu verwirklichen (und die informativ und nützlich sind, wie die Verzeichnisse von Knollengewächsen oder die Abbildungen von Algen oder Schnecken).[36]

Der Ton des gesamten Artikels ist hämisch, und die Metapher vom Surrealismus als „lebende Leiche" wird zur Allegorie:

> Was sich hier zersetzt und verschimmelnd begraben liegt, ist nichts weiter als die schimmernde und falsche Haut der Schlange, die Literatur und die Kunst des Surrealismus (der antiliterarisch ist). Am Begräbnis des Surrealismus nehmen die Überreste all jener Substanzen teil, die diese freie Dichtung zu ihrer Zeit verwendete: Stoff, Farben, Wörterbücher, Zelluloid, lebende und unbelebte Objekte. Auf dem Leichenwagen, erster Klasse, wie es sich gebührt, wird der Name des Verblichenen zum Ende größer, damit die Leute gut das -ISMUS lesen können: wieder etwas, das hinabsteigt ins große Vergessen der Erde. Danach, auf nach Hause und alles wunderbar.[37]

Wie in dem Artaud gewidmeten Artikel ist auch hier die Unterscheidung zwischen Surrealismus, als Mode oder literarischem Modus, und Surrealismus, als Bewegung der totalen Befreiung, der zentrale Aufhänger. Im Wesentlichen ist es der alte Streit um den Surrealismus, der in Wirklichkeit eine Bewegung von Dichtern und Künstlern ist und es dennoch ablehnt, nach ästhetischen Kriterien beurteilt zu werden. Cortázar ergreift für diesen radikalen Surrealismus Partei, der sich sträubt, in einen „-ismus" einbalsamiert zu werden, und aus diesem Grund warnt er seine „Totengräber":

> Vorsicht, meine Herren, so einfach ist die Sache nicht... Wir alle kennen die Auflösung des spektakulären Teams des französischen Surrealismus; Artaud ist gefallen, und

---

34 Cortázar: *Rayuela*, S. 421.
35 Cortázar: „Jean-Paul Sartre", S. 11.
36 Julio Cortázar: „Un cadáver viviente", in: *Realidad* 5 (1949), S. 349.
37 Ebd.

Crevel, und es gab Zwist und Verschmähung, während andere professionell zur Literatur oder Staffelei zurückkehren, zur Ausnutzung des erfolgreichen Rezepts. Vieles davon riecht nach Museum und die Leute geben sich zufrieden, weil die Museen sichere Orte sind, wo explosive Objekte unter Verschluss gehalten werden; sonntags geht man sie besichtigen, etc. Doch muss man bedenken, dass aus dem ersten surrealistischen Spiel mit Papierfetzen dieser Vers geboren wurde: *Le cadavre exquis boira le vin nouveau (Der köstliche Leichnam wird den neuen Wein trinken)*. Vorsicht mit diesem sehr lebendigen Toten, der sich heute im allergefährlichsten Kostüm verhüllt, der Maske der scheinbaren Abwesenheit, und der, nie dort, wo man ihn erwartet, seine riesigen Hände auf die Zeit stützt, um sie nicht ohne ihn vergehen zu lassen, auf dass sie ihm Bedeutung gebe.[38]

Es ist offensichtlich, dass für den Cortázar von 1949, mit ontologischen Fragen beschäftigt, der Surrealismus einen Ansatzpunkt bietet, an dem der Hebel seiner eigenen Erkenntnissuche ansetzen konnte. Sein Enthusiasmus gründet nicht auf den Techniken oder Mitteln, die mit dem Surrealismus assoziiert werden und die in letzter Instanz dazu führten, ihn als einen weiteren „-ismus" zu popularisieren, wogegen er sich sperrt und wogegen Cortázar rebelliert. Was ihn am Surrealismus interessiert, ist seine Weltanschauung, sein Wesen als Alternative zur vernunftbegabten Vernunft, sein Versuch, von der Realität Besitz zu ergreifen, ohne Intervention des *homo sapiens*. Daher kommt es, dass er sich in diesen dem Surrealismus gewidmeten Texten weniger mit seinen poetischen Erzeugnissen, seinen Dichtern und Malern auseinandersetzt als vielmehr mit seiner Philosophie und mit dem Glauben seiner Anhänger, mit seiner Sicht auf den Menschen und die Welt, mit seinen Bemühungen, die Schemata einer Kultur zu überwinden, die für den Surrealismus aufgezehrt war. In *Rayuela* bietet Cortázar eine Synthese seiner Bewertung des Surrealismus als Freiheitsbewegung, die es allerdings nicht verstand, für die eigenen Prämissen die entsprechenden Ausdrucksmittel zu finden. Als bei einem Treffen des ‚Klubs der Schlange' Perico darauf besteht, dass man „[a]n Surrealisten […] nun wirklich keinen Mangel gehabt [hat]", erwidert Etienne:

Es handelt sich nicht um ein Unternehmen zur Befreiung der Sprache [...]. Die Surrealisten glaubten, dass die wahre Sprache und die wahre Realität zensiert und verdrängt würden durch die rationalistische und bürgerliche Struktur des Abendlandes. Damit hatten sie recht, wie jeder Dichter weiß, aber das war eben nur ein Augenblick im komplizierten Vorgang, die Banane zu schälen. Schließlich hat mehr als einer sie dann mitsamt der Schale gegessen. Die Surrealisten hängten sich an die Worte, anstatt sich gewaltsam von ihnen zu trennen, wie es Morelli, vom Wort ausgehend, tun möchte. Fanatiker des Worts im Reinzustand, frenetische Wahrsager, die sie waren, akzeptierten sie alles Beliebige, wenn es nur nicht zu grammatikalisch aussah. Sie hatten zu wenig Ahnung davon, dass die Schaffung einer ganzen Sprache, auch wenn sie am Ende den Sinn der Sprache auf-

---

38 Ebd., S. 350.

hebt, unweigerlich die menschliche Struktur zeigt, ob es nun die eines Chinesen oder die einer Rothaut ist. Sprache bedeutet Aufenthalt in einer Realität, Erleben innerhalb einer Realität. Auch wenn es stimmt, dass die Sprache, die wir benutzen, uns verrät (und Morelli ist nicht der einzige, es in alle Winde zu rufen), genügt es nicht, sie von all ihren Tabus befreien zu wollen. Man muss sie neu leben, nicht neu beseelen.[39]

Hier ist die Perspektive eine andere. Cortázar akzeptiert den Surrealismus als abgeschlossenes Experiment, und mit dieser neuen Sicht lässt er jene Prämissen beiseite, die sich mit der Zeit in einen weiteren Teilaspekt der Ordnung verwandelt haben, die sie zu überwinden vorgaben, und beurteilt die Ergebnisse. Was er jetzt an den Surrealisten kritisiert, ist das unnütze Streben, sich von Sprache ausgehend von einer Ordnung und einer Struktur befreien zu wollen – und bisweilen sogar nicht einmal von Sprache ausgehend, sondern von einem Tauziehen mit der Grammatik:

> Man kann nicht die Sprache neu leben wollen – fügt Gregorovius hinzu – wenn man nicht damit anfängt, nahezu alles, was unsere Realität ausmacht, intuitiv auf andere Weise zu erfassen. Vom Sein zum Wort, nicht vom Wort zum Sein.[40]

Indem er jetzt nicht die Philosophie des Surrealismus – mit der das Gesamtwerk Cortázars deutliche Berührungspunkte aufweist[41] – beurteilt, sondern die Ergebnisse seiner literarischen Schöpfungen, die Cortázar immer ablehnte, als Maßstab der Tragweite der Bewegung zu akzeptieren, ist es nur folgerichtig, dass aus der Perspektive Morellis die *écriture automatique*, die freie Assoziation, die Omnipotenz und Transposition der Träume und andere surrealistische Ansätze, wie linguistische Jongleurskunst erscheinen, wie verbale Spiele, die das ontologische Spiel unberührt lassen, das Morelli zu spielen vorschlägt: „Was Morelli anstrebt, ist, die geistigen Gewohnheiten des Lesers aufzubrechen"[42] – sagt Etienne in *Rayuela* –, um welche Realität anzugreifen?

> Ich würde zunächst einmal sagen – antwortet Oliveira –, dass diese technologische Realität, wie sie heute von den Wissenschaftlern und den Lesern von *France-Soir* akzeptiert wird, diese Welt aus Kortison, Gammastrahlen und Elution des Plutoniums, so wenig mit der Welt der Realität zu tun hat wie die Welt des *Roman de la Rose*. Wenn ich vorhin davon zu unserem Perico gesprochen habe, dann in der Absicht, ihn darauf aufmerksam zu machen, dass seine ästhetischen Kriterien und seine Wertskala so gut wie erledigt sind und dass der Mensch, nachdem er alles von der Intelligenz und vom Geist

---

39 Cortázar: *Rayuela*, S. 503 f.
40 Ebd., S. 504.
41 Zu diesem Aspekt vgl. Evelyn Picon Garfield: *¿Es Julio Cortázar un surrealista?*, Madrid: Gredos 1975.
42 Cortázar: *Rayuela*, S. 506.

erwartet hat, sich wie verraten vorkomme, in einem dunklen Bewusstsein, dass sich seine Waffen gegen ihn selbst gerichtet haben, dass die Kultur, die *civiltà*, ihn in diese Sackgasse geführt hat, in der die Barbarei der Wissenschaft nicht eben mehr ist als eine sehr verständliche Reaktion.[43]

In *Rayuela* weitet sich die Bewertung des Surrealismus also aus, doch erkennen wir auch einen Schimmer des frühen Cortázar im Roman wieder. Sein Eintreten für Existenzialismus und Surrealismus offenbart Frühformen der Ideen und geistigen Haltungen, die später in *Rayuela* ein breiteres und umfassenderes visuelles Feld finden, allerdings steckt bereits in diesen Artikeln und Essays ansatzweise die Sorge und Erkenntnissuche von Horacio Oliveira; der ursprüngliche Samen dieser jugendlichen Exkursionen treibt in *Rayuela* Blüten. Die Bedeutsamkeit dieser Essays für die Untersuchung seiner Erzählungen liegt in ihrer Natur als dokumentarische Zeugnisse dafür, dass der Cortázar, der seit 1948 neofantastische Erzählungen schreibt, von den gleichen Fragen und Problemen angetrieben wird, die auch den Autor von *Rayuela* fünfzehn Jahre später anspornen. Sie bestätigen des Weiteren, was Cortázar selbst über seine Erzählungen gesagt hat: dass „die meisten von ihnen von der gleichen Sorte wie meine Romane" sind und dass „*Rayuela* […] gewissermaßen die Philosophie meiner Erzählungen [ist], eine Untersuchung dessen, was im Laufe vieler Jahre ihren Stoff oder ihren Impuls bestimmte".[44] Um nun „den Stoff oder den Impuls" seiner Erzählungen vollständig zu verstehen, stellt *Rayuela* einen unentbehrlichen Kontext dar: Der Roman bildet sozusagen den Bogen, der die nötige Spannung generiert, damit die Pfeile der Erzählungen daraus abgeschossen werden können. In den Erzählungen offeriert Cortázar fantastische Lösungen für Probleme, die in den Romanen auf existentielle Weise gelöst werden; doch werden Erzählung und Roman von den gleichen Spannungen getrieben. Sie enthalten die gleichen drängenden Fragen, die *Rayuela* detailliert in Breite und Tiefe erzählt und die sich schon in den Artikeln und Essays angelegt finden, die zeitgleich mit den Erzählungen für *Bestiarium* und *Ende des Spiels* entstanden. Sich nun *Rayuela* zu widmen, bietet uns die Möglichkeit, die intimsten Einflüsse seiner neofantastischen Erzählungen präziser zu bestimmen.

---

43 Ebd., S. 507 f.
44 Cortázar: „Von dem Gefühl, nicht ganz da zu sein", S. 43.

IV Rayuela

Rayuela – meint Cortázar in einem Interview im Jahr 1967 – ist sowas wie die Synthese meiner zehn Jahre, die ich in Paris gelebt habe, und der Jahre davor. Dort unternahm ich den Versuch, viel eingehender, als ich zu diesem Zeitpunkt eigentlich fähig war, mich in Form eines Romans mit Fragen auseinanderzusetzen, die andere, die Philosophen, in metaphysischen Begriffen verhandeln. Will heißen: die großen Probleme, die großen Fragen.[45]

Und etwas später:

Das zentrale Problem für die Figur in *Rayuela*, mit der ich mich in diesem Fall identifiziere, ist, dass sie eine Sicht der Realität hat, die wir als wunderbar bezeichnen könnten. Wunderbar in dem Sinne, dass sie glaubt, die gewöhnliche Wirklichkeit verdecke eine zweite Realität, die weder mysteriös noch transzendent noch theologisch ist, sondern zutiefst menschlich, die jedoch durch eine Reihe von Irrtümern [...] wie verborgen blieb, hinter einer durch viele Jahre der Kultur präfabrizierten Realität, einer Kultur, in der es zwar Wunderbares gibt, aber auch tiefgreifende Verwirrung, grundlegende Verfälschungen. Im Fall der Figur in *Rayuela* muss sie sich ihren Weg über plötzliche Einbrüche in eine authentischere Realität bahnen.[46]

Cortázar ist aber nicht allein auf seiner Suche nach einer „authentischeren Realität". Lionel Trilling stellt fest, dass „eines der auffälligsten Charakteristika der Kultur unserer Zeit [...] die intensive, fast obsessive Sorge um Authentizität als einer Eigenschaft des persönlichen Lebens und als ein Kriterium der Kunst [ist]."[47]

Doch das in unserer Zeit so häufig benutzte wie missbrauchte Wort „Authentizität" hat so viele Interpretationen und Nuancen, wie es Interpreten und Jünger hat; wie Proteus wandelt es ständig seine Form und jeder verwendet es so, wie es sich am besten mit seinen Absichten verträgt. Wenn schon Authentizität schwer definierbar ist, so scheint der umgekehrte Weg möglich, nämlich definitorisch abzugrenzen, was nicht authentisch ist. Trilling zum Beispiel schreibt:

Der inauthentische Charakter des Erzählens läge dann hauptsächlich in seiner Voraussetzung, dass sich das Leben verstehen und also auch bewältigen lasse. [...] Die Geschichte wird nicht von einem Idioten erzählt, sondern von einem vernünftigen

---

45 Margarita García Flores: „Siete respuestas de Julio Cortázar", in: *Revista de la Universidad de México* 21/7 (1967), S. 10 f.

46 Ebd.

47 Lionel Trilling: „Das authentische Unbewusste", in: ders.: *Das Ende der Aufrichtigkeit*, übers. v. Henning Ritter, Frankfurt a. M., Berlin u. Wien: Ullstein 1983, S. 128.

Bewusstsein, das in den Dingen die Prozesse erkennt, die ihr Grund sind, und daraus ein Verhaltensprinzip und eine Art, mit den Dingen zu leben, ableitet. Können wir uns heute und in unserer Epoche einer so primitiven Erklärungsform unterwerfen, die so unverhüllt aristotelisch ist?[48]

Fällt die Antwort negativ aus, und es besteht kein Zweifel, dass dem so ist, so ist es schwierig, Alternativen zu diesen narrativen Formen zu finden, deren Sichtweise entschieden rational geprägt ist. Cortázar findet eine Antwort in der Neofantastik. Seine Nomenklatur trägt immer noch den Beigeschmack unserer alten mentalen Gewohnheiten: Zu sagen, eine Literatur sei „fantastisch", impliziert, dass wir sie immer noch aus unserem verlässlichen syllogistischen Denken heraus beurteilen, in dem das, was nicht „real" ist, „irreal oder fantastisch" ist, so wie wir auch immer noch sagen, dass „die Sonne auf- und untergeht", obwohl Ptolemäus nur mehr eine vergessene Reliquie in irgendeiner Ecke der Antike und des Mittelalters ist. Streng genommen ist die neue Fantastik eine „realistischere" Kunst, in dem Sinne, dass sie versucht, die Wirklichkeit tiefer zu durchdringen, Teile der Realität aufzuzeigen, die über die Jahrhunderte aristotelischer Tradition abgetrennt unter dieser Kruste des Rationalismus begraben waren. Dass Cortázars neofantastische Erzählungen weit davon entfernt sind, bloße ästhetische Spiele zu sein, dass sie im Gegenteil Bemühungen darstellen, eine Realität zu erfassen, die für unsere logische Wahrnehmung verborgen ist, zeigt seine energische Verteidigung von Bewegungen, die, wie Existenzialismus und Surrealismus, einen alternativen Zugang zur Wirklichkeit suchen, auf Wegen, die unsere Kultur noch nicht ausgetreten hat. Wenn Cortázar *Rayuela* als „die Philosophie [s]einer Erzählungen" bezeichnet, übertreibt er keineswegs. Beim Schreiben eines Romans „der großen Fragen" erschafft er eine Synthese der Sorgen und Mühen, die ihn – wie er erklärt – auch bei der Arbeit an seinen Erzählungen umtrieben.

Diese Fragen unterscheiden sich nicht von jenen, die auch die Neofantastik antreibt und zu beantworten sucht. In Kapitel 62 von *Rayuela* hat Morelli einige lose Notizen zu einem Buch, das er zu schreiben beabsichtigte, abgelegt:

Schriebe ich besagtes Buch, wären die Standardverhaltensweisen (inklusive der allerungewöhnlichsten, welche ihre Luxuskategorie sind) mit dem gebräuchlichen psychologischen Instrumentarium unerklärlich. Die Akteure würden als wahnsinnig oder völlig idiotisch erscheinen. [...] [E]twas, das der Homo sapiens unterschwellig in sich hat, würde sich mühsam einen Weg bahnen, so als ob ein drittes Auge angestrengt unterm Stirnbein blinzelte. Alles wäre wie eine ständige Beängstigung, Unruhe, Entwurzelung, ein Territorium, auf dem die psychologische Kausalität ratlos das Feld räumen wür-

---

48 Trilling: „Das authentische Unbewusste", S. 128.

de, und die Marionetten würden einander zerstören oder lieben oder sich erkennen, ohne sonderlich zu ahnen, dass das Leben in ihnen und durch sie für sie den Code zu ändern versucht, dass sich ein kaum vorstellbarer Versuch im Menschen anbahnt, wie sich zu anderen Zeiten der Code Vernunft, der Code Gefühl, der Code Pragmatismus angebahnt haben.[49]

Ein Wesen am Rande dieser identitätsstiftenden psychologischen Kausalität nimmt sich umgehend als ein fantastisches Wesen aus: ein drittes Auge unterm Stirnbein, ein Zustand, der die Freud'sche Psychologie entgleisen lassen würde, Marionetten am Rande des Wahnsinns oder der Idiotie. Doch mithilfe dieser Wesen beabsichtigt Morelli eine Realität zu erkunden, die nicht auf unsere, sondern auf andere Codes reagiert. Eine Realität, deren Geometrie über die Postulate der Kausalität hinausreicht, die jedoch ebenso gültig ist wie jene, die wir bisher als einzig brauchbare Dimension alles Messbaren verwendet haben. Im Wesentlichen sagt Morelli, dass der Mensch unendlich viel komplexer ist als jene Vorstellung, mit der ihn „das gebräuchliche psychologische Instrumentarium" beschreibt, doch dieser Mensch liegt noch begraben und ignoriert, seine eigentliche Befreiung erwartend.

Die nach dreißig Jahrhunderten geerbte Freiheit „der jüdischchristlichen Dialektik [ist] die falscheste aller Freiheiten" (S. 617), und Cortázar wendet sich in *Rayuela* und im Verlauf seines gesamten Schaffens gegen diese Dialektik, gegen „diese griechische Unterscheidung von Wahrheit und Irrtum" (S. 517), gegen den homo sapiens (S. 420) und den „homo occidentalis" (S. 570), gegen „die große verfaulte Maske des Abendlands" (S. 562), gegen „die Große Gewohnheit" (S. 442), gegen die aristotelische Logik (S. 603), „den Satz vom zureichenden Grund" (S. 436) und schließlich gegen „die Dienste der Großen-Eitelkeit-Idealismus-Realismus-Spiritualismus-Materialismus des Abendlands, G.m.b.H." (S. 511). Schwieriger ist dagegen festzustellen, was eigentlich gesucht wird:

Was hat es im Grunde auf sich mit dieser Geschichte, dass wir ein tausendjähriges Reich, einen Garten Eden, eine andere Welt finden wollen? [...] Dahinter (immer dieses Dahinter, allmählich muss man einsehen, dass es der Schlüsselgedanke modernen Denkens ist)[.] (S. 435)
[...]
Möglicherweise steckt in dieser eine andere Welt, aber wir werden sie nicht finden, wenn wir ihre Silhouette aus der phantastischen Geschäftigkeit der Tage und Leben

---

49 Julio Cortázar: *Rayuela. Himmel und Hölle,* übers. v. Fritz Rudolf Fries, Frankfurt a. M.: Suhrkamp 1987, S. 421. Die folgenden Zitate beziehen sich auf diese Ausgabe und werden direkt im Text durch Angabe der Seitenzahl nachgewiesen.

schneiden, wir werden sie weder in der Atrophie noch in der Hypertrophie finden. Jene Welt gibt es nicht, man muss sie erschaffen wie einen Phönix. (S. 438)

[...]

[D]ieses berühmte Yonder kann nicht als Futur in Raum und Zeit vorgestellt werden. Wenn wir uns weiterhin an die kantischen Kategorien halten, das will doch Morelli offenbar sagen, werden wir nie aus dem Sumpf herauskommen. Was wir Realität nennen, die wahre Realität, die wir auch Yonder nennen [...], ist nicht etwas, das noch kommen wird, ein Ziel, die letzte Stufe, das Ende einer Evolution. Nein, es ist etwas, das schon hier ist, in uns. Man kann sie spüren, es genügt schon, die Hand im Dunkeln auszustrecken. (S. 509)

Man sucht nach „einer dunklen Empfindung von Gewissheit", in deren Namen man „das, was [...] am falschesten erscheint" (S. 513), angreift.

Cortázar, der mit den Fortschritten der Wissenschaft vertraut ist und um ihre Bemühungen weiß, die eigenen Limitationen zu überschreiten, um ein Gebiet zu erobern, das man von unserem Standpunkt aus als Anti-Realität definieren müsste, schreibt in *Rayuela*:

[W]ie begeistert Morelli die neuesten Arbeitshypothesen der Physik und der Biologie aufgriff, überzeugt davon, dass der alte Dualismus Risse bekommen hatte angesichts der Evidenz einer allgemeinen Reduktion von Materie und Geist auf Energievorstellungen. (S. 560)

Und auf einer Seite der Morelliana kann man lesen:

Es genügt, einen Moment lang das Verhalten einer Katze oder einer Mücke mit unseren alltäglichen Augen zu beobachten, und man wird fühlen, dass das neue Bild, zu welchem die Wissenschaft neigt, diese von Biologen und Physikern so dringlich empfohlene Desanthropomorphisierung als einzige Möglichkeit, Tatsachen wie Instinkt oder pflanzliches Leben mit einzubeziehen, nichts anderes ist als die weit zurückliegende, vereinzelte, beharrliche Stimme, mit der gewisse Strömungen des Buddhismus, der Weden, des Sufismus, der abendländischen Mystik uns drängen, ein für allemal der Sterblichkeit zu entsagen. (S. 621)

In Kapitel 104 von *Rayuela* wird das Leben definiert „wie ein *Kommentar* zu etwas anderem, das wir nicht erreichen, und es liegt da in Reichweite des Sprungs, den wir nicht machen" (S. 523). (Nietzsche sagt, „dass all unser sogenanntes Bewusstsein ein mehr oder weniger phantastischer Commentar über einen ungewussten, vielleicht unwissbaren, aber gefühlten Text ist"[50]); zwischen dieser „anderen Sache" und ihrem Kommentar, zwischen diesem „unbewussten Text" und seiner

---

50 Anm. d. Übers.: Im Original ohne Nachweis. Das Zitat entstammt dem zweiten Buch, Abschnitt 119 von Nietzsches Aphorismussammlung *Morgenröthe* (1881).

Exegese erhebt sich „der kantianische Wall" und „[d]as logische Verhalten des Menschen".[51] Der ganze Roman *Rayuela* ist eine Suche nach dieser

Versöhnung mit einer Welt, von der uns ein abwegiger Dualismus abendländischen Ursprungs entfernt hat und immer noch fernhält, und den der Osten in Systemen und Ausdrücken aufhebt, die uns nur von weitem und entstellt erreichen[.][52]

Es gibt privilegierte Momente, in denen sich diese mögliche Versöhnung abzeichnet:

[E]in Schweigen in einer Musik von Webern, ein bildnerischer Einklang in einem Gemälde von Picasso, ein Scherz von Marcel Duchamp, der Augenblick, da Charlie Parker *Out of Nowhere* hinschmettert, diese Verse von Attâr:
Wir trinken die Meere und wundern uns,
dass unsere Lippen so trocken bleiben wie die Strände,
und wir suchen noch einmal das Meer, um darin einzutauchen, ohne zu sehen,
dass unsere Lippen die Strände sind und wir das Meer.[53]

51 Julio Cortázar: „Häuschen des Chamäleons", in: ders.: *Reise um den Tag in 80 Welten*, übers. v. Rudolf Wittkopf, Frankfurt a. M.: Suhrkamp 1995, S. 235.
52 Julio Cortázar: „Morelliana, immer", in: ders.: *Reise um den Tag in 80 Welten*, übers. v. Rudolf Wittkopf, Frankfurt a. M.: Suhrkamp 1995, S. 225.
53 Ebd.

V Essays

In diesem letzten Essay des Bandes *Reise um den Tag in 80 Welten* greift Cortázar auf seine Weise das Dilemma des Gemäldes von Chirico auf: der Philosoph, der die Zeichen erfindet und damit den Graben akzeptiert, der ihn von den Dingen trennt, und der Dichter, der die direkte und totale Aneignung der Wirklichkeit sucht. Mit diesem Bild von Chirico im Kopf betrachten wir die Erklärung von Cortázar:

> [N]atürlich gibt es im rationalen Akt des Erkennens *keinen* Identitätsverlust; im Gegenteil, das Subjekt beeilt sich, das Objekt auf kategorisierbare und versteinerungsfähige Begriffe zu reduzieren, darum besorgt, eine logische Simplifikation nach seinem Maß zu schaffen [...]. Das logische Verhalten des Menschen ist immer bestrebt, die Person des Subjekts zu schützen, sich angesichts des osmotischen Einbruchs der Wirklichkeit zu verschanzen, im wahrsten Sinne des Wortes der Antagonist der Welt zu sein, denn wenn der Mensch davon besessen ist, Dinge zu erkennen, geschieht es immer ein wenig aus Feindschaft, aus Furcht, *aus der Fassung zu geraten*. Dagegen verzichtet der Dichter darauf, sich zu verteidigen. Er verzichtet darauf, im Akt des Erkennens eine Identität zu bewahren, denn gerade das unverwechselbare Zeichen [...] gibt ihm früh das Gefühl, nach jedem Schritt ein anderer zu sein, ganz leicht aus sich selbst herauszutreten und in die Entitäten einzutreten, die ihn absorbieren, völlig aufzugehen in dem Gegenstand, der besungen werden wird, in der körperlichen oder geistigen Materie, deren lyrische Verbrennung das Gedicht bewirken wird. Dürstend nach Sein, trachtet der Dichter unablässig nach Wirklichkeit, indem er mit der Harpune des Gedichts eine immer tiefere, *wirklichere* Wirklichkeit sucht. Seine Fähigkeit ist Instrument der Besitzergreifung, zugleich aber, doch kaum in Worte zu fassen, ist sie Verlangen nach Besitzergreifung; wie ein Netz, das für sich selbst fischte, ein Angelhaken, der zugleich Begier nach Fang wäre. Dichter sein bedeutet heiß ersehnen, aber vor allem erlangen, in genau dem Maße, in dem man ersehnt. Daher die verschiedenen Dimensionen der Dichter und Poetiken[.][54]

Schon in seinem Aufsatz von 1950 über die „Situation des Romans" schrieb Cortázar über die ontologische Kraft der Poesie:

> Das, was wir Poesie nennen, bedeutet die tiefste Durchdringung des Seins, zu der der Mensch fähig ist. Dürstend nach Sein, verliebt in das Sein, durchstreift die Poesie die oberflächlichen Texturen, ohne sie vollständig zu erhellen, und konzentriert ihre Lichtstrahlen auf die tieferen Dimensionen. Und dann geschieht es, wie der Mensch im Vergleich zu seinem essentiellen Wesen kolossal ist, gleich dem Umfang einer Kugel in Relation zu ihrem Mittelpunkt, dass der Strahl der Poesie ins Zentrum fällt, sich auf der

---

54 Cortázar: „Häuschen des Chamäleons", S. 233 f.

Ebene des absoluten Seins niederlässt und nur seine abgelenkten Strahlen an die Oberfläche zurückkehren und sie in leuchtenden Glanz umhüllen.[55]

Im Gegensatz zum Roman des 19. Jahrhunderts, der, so Cortázar im gleichen Essay, auf die Frage antwortet, *wie* der Mensch ist, fragt der Roman von heute nach seinem *warum* und *wozu*; und, im Gegensatz zu Rationalität und Ästhetizismus der älteren Romane, will der Roman unserer Zeit diese Fragen mit der poetischen Sprache als einem „Medium der anthropologischen Erkenntnis" beantworten:

> Einige Romanciers (Joyce, Proust, Gide, D. H. Lawrence, Kafka, Virginia Woolf, Thomas Mann) werfen die mediatisierende Sprache über Bord, ersetzen Form durch Beschwörung, Beschreibung durch Vision, Wissenschaft durch Magie.[56]

Jedoch, so erklärt Cortázar,

> setzt der plötzliche Einbruch der Poesie in den Roman nicht unbedingt die Adoption von mündlichen Gedichtformen voraus, nicht einmal jene, die man einst recht vage „poetische Prosa" nannte oder nach den Brüdern Goncourt mit der Bezeichnung „künstlerischer Stil" belegt hat. Was zählt, ist die *poetische Haltung* im Romancier (die die Goncourts bei all ihrer ästhetischen Raffinesse nicht hatten); was zählt, ist die Verweigerung, zu mediatisieren, auszuschmücken, Literatur zu machen.[57]

Diese Bedenken hinsichtlich der „poetischen Haltung" des zeitgenössischen Romans äußern sich auch in Cortázars Vorstellung von einer Literatur jenseits eines ästhetischen Ereignisses, von Literatur als „einem Unternehmen der verbalen Eroberung der Realität",[58] und sind aus einem Guss mit seinen Bemühungen die Kurzgeschichte (oder besser die Erzählungen vom Typ des Neofantastischen) mit der Poesie zu verbrüdern:[59]

---

55 Julio Cortázar: „Situación de la novela", in: *Cuadernos americanos* 3/4 (1950), S. 228.
56 Ebd., S. 232.
57 Ebd., S. 232 f.
58 Ebd., S. 223.
59 In seinem Aufsatz „Algunos aspectos del cuento" nennt er die kurze Erzählung den „mysteriösen Bruder der Dichtkunst", vgl. Cortázar: „Algunos aspectos del cuento", S. 4. In einem anderen Artikel, „Para una poética", veröffentlicht in *La Torre* (1954), S. 121–138, gibt er eine ergänzende Sicht auf die Dichtung. Dort stellt Cortázar die ontologische Macht der Poesie mit der magischen Weltsicht des Primitiven gleich: „Der Dichter – sagt er – steht für die Fortsetzung der Magie auf einer anderen Ebene." Und er fügt an: „Der Dichter erbt von seinen fernen Vorfahren ein Herrschaftsbedürfnis, wenn auch nicht in der physischen Ordnung; in ihr wurde der Magier besiegt und nur der Dichter bleibt, der metaphysische Magier, der Beschwörer der Essenz, begierig auf allmähliche Aneignung der Realität auf der Ebene des Seins" (S. 133). Diese magische Besitzergreifung der Wirklichkeit vollzieht sich – in der Dichtung wie

Es gibt keinen Unterschied – schreibt er in seinem Essay „Über die Kurzgeschichte und ihr Umfeld" – zwischen diesem Typ von Erzählungen und der Poesie, was wir seit Baudelaire darunter verstehen. [...] [D]ie Genese der Erzählung und des Gedichts [ist] die gleiche, beide entstehen aus einer plötzlichen Verwunderung heraus, aus einem *déplacement*, das das ‚normale' System des Bewusstseins verändert; in einer Zeit, in der die Etiketten und die Gattungen tösend Bankrott erleiden, ist es nicht unnütz, auf diese Affinität, die viele für verstiegen halten werden, besonderen Nachdruck zu legen. Meine Erfahrung sagt mir, dass eine Kurzgeschichte wie jene, die ich zu charakterisieren versucht habe, *nicht* die Struktur der Prosa hat.[60]

Dieser Affinität von Erzählung und Dichtung stellt Cortázar deutliche Unterschiede gegenüber:

Aber wo mir der dichterische Akt eine Art Magie zweiten Grades zu sein scheint, der Versuch ontologischen, nicht mehr physischen Besitzergreifens, wie in der eigentlichen Magie, verfolgt die Erzählung keine besonderen Absichten, sie hat es weder auf eine Erkenntnis oder eine ‚Botschaft' abgesehen, noch vermittelt sie sie.[61]

Die Poesie verzichtet auf die Begleitumstände, welche die narrative Prosa zu erzeugen bemüht ist, und konzentriert sich auf ein Ich, das die Welt radikal Ich-zentriert wahrnimmt; während die Erzählung so etwas wie das Erstaunen des Ichs vor verschiedenen Ichs und Umständen darstellt, die sich um die Figur herum wie ein Spinnennetz verflechten, in dessen Zentrum sich ein Raum auftut, der eine neue Ordnung enthüllt, aus der die Figur ihre Situation aufs Neue bewertet und nun eine unverhoffte Kehrseite entdeckt. Cortázar definiert die Kurzgeschichte als

eine lebendige Synthese und zugleich synthetisiertes Leben, etwas wie eine Erschütterung von Wasser in einem Glas, etwas Flüchtiges in der Ewigkeit, nur mithilfe von Bildern ist diese geheime Alchemie vermittelbar, die den tiefen Widerhall erklärt, den eine große Erzählung in uns hervorruft.[62]

---

in der Magie – mittels einer Alchemie, die die Dinge im Analogieschluss begreifbar macht: „Wenn, wie jemand so schön behauptete, die Metapher die magische Form des Identitätsprinzips ist, wird dadurch die poetische Konzeption der Realität evident und ein struktureller und ontologischer Ansatz, fern vom wissenschaftlichen Verständnis, findet Bestätigung. Eine simple anthropologische Probe zeigt sofort (nach den Forschungen von Lévy-Bruhl), dass diese Konzeption (natürlich durch Analogieschluss!) mit der magischen Vorstellung der Welt zusammenfällt, die dem Primitiven zu eigen ist" (S. 124).

60 Julio Cortázar: „Über die Kurzgeschichte und ihr Umfeld", in: ders.: *Letzte Runde*, übers. v. Rudolf Wittkopf, Frankfurt a. M.: Suhrkamp 1984, S. 33 f.
61 Ebd.
62 Cortázar: „Algunos aspectos del cuento", S. 5.

Und an anderer Stelle:

> Eine Erzählung ist bedeutend, wenn sie ihre eigenen Grenzen mit einer Explosion spiritueller Energie durchbricht, die plötzlich etwas beleuchtet, das viel weiter reicht, als die kurze und manchmal kümmerliche Anekdote, die sie erzählt [...]. Jede Erzählung von Bestand ist wie der Samen eines gigantischen Baums. Dieser Baum wird in uns wachsen und wir werden seinen Schatten in Erinnerung behalten.[63]

Damit diese „Explosion" entstehen kann, sucht der Schriftsteller für das Thema, das er gewählt hat, eine Form der Aufbereitung, die diesem Realitäts-Fragment, wie eine gute Fotografie, „einer viel umfassenderen Wirklichkeit Tür und Tor öffnet, wie eine dynamische Vision, die den von der Kamera erfassten Bereich spirituell transzendiert".[64]

Cortázars Vorliebe für den fantastischen Ansatz vieler seiner Erzählungen beginnt mit einem zufälligen Bekenntnis: „Jules Verne ließ mich an jener Realität zweifeln, die mir in der Schule beigebracht wurde."[65] Diese Bemerkung, ganz beiläufig in einem Interview erwähnt, breitet er später in seinem Essay „Von dem Gefühl des Phantastischen" analytisch aus. Hier sagt er, nicht ohne Ironie: „Man wird es seltsam finden, aber das Gefühl des Phantastischen ist mir nicht so angeboren wie anderen Menschen, die dann keine phantastischen Erzählungen schreiben."[66] Die Ironie verweist auf eine Umkehrung, wo das Reale leicht dem Übernatürlichen weichen kann, wenigstens bis zu einem gewissen Grad, den wir alle noch bereitwillig akzeptieren; während wir für das Fantastisch-Werden der Realität empfänglicher werden, weigern wir uns umgekehrt, in der fantastischen Literatur auch nur ansatzweise einen Bruchteil von Realität zu akzeptieren:

> An anderer Stelle – erklärt Cortázar – habe ich von meiner Verwunderung darüber gesprochen, dass ein Mitschüler die Geschichte von Wilhelm Storitz, an deren Glaubwürdigkeit mir nicht die geringsten Zweifel gekommen waren, phantastisch fand. Mir ist klar, dass ich ein umgekehrtes, ziemlich schwieriges Verfahren anwandte: das Phantastische in die Wirklichkeit einbringen, es *verwirklichen*. Der Zauber jedes Buches erleichterte mir die Arbeit: wie an Jules Verne *zweifeln*?[67]

Das Fantastische kann uns eine Wirklichkeit zeigen, die, obwohl weit entfernt vom Sportplatz, am Spiel teilnimmt, wenngleich abseits der Regeln, die die Partie be-

---

63 Ebd., S. 8.
64 Ebd., S. 6.
65 Rubén Bareiro Saguier: „Entrevista a Julio Cortázar", in: *Alcor* 29 (1964).
66 Julio Cortázar: „Von dem Gefühl des Phantastischen", in: ders.: *Reise um den Tag in 80 Welten*, übers. v. Rudolf Wittkopf, Frankfurt a. M.: Suhrkamp 1995, S. 49.
67 Ebd., S. 51.

stimmen. Jeder Fußballenthusiast weiß, dass, obwohl die Partie auf das Geschehen auf dem Platz beschränkt ist, das Spiel weit über das Spielfeld hinaus wirkt, und dass im *hic et nunc*, in der Realität der Partie, noch andere Einflüsse am Werke sind: das Training, die Fitness der Spieler, Auswärts- oder Heimstadion, der Enthusiasmus der Fans, schlechte oder gute Tagesform, und noch neunundneunzig weitere „Faktoren", die, *nur weil sie unsichtbar sind, nicht weniger real sind*, inmitten dieser unmittelbar sichtbaren Realität. Wenn wir in einer Erzählung ein Match beschreiben würden, in dem sich diese neunundneunzig „unsichtbaren Spieler" ins Spiel einmischen, und jene Rollen spielen würden, die sie in der Realität einnehmen, würde sich das Spiel zwar schnell ins Fantastische wenden, aber andererseits eine Realität erlangen, die sonst ausgeblendet wird. Die Idee eines Spiels, in dem der Spieler und seine „unsichtbaren Mitspieler" herumdribbeln, ist nicht viel anders als „das zufällige Zusammentreffen einer Nähmaschine und eines Regenschirms auf einem Seziertisch."[68] Auf diese Supra- oder Infrarealität verweist das Fantastische, das regelwidrig die Zahl der Spieler einer Mannschaft auf 99 erhöht, die vorschriftsgemäß nur elf umfasst.

Wenn das Phantastische mich besucht – schreibt Cortázar – muss ich immer an den wunderbaren Passus von Victor Hugo denken: „Niemand weiß, was der Segelpunkt eines Schiffes ist; ein Konvergenzpunkt, ein Schnittpunkt, der selbst dem Erbauer des Schiffes ein Geheimnis ist, und in dem die im ganzen beigesetzten Segelwerk verteilten Kräfte sich summieren." […] Das Phantastische *bricht* eine scheinbare Kruste auf, und deshalb gemahnt es an den Segelpunkt; es ist da etwas, das uns mit aller Macht aus dem Gleis zu bringen versucht. Immer habe ich erfahren, dass die großen Überraschungen dort auf uns warten, wo wir gelernt haben, uns über nichts mehr zu wundern, worunter ich verstehe, uns angesichts der Brüche der Ordnung nicht zu empören. Die einzigen, die wirklich an Gespenster glauben, sind die Gespenster selbst, wie der berühmte Dialog in der Bildergalerie beweist. Wenn wir in irgendeiner Ordnung des Phantastischen diese Natürlichkeit erlangten, wäre Theodor (die Katze) nicht mehr der einzige, der so ruhig bleibt, das arme Tierchen, wenn es das sieht, was wir noch nicht sehen können.[69]

---

68 Anm. d. Übers.: Dieses berühmte Zitat stammt ursprünglich aus *Die Gesänge des Maldoror* (1874) (6. Gesang, 1. Kapitel) von Lautréamont und wurde später zu einer Art „Slogan" der Surrealisten. Im Original ohne Nachweis.

69 Cortázar: „Von dem Gefühl des Phantastischen", S. 55 f.

VI Zwei Geometrien

Das Fantastische verleiht unserer kausalen Geometrie der Realität neue An-
satzpunkte und mögliche Zusammenhänge, die sie relativieren und ergänzen,
ohne die augenscheinliche Realität zu entwerten. Aus der Perspektive des Neofantastischen reorganisiert sich die narrative Realität auf eine Weise, in der das,
was auf der Ebene der Kausalität irreal oder unglaubwürdig erschien, nun eine
unbestreitbare Gültigkeit wiedererlangt. Die Beziehung zwischen den beiden
Ebenen oder Sichtweisen ist vergleichbar mit der Beziehung zwischen der metrischen oder euklidischen Geometrie und den avancierteren Geometrien. Es
ist bekannt, dass sich, wenn wir von einer elementaren Geometrie zu einer
höher entwickelten übergehen, die Unterscheidungen, die noch in der einen
galten, sich in der nächsten auflösen. In der affinen Geometrie zum Beispiel
verschwindet die Vorstellung von Länge und Winkel, und die Unterscheidung
zwischen Kreis und Ellipse verliert jegliche Relevanz; dagegen wird nach wie
vor die Unterscheidung zwischen finitem und infinitem Raum beibehalten,
doch entfällt auch diese, sobald wir zur projektiven Geometrie übergehen.
Schließlich, wenn man bei der *Analysis situs* anlangt, wird die Unterscheidung
zwischen Kegel, Würfel und Pyramide hinfällig: Diese „unterschiedlichen"
Körper hören auf, unterschiedlich zu sein, indem sie sich in eine einzige Struktur verwandeln, da jede von ihnen durch stetige Transformation die jeweils
andere werden kann.[70]
Auch zwischen der objektiven Realität und der realistischsten Literatur ist ein
Zwischenraum, ähnlich dem zwischen unserer

unmittelbaren sinnlichen Anschauung [der Dinge], die nur örtlich-bestimmbare und
individualisierte Gestalten kennt [und] der Euklidischen Geometrie, [in der] ähnliche
Dreiecke, die sich nur durch ihre absolute Lage im Raum und durch ihre Seitenlänge
unterscheiden, nicht verschiedene Gestalten, sondern eine einzige Gestalt [bilden].[71]

Selbst die realistischste Literatur, und es existieren zweifellos verschiedene Grade
von Realismus, stellt eine Abstraktion der Realität dar, allerdings eine Abstraktion, die schon in der semiologischen Beschaffenheit der Sprache impliziert ist.
Niemand würde der Gültigkeit dieses *Syntagmas* widersprechen:

---

70 Vgl. Cassirer: *Das Erkenntnisproblem*, S. 41.
71 Ebd.

Die Kinder der Volksschule auf der Plazuela del Limón stürzten um vier Uhr nachmittags hastig und mit höllischem Geschrei aus den Klassen,[72]

selbst wenn offensichtlich tausend Details unterschlagen werden, die in der *Tatsache* vorhanden sind, wenn

die Kinder der Volksschule auf der Plazuela del Limón um vier Uhr nachmittags hastig und mit höllischem Geschrei aus den Klassen stürzen.

Wir haben uns mit dem Zeichencharakter der Sprache genauso abgefunden, wie wir in einem Rechteck das geometrische Symbol eines Tisches, eines Hauses oder eines Parks akzeptieren. Das Paradoxe ist unser Widerstand, im Fantastischen eine realistische Dimension zu akzeptieren, da es unseren „realistischen" Gewohnheiten der Realität widerspricht (man erinnere sich an Morellis Satz, in dem er sagt, dass er „anstrebt, […] die geistigen Gewohnheiten des Lesers aufzubrechen"), obwohl diese „realistischen" Gewohnheiten ihrerseits unserem Bild der Realität ebenso widersprechen oder es zumindest reduzieren.

Unter der Bedingung, dass wir das Fantastische als eine Ordnung verstehen, die nicht weniger real als die realistische Ordnung ist, sind wir in der Lage, die Selbstverständlichkeit zu verstehen, mit der Cortázar sich bemüht, die Fantastik zu retten. Eine fantastische Ordnung zu akzeptieren bedeutet nicht, eine andere abzulehnen, sondern sie auf eine Ebene zu heben, von der aus sie sich neu definiert und ihre Beschränkungen abschüttelt, aber ihrerseits auch ihr Einzugsgebiet behauptet. Wenn es möglich ist, die Behauptung zu akzeptieren, dass es keine Abstufungen zwischen den verschiedenen Geometrien gibt und dass alle gleichermaßen richtig und gleichermaßen notwendig sind, so ist es unzweckmäßig und steril, das Fantastische als eine bloße Paradoxie anzusehen, deren Irrealität in einem realistischen Kontext unmittelbar ins Auge fällt. Wichtiger (und präziser) ist es, das Gegenteil zu behaupten: dass nur aus diesen realistischen Kontexten das Fantastische als eine reichere Dimension der physikalischen Wirklichkeit hervorgeht. Wenn auf der Ebene der Geometrie anerkannt wurde, dass die „projektive[…] Geometrie gegenüber der […] gewöhnlichen metrischen Geometrie die übergeordnete [ist], denn die Gruppe der projektiven Transformationen umschließt die ‚Hauptgruppe', auf die sich die Euklidische Geometrie stützt, und enthält sie als Teil in sich",[73] so ist es gleichermaßen legitim, anzuerkennen, dass das Segment der Realität, das das Fantastische offenlegt, eben jenes korrigierende

---

72 Anm. d. Übers.: Dies ist der erste Satz von Benito Pérez Galdós' Roman *Miau* von 1888. Im Original ohne Nachweis.
73 Cassirer: *Das Erkenntnisproblem*, S. 40.

und erweiternde realistische Segment beinhaltet, und dass das Fantastische und das Realistische sich nur deshalb gegenseitig abstoßen, damit eine tiefere Synthese der Realität zugänglich wird, in der beide Ordnungen inbegriffen sind, obwohl sie gegeneinander stehen und sich widersprechen, oder vielleicht gerade deswegen. Nicht anders lautet die Erklärung von Cortázar, als ihn 1965 Mario Vargas Llosa in einem Interview für die Tageszeitung *Expreso* fragt, ob „der fantastische Aspekt seines Werkes ihm wichtiger erscheint als der realistische".[74] Die Antwort Cortázars:

Jeder, der eine surrealistische Weltanschauung hat, weiß, dass diese Allianz der „zwei Gattungen" (der realistischen und der fantastischen) ein falsches Problem ist [...]. Selbstverständlich war es immer leichter, einem Pferd zu begegnen als einem Einhorn, obwohl niemand bestreiten wird, dass das Einhorn im symbolischen Leben des Menschen ein Bild repräsentiert, das wenigstens so stark ist wie das Pferd. Für eine surrealistische Weltsicht ist die Bestimmung des Realitätsgrades des Pferdes oder des Einhorns eine überflüssige Frage, die höchstens von pragmatischer Wichtigkeit ist, abgesehen davon kann in bestimmten Umständen ein Pferd sehr viel fantastischer sein als ein Einhorn; in diesem Wechselspiel, in dem der eine oder der andere Modus des Seins sich mit totaler und unwiderlegbarer Offensichtlichkeit aufdrängt, haben die scholastischen Begriffe von Realität und Fantasie, von natürlich und übernatürlich, letztendlich jeden klassifikatorischen Wert verloren. Ich weiß nicht, wo das Reale und das Fantastische beginnt oder endet; in meinen ersten Büchern zog ich es vor, das Fantastische in einen minuziös realistischen Kontext einzufügen, während ich jetzt dazu tendiere, eine gewöhnliche Realität in oft fantastischen Umständen zu zeigen. Es ist offensichtlich, dass ich mich vom Einhorn entfernt habe, um eine innigere Freundschaft mit dem Pferd zu knüpfen; aber dieser Akzentwechsel bedeutet weder einen Verzicht noch eine einseitige Auswahl. Es gibt das Yin und es gibt das Yang: das ist Tao.[75]

Ähnlich wie unterschiedliche Geometrien aufhören, sich gegenseitig auszuschließen, sobald wir die Grenzen ihrer einzelnen Systeme ignorieren und sie als verschiedene Blickwinkel auf eine reine Beziehungslehre sehen, die nichts mit der Feststellung von Dingen und Dingmerkmalen, von Substanzen und ihren Eigenschaften zu tun hat, sondern einzig und allein mit Ordnungsbestimmungen,[76] beginnen auch die Grenzen, die realistische Kunst und fantastische Kunst trennen, zu verblassen und zu verschwinden, sobald wir uns erinnern, dass selbst die stärkste realistische Sprache eine Form der repräsentativen Herausbildung der Realität ist und nicht ihre Präsentation, und dass auch diese repräsentativen Symbole nur arbiträre Abstraktionen der Dinge, nicht jedoch die Dinge selbst sind, so wie der geometrische Raum nicht der physische Raum ist.

---

74 Mario Vargas Llosa: „Preguntas a Julio Cortázar", in: *Expreso* 7.2.1965.
75 Ebd.
76 Vgl. Cassirer: *Das Erkenntnisproblem*, S. 42.

Nicht nur für „eine surrealistische Weltsicht", wie Cortázar sagt (auch wenn mit ‚Surrealismus' hier nicht das Aushängeschild einer Bewegung gemeint ist, sondern seine umfassendere Bedeutung als Weltanschauung abseits von Kategorien, die auf einer einheitlich logischen und ausschließlichen Ordnung aufbauen), sondern für jede Weltsicht, die den realistischen Modus nicht als die einzige künstlerische Repräsentationsform der Realität ansieht, ist „die Bestimmung des Realitätsgrads des Pferdes oder des Einhorns eine überflüssige Frage." Das Problem lässt sich auch in Unamunos Terminologie angehen, wenn er behauptet, dass Don Quijote realer war als Cervantes. Wenn ein Traum eine Spur in unserem Bewusstsein hinterlassen kann, die länger nachwirkt als viele im Wachen erlebte Erfahrungen, ist offensichtlich, dass, wenn wir uns nach einiger Zeit an den Traum und die erlebte Erfahrung erinnern, der Traum mit größerer „Realität" hervortreten wird als unsere Wachrealität. Die Zeit verwandelt unsere Erlebnisse in bloße Abbilder, die sich nicht sehr von unseren Traumbildern unterscheiden, und die Erinnerung reduziert die einen wie die anderen auf Bewusstseinsfetzen. Dieses Bewusstsein fungiert nicht als Spiegel unserer geträumten oder erlebten Erfahrungen, sondern es verwandelt sie in Repräsentanten, und so betrachtet ist ihr lebensweltlicher oder traumhafter Ursprung irrelevant. Ähnliche Erwägungen lassen sich auch auf die Literatur anwenden. Wir können anführen, dass, während wir jeden Tag Pferde sehen, wir noch nie ein Einhorn zu Gesicht bekamen; doch wer könnte abstreiten, dass das Einhorn als Geschöpf der Einbildungskraft nicht anders ist als jene Kreaturen, die täglich in unsere Träume eindringen, und dass die literarische Realität des Einhorns nicht weniger real ist als die literarische Realität des Pferdes? Wir sind daran gewöhnt, das eine über die Seiten realistischer Literatur galoppieren zu sehen, während das andere im Bereich der fantastischen Literatur herumtollt, genauso wie uns der fortwährende Gebrauch den Unterschied zwischen Würfel und Pyramide gelehrt hat. Das Neofantastische kommt nun, um uns zu sagen, dass die Unterscheidung zwischen Pferd und Einhorn „eine überflüssige Fragestellung ist", ebenso wie für die *Analysis situs* die Unterscheidung zwischen Würfel und Pyramide überflüssig wird. Wenn Cortázar sagt, „ich weiß nicht, wo das Reale oder das Fantastische beginnt oder endet", positioniert er sich auf einer Ebene der Literatur, auf der die verschiedenen Verfahren, Realität abzubilden oder zu „bestimmen", gleichwertig sind, und verwirft die Dichotomie real-fantastisch als gegenseitig exklusive Begriffe. Er weiß aber, dass sie existieren und verschiedene Mitteilungssysteme darstellen und dass es ebenso irrtümlich wäre, das Fantastische durch Prämissen der realistischen Literatur zu bestimmen, wie umgekehrt.

Cassirer hat hinsichtlich der verschiedenen Geometrien festgestellt, dass „offenbar keinerlei Abstufung zwischen [ihnen] möglich [ist]: alle sind gleich wahr und gleich notwendig." Allerdings fügt er hinzu:

Wohl aber wird eine solche Abstufung erkennbar, wenn wir die verschiedenen Transformationsgruppen, die sie zugrunde legen, miteinander vergleichen. Denn sie stehen nicht einfach nebeneinander, sondern zwischen ihnen findet ein bestimmtes Verhältnis der Über- und Unterordnung statt. So ist z. B. die Auffassung der projektiven Geometrie gegenüber der der gewöhnlichen metrischen Geometrie die übergeordnete; denn die Gruppe der projektiven Transformationen umschließt die „Hauptgruppe", auf die sich die Euklidische Geometrie stützt, und enthält sie als Teil in sich. Die affine und projektive Geometrie hebt als „geometrische" Eigenschaften nur diejenigen heraus, die durch Parallelprojektion oder Zentralprojektion nicht verändert werden; sie erweitert also gewissermaßen den Gesichtskreis der metrisch-euklidischen Geometrie, indem sie zu den ähnlichen Abbildungen im gewöhnlichen Sinne noch die Parallel- bzw. die Zentralprojektion hinzufügt.[77]

Ähnliches geschieht mit der neuen Fantastik. Sie geht von einem realistischen (oder streng genommen kausalistischen) Code aus, um dann zu Ebenen vorzudringen, die irreal oder fantastisch erscheinen können, wenn sie aus einer realistischen Ordnung heraus betrachtet werden, deren Funktion jedoch darin besteht, diese Ordnung zu transzendieren, um eine neue Ordnung einzuführen, die die frühere enthält und zugleich über ihr steht. Aus dieser neuen Perspektive weitet sich der Horizont und offenbart Ebenen und Verbindungen, die aus der realistischen Perspektive unsichtbar sind.

Wenn Cortázar sagt, dass er sich „vom Einhorn entfernt hat, um eine innigere Freundschaft mit dem Pferd zu knüpfen", gibt er die Notwendigkeit und Relevanz des Pferdes zu, doch weiß er nun, dass Pferd und Einhorn in jedem Moment verschmelzen können. Räumt man die Existenz verschiedener Geometrien ein, ist es möglich, zur euklidischen Ordnung zurückzukehren, im Bewusstsein, dass sich der Raum nicht in diesem System erschöpft, mit der Überzeugung, dass andere Möglichkeiten räumlicher Organisation existieren, sobald man eine Geometriestufe aufsteigt, und ohne sich davon überraschen zu lassen, dass fernab von der euklidischen Grenze ein Würfel aufhört, ein akkurater Würfel zu sein. Analog dazu dürfen wir uns nicht verwundern, wenn sich eine Figur in ein Insekt verwandelt, wie in der *Verwandlung* von Kafka, oder wenn ein Magier in seinem Traum einen Menschen zeugen kann, wie in „Die kreisförmigen Ruinen" von Borges, oder wenn eine verstorbene Figur in das Reich der Lebenden zurückkehrt, wie in „Briefe von Mama" von Cortázar. Ist

---

77 Cassirer: *Das Erkenntnisproblem*, S. 40.

Ihnen aufgefallen, dass in diesen Erzählungen jene „Ungereimtheiten" mit der gleichen Selbstverständlichkeit geschehen, mit welcher der Roman des 19. Jahrhunderts uns an jene literarische Kohärenz gewöhnt hat, die wir Realismus nennen und die wir allzu leicht als Abbild der Realität identifizieren? Es handelt sich um die gleiche Selbstverständlichkeit, mit welcher der Mathematiker Zahlen handhabt, ohne sich um die möglichen Beziehungen zwischen diesen Abstraktionen und der Dingwelt zu sorgen, selbst wenn diese oder jene arithmetische Operation die – sehr menschliche – Anstrengung mit sich bringt, das Wesen der Phänomene bis ins Innerste zu verstehen. Wenn sich die Wissenschaft verpflichtet sah, die fundamentalen Prämissen des philosophischen Rationalismus zu ignorieren, wenn nicht gar zu verletzen, um zu einem tieferen Verständnis der Natur zu gelangen, ist es verständlich und vertretbar, dass die Literatur diese Grundsätze ebenso aufgibt, um in ein Gebiet vordringen zu können, das zwar weniger kohärent und realistisch, jedoch näher an jener Realität des Menschen ist, die das Raster einer sorgfältig kausalen Ordnung überschreitet. In diesem Sinne ist die neofantastische Literatur so etwas wie die nicht-euklidische Geometrie, in der sich die Grenze auflöst, die das Einhorn vom Pferd trennt, so wie in der *Analysis situs* die Unterschiede verschwinden, die einen Kegel von einem Würfel separieren.

Dritter Teil

Bestiarium

Haggard und Lír und Drinn, du und ich, wir befinden uns mitten in einem Märchen und müssen gehen, wohin es uns führt. Das Einhorn aber ist Wirklichkeit. Es ist Wirklichkeit. Das Essen schmeckte ausgezeichnet. Schmendrick erzählte Geschichten aus seinem Leben als vazierender Zauberkünstler, reicherte es mit Königen und Drachen an und edlen Damen. Er log keineswegs, sondern ordnete lediglich die Ereignisse sinnvoll an, wodurch seine Erzählungen selbst den schlauen Ratsherren fast glaubhaft erschienen.

(Peter S. Beagle: *The Last Unicorn / Das letzte Einhorn*)

I Übersetzung versus Bedeutung

Wenn einige von Kafkas Parabeln „Vorgänge [darstellen], die zutiefst undurchschaubar bleiben" und die „für so viele Interpretationen geeignet [sind], dass sie sich letztendlich keiner und allen widersetzen",[1] folgt daraus unvermeidlich die Feststellung der Unmöglichkeit einer eindeutigen Interpretation. Kafka war, wie man behauptet, „wahrscheinlich der erste und sicherlich der radikalste Schriftsteller, der das unauflösbare Paradox der menschlichen Existenz ausgesprochen hat, indem er dieses Paradox als die Botschaft seiner Parabeln verwendete".[2] Seine Botschaft liegt allerdings nicht in der unerschöpflichen Pluralität von Interpretationen, zu der die Handlungen seiner Erzählungen einladen, sondern im Gestaltungsprinzip, das Kafka anwendet. Eine Konzeption der Unbestimmtheit, basierend auf Mehrdeutigkeit, fungiert als strukturgebendes Prinzip der Texte. Die Unbestimmtheit ist nichts anderes als ein Hinweis darauf, dass jede Form der Konzeptualisierung eine unausweichliche Beschränkung der Erkenntnisfähigkeit darstellt, und die Ambiguität ist die Antwort der Literatur und der Kunst im Allgemeinen auf diese menschliche Limitation. Das Resultat ist eine Metapher, die jeder eindeutigen Interpretation ausweicht, um die Teile dieser unbeugsamen Metapher selbst als die einzige Botschaft vorzuschlagen, die der Text gewährt. Diese Botschaft kann nicht anders ausgedrückt werden als durch eine Metapher. Ähnlich wie im Mystischen, wo laut der Beobachtung Wittgensteins das Unausdrückbare Ausdruck findet, zeigen diese Metaphern, dass das Geheimnis der Existenz „erscheinen könne, ohne sich der Logik und Grammatik zusammenhängender Sprechweisen unterwerfen zu müssen".[3] Jede Übersetzung erweist sich demnach als Verstümmelung oder Entstellung: Die Kohärenz der Sprache zwingt die Metaphern des Neofantastischen dazu, sich in ihr Prokrustesbett zu legen.

Die Regeln der Funktionsweise dieser Metaphern zu rekonstruieren, erscheint demnach als die sinnvollste Möglichkeit, sich der Untersuchung neofantastischer Literatur anzunähern. Im Grunde genommen handelt es sich bei einer derartigen Strukturanalyse, wie Roland Barthes bemerkt hat, nur darum, ein „*Simulacrum des Objekts*" zu entwerfen, allerdings „ein gezieltes, ‚interessiertes' Simulacrum, da das imitierte Objekt etwas zum Vorschein bringt, das im natürlichen Objekt unsichtbar oder, wenn man lieber will, unverständlich blieb".[4] Der Strukturalismus

---

1   Politzer: *Franz Kafka. Parable and Paradox*, S. 17, 21.
2   Ebd., S. 22.
3   Politzer: *Franz Kafka, der Künstler*, S. 37.
4   Roland Barthes: „Die strukturalistische Tätigkeit", in: *Kursbuch* 5 (1966), S. 191.

hat diese Methode, die wir für die Neofantastik vorschlagen, zur Untersuchung aller Arten fiktionaler Literatur sehr ausführlich durchexerziert. Er unterscheidet dabei zwischen *Kritik* und *Poetik*. Die Kritik beschäftigt sich mit der inhaltlichen Seite eines Textes und bemüht sich, diese zu interpretieren; die Poetik hingegen versucht, die Struktur, nach der der Text funktioniert, zu rekonstruieren.

> Jedes Werk besitzt eine Struktur, die die Elemente zueinander in Beziehung setzt, die den verschiedenen Kategorien des literarischen Diskurses entlehnt sind, und diese Struktur ist gleichzeitig der Ort der Bedeutung. Die *Poetik* begnügt sich damit, die Anwesenheit bestimmter Elemente im Werk festzustellen; es lässt sich jedoch ein ziemlich hoher Grad der Gewissheit erreichen, da diese Erkenntnis sich durch eine Reihe von Mitteln verifizieren lässt. Der Kritiker wiederum stellt sich eine anspruchsvollere Aufgabe: den Sinn des Werks zu nennen. Aber das Resultat dieser Tätigkeit kann nicht beanspruchen, wissenschaftlich oder „objektiv" zu sein. Es gibt, wie sich versteht, Interpretationen, die gerechtfertigter sind als andere, aber keine von ihnen kann sich zur allein richtigen erklären. [...]
> Wenn man in einer thematischen Untersuchung vom Doppelgänger oder von der Frau, von Zeit oder Raum spricht, versucht man im allgemeinen, in expliziten Termini den Sinn des Textes noch einmal zu formulieren. Wenn man die Themen ortet, interpretiert man sie; wenn man den Text paraphrasiert, nennt man die Bedeutung. [...] Die Haltung des *Übersetzers* ist [...] mit unserem Standpunkt gegenüber der Literatur unvereinbar. Wir glauben nicht, dass diese etwas anderes sagen will als sich selbst und folglich auch nicht, dass eine Übersetzung nötig ist. Was wir uns hingegen zu tun bemühen, ist, das *Funktionieren* des literarischen Mechanismus zu beschreiben (wenn es auch keine unüberwindliche Schranke zwischen Übersetzung und Beschreibung gibt...).[5]

Man kann dieser Unterscheidung ablehnend oder zustimmend gegenüberstehen; man kann die Validität der strukturalistischen Methode als ‚Wissenschaft der Literatur' akzeptieren oder zurückweisen, aber man kann nicht bestreiten, was Robert Scholes in einer der genauesten und vollständigsten Bilanzierungen des Strukturalismus beobachtet hat, nämlich „seine beeindruckenden Errungenschaften".[6] Dem Strukturalismus unterliegt eine relativistische Haltung, die danach trachtet, „die alten Sprachen der Welt auf neue Weise zu sprechen", jedoch weiß und zugibt, „dass, sobald aus der Geschichte eine neue Sprache auftauchen wird, die nun ihrerseits *ihn* spricht, seine Aufgabe beendet ist":[7]

---

5 Todorov: *Einführung in die fantastische Literatur*, S. 126 f, 134 f. [Anm. d. Übers.: Nur die Hervorhebung von „Funktionen" von Todorov, restliche Hervorhebungen von Alazraki.]
6 Robert Scholes: *Structuralism in Literature. An Introduction*, New Haven: Yale University Press 1974, S. IX.
7 Barthes: „Die strukturalistische Tätigkeit", S. 196.

[D]ie Geschichte der Wissenschaften vom Menschen wäre damit in gewisser Weise eine Diachronie von Metasprachen, und jede Wissenschaft, einschließlich der Semiologie, würde ihren eigenen Tod in sich tragen, in Form der Rede, die von ihr handelt, sie „sprechen" wird.[8]

Was der Strukturalismus vorschlägt, wäre also eine Dialektik, deren Gesetze nicht vor ihrer eigenen Theorie gefeit wären: ein essentieller Wesenszug einer jeden Disziplin, die Wissenschaft sein will. Sogar jene, die sich wehren, ihn als geschlossenes System zu akzeptieren, ihn als eine Art der Onanie sehen, die jede Verbindung zu Sinngehalten ablehnt, räumen dennoch ein, dass der Strukturalismus „unersetzbar ist, wenn sich der Inhalt einer unmittelbaren Untersuchung verweigert",[9] um dann zu erklären:

> Vor allem im Falle der Mythen, für die Lévi-Strauss gewissenhaft die analytischen Instrumente entwickelt hat: hermetische Werke, die einem fremden Himmel angehören, halten uns auf Abstand und werden ihre Geheimnisse nur dann preisgeben, wenn wir ihrer überhaupt erst habhaft werden. Nach und nach nähern wir uns, aus der Ferne analysierend, bis wir etwas entdecken, das ein Code sein könnte; der einzige Weg, das Undurchdringliche zu durchdringen, führt über die Logik der Kombination, und der Dekodierungsprozess besteht aus der logischen Formalisierung. [...] Mythen verstehen zu wollen, heißt also, sie als ein von Struktur durchzogenes System zu begreifen.[10]

Dies gilt ebenso für die Metaphern der Neofantastik, die sich einer Übersetzung in die Sprache logischer Aussagen widersetzen. Eben weil sie auf den Unzulänglichkeiten des Mediums basieren, wäre der Versuch ihrer Übersetzung, wie wenn man die irrationalen Zahlen bitte, sich wie rationale Zahlen zu verhalten, oder wie wenn man Ordnungssysteme, die nur in einer nicht-euklidischen Geometrie formuliert werden können, auf die Begriffe der euklidischen Geometrie reduzierte. Das auf der Ebene der rationalen Zahlen Unzulässige findet auf der Ebene der irrationalen Zahlen Ausdruck, eine undurchführbare Operation im ersten System klärt sich im zweiten.

> Für die großen Mathematiker des siebzehnten Jahrhunderts – erklärt Cassirer – bedeuteten die imaginären Größen nicht *Instrumente* der mathematischen Erkenntnis, sondern sie waren ihnen eine eigene Klasse von *Objekten*, auf die diese im Verlauf ihrer Entwicklung gestoßen waren und die für sie nicht nur etwas Geheimnisvolles, sondern etwas fast Undurchdringliches behielten. [...] [Eben jene Zahlen, die] anfangs als ein

8   Roland Barthes: *Elemente der Semiologie*, übers. v. Eva Moldenhauer, Frankfurt a. M.: Suhrkamp 1983, S. 78.
9   Mikel Dufrenne: „Estructura y sentido. La crítica literaria", in: José Sazbón (Hg.): *Estructuralismo y literatura*, Buenos Aires: Nueva Visión 1972, S. 213.
10 Ebd.

‚Unmögliches' galt[en] oder als ein Rätsel, das man anstaunte, ohne es zu begreifen, [haben] sich zu einem der wichtigsten Instrumente der mathematischen Erkenntnis entwickelt. [...] [Wie] die verschiedenen ‚Geometrien' uns verschiedene Aspekte der Raumordnung geben [...] so verlieren die neuen Zahlarten, insbesondere das Irrationale und Imaginäre, alles Metaphysisch-Geheimnisvolle, das man in ihnen seit ihrer ersten Entdeckung immer wieder gesucht hat, [und schlagen sich in neuen operationalen Symbolen nieder].[11]

Wenn eine analytische ‚Übersetzung' der Literatur der Neofantastik undurchführbar ist, da jede derartige Übertragung eine logische Ordnung re-etablieren würde, die der Text zu durchbrechen sucht, dann ist die Rekonstruktion ihres eigenen Codes vielleicht die einzige Untersuchungsalternative und ein möglicher Zugangsweg zu ihrem Sinn. Von der Struktur aus betrachtet, weicht der Un-Sinn ihrer Metaphern einem Sinn. Man kann erwidern, dass der Strukturalismus „nicht die Entschlüsselung des Sinnes des untersuchten Werkes"[12] beabsichtigt, weil, nach der Definition von Roland Barthes,

> die Literatur [...] sehr wohl nur eine *Redeweise* [ist], das heißt ein System von Zeichen: ihr Wesen liegt nicht in ihrer Botschaft, sondern in diesem System. Gerade deshalb ist es nicht die Aufgabe des Kritikers, die Botschaft des Werkes zu rekonstruieren, sondern nur ihr System[.][13]

Barthes verweist hier auf den Sinn als Übersetzungsprozess, auf die Botschaften, die ein Werk aus seiner sprachlichen Struktur heraus anbietet, statt aus dem System linguistischer Zeichen, mit denen die Literatur ihren eigenen Code geschaffen hat. Es handelt sich also nicht um eine Paraphrase der sprachlichen Zeichen, sondern um den im Zeichensystem der Literatur konnotierten Sinn. In seinen Überlegungen zu Vladimir J. Propps *Morphologie des Märchens* hat Lévi-Strauss die Unterschiede zwischen russischem Formalismus und Strukturalismus herausgearbeitet und eine Antwort für das Problem der Bedeutung vorgeschlagen. Für Lévi-Strauss bestehen diese in den unterschiedlichen Bewertungen von Form und Inhalt beim formalistischen bzw. strukturalistischen Ansatz:

> Für den ersteren müssen die beiden Bereiche [Form und Inhalt] völlig getrennt sein, denn allein die Form ist intelligibel und der Inhalt nur ein Rest ohne signifikanten Wert. Für den Strukturalismus existiert dieser Gegensatz nicht: es gibt nicht auf der einen Seite das Abstrakte und auf der anderen das Konkrete. Form und Inhalt sind gleicher Natur,

---

11 Cassirer: *Das Erkenntnisproblem*, S. 77–80.
12 Roland Barthes: „Was ist Kritik?", in: ders.: *Am Nullpunkt der Literatur. Literatur oder Geschichte. Kritik und Wahrheit*, übers. v. Helmut Scheffel, Frankfurt a. M.: Suhrkamp 2006, S. 121.
13 Ebd., S. 122.

sie unterstehen beide ein und derselben Analyse. Der Inhalt bezieht seine Realität aus der Struktur, und was man Form nennt, ist die „Strukturierung" der lokalen Strukturen, aus welchen der Inhalt besteht. [...] [S]ofern man nicht heimlich den Inhalt wieder in die Form integriert, muss diese auf einem so hohen Abstraktionsniveau bleiben, dass sie nichts mehr bedeutet und auch keinen heuristischen Wert mehr hat. *Der Formalismus vernichtet seinen Gegenstand.*[14]

Lévi-Strauss verweist also nicht auf den Inhalt der Sprache, sondern auf den Inhalt der Form, nicht auf das Signifikat der sprachlichen Signifikanten, sondern auf die neuen Signifikate, die die Literatur als ein System von Signifikanten, das ausgehend vom System der Sprachzeichen konstruiert wurde, ausweist. Es gibt einen wörtlichen Inhalt, der aus dem ersten System (dem linguistischen) hervorgeht, und es gibt einen Inhalt des Diskurses, der vom zweiten System (dem literarischen) generiert wird; die Bedeutungen des ersten entsprechen der Denotation, und die des zweiten der Konnotation. Im Mythos oder wie hier in einem literarischen Text koexistieren

zwei Bedeutungssysteme [...], die miteinander verzahnt, aber auch gegeneinander „versetzt" sind; [...] [D]as erste System [die Sprache] [...] [wird] zur Ausdrucksebene oder zum Signifikanten des zweiten Systems [der Literatur]: [...] das erste System bildet die Ebene der *Denotation*, das zweite (über das erste übergreifend) die Ebene der *Konnotation*.[15]

Hinsichtlich der horizontalen und vertikalen Lektüren des Ödipus-Mythos, die Lévi-Strauss unternimmt, entspricht erstere der Ebene der Denotation und die zweite der der Konnotation. Die erste ist eine wörtliche Lektüre des Mythos; die zweite eine strukturalistische Lektüre, die ein System von Relationen aufdeckt, durch das der Mythos seine Bedeutung offenbart.

Am Ende seines Artikels „Der Zauberer und seine Magie" konfrontiert uns Lévi-Strauss mit dem schwerwiegenden Problem der „intellektuellen Bedingung des Menschen":

Denn nur die Geschichte der symbolischen Funktion – sagt er – böte die Möglichkeit, Rechenschaft abzulegen von dieser intellektuellen Bedingung des Menschen: dass die Welt nie genug Bedeutung hat und dass das Denken immer über zu viele Bezeichnungen für die Objekte verfügt. Hin- und hergerissen zwischen diesen beiden Bezugssystemen, dem des Signifikanten und dem des Signifikats, verlangt der Mensch vom magischen

---

14 Claude Lévi-Strauss: „Die Struktur und die Form. Reflexionen über ein Werk von Wladimir Propp", in: ders.: *Strukturale Anthropologie, Bd. 2*, übers. v. Eva Moldenhauer, Hanns Henning Ritter u. Traugott König, Frankfurt a. M.: Suhrkamp 1975, S. 153 f.
15 Barthes: *Elemente der Semiologie*, S. 75. [Anm. d. Übers.: Ergänzungen in eckigen Klammern von Alazraki.]

Denken ein neues Bezugssystem, in das sich bis dahin kontradiktorische Gegebenheiten einfügen lassen können.[16]

Auf ähnliche Weise versuchen die Metaphern, die die neofantastische Erzählung vorlegt, das Unversöhnliche zu versöhnen: Sie versuchen durch eine Sprache, die die Welt konzeptionell organisiert, Botschaften (Ahnungen) auszusprechen, die sich der Kohärenz dieser Organisation entziehen. Es gibt nichts, das den Inhalten dieser Erzählungen entspräche (wie es auch keine Menschen gibt, die Kaninchen spucken); es gibt keine Signifikate, die den Sinn dieser Signifikanten übersetzen würden. Die Signifikanten der Neofantastik sind jene Metaphern, in die die Begriffe zweier gegensätzlicher Systeme integriert wurden; ihre Sinnhaftigkeit liegt in der Struktur des Diskurses, der sie hervorgebracht hat.

Andererseits hat bereits Gérard Genette die Notwendigkeit betont, die inhaltliche Seite in den Forschungsbereich des Strukturalismus aufzunehmen:

> Die strukturale Untersuchung der „poetischen Sprache" und der literarischen Ausdrucksformen im allgemeinen kann sich ja unmöglich die Analyse von Beziehungen zwischen Code und Nachricht versagen. [...] Man hatte die Literatur lange genug als eine Nachricht ohne Code betrachtet, so dass es nachgerade nötig war, sie einen Augenblick lang als einen Code ohne Nachricht zu betrachten. [...] Die strukturalistische Methode als solche ist genau in dem Moment geboren, da man wieder auf die Nachricht im Code stößt, freigelegt diesmal durch eine Analyse der immanenten Strukturen und nicht mehr von außen durch ideologische Vorurteile aufgepfropft. Dieser Augenblick konnte nicht mehr lange auf sich warten lassen, denn die Existenz des Zeichens beruht auf allen Ebenen auf der Verbindung von Form und Sinn. [...] Die strukturale Analyse [soll es] ermöglichen, die zwischen einem Form- und einem Sinnsystem bestehende Verbindung dadurch freizulegen, dass sie die Suche nach Wort-für-Wort-Analogien durch die nach globalen Homologien ersetzt.[17]

Ein einziges Beispiel mag illustrieren, inwiefern die Pluralität der Interpretationsmöglichkeiten eines Textes sie alle für ungültig erklärt. Keine andere Erzählung Cortázars lädt zu einer solch bunten Vielfalt von Interpretationen ein wie „Das besetzte Haus". Man hat sie als „eine Allegorie auf den Peronismus" ‚übersetzt'.[18]

---

16 Claude Lévi-Strauss: „Der Zauberer und seine Magie", in: ders.: *Strukturale Anthropologie, Bd. 1*, übers. v. Hans Naumann, Frankfurt a. M.: Suhrkamp 1967, S. 202.

17 Gérard Genette: „Strukturalismus und Literaturwissenschaft", übers. v. Erika Höhnisch, in: Heinz Blumensath (Hg.): *Strukturalismus in der Literaturwissenschaft*, Köln: Kiepenheuer & Witsch 1972, S. 74–76.

18 Saúl Sosnowski: *Julio Cortázar: una búsqueda mítica*, Buenos Aires: Noé 1973, S. 23. Siehe außerdem Juan José Sebreli: *Buenos Aires: vida cotidiana y alienación*, Buenos Aires: Siglo Veinte 1965, S. 102–104.

Im Erzähler und seiner Schwester sah man „ein inzestuöses Pärchen"[19] und darüber hinaus „Überbleibsel einer Oligarchie, die in einem ihre Bedürfnisse weit überschreitenden Haus die Zeit totschlägt".[20] Man definierte sie als „Ausdruck der Angst vor dem Unbekannten und als reale Darstellung einer Flucht",[21] und schließlich als „die Unmöglichkeit innerer Freiheit, sei es in der Version der Stoiker oder in Form Sartre'schen Existenzialismus".[22] Für andere zeigt „Das besetzte Haus"

die nationale Isolation des gesamten Amerika als Resultat des Zweiten Weltkriegs und im Besonderen suggeriert sie [die Erzählung], dass nichts in das Land hineingekommen ist, um es am Leben zu erhalten, ebenso wie nichts, das hier existiert, von Interesse ist.[23]

In die gleiche soziologische Richtung geht auch diese Beobachtung:

[...] [O]hne deren greifbare Ähnlichkeit mit der peronistischen Machtübernahme zu bemerken und ohne zu akzeptieren oder zu bezweifeln, dass das Haus, das den Raum für das Szenario bietet, die alte Ordnung repräsentiert, wird auch der weniger aufgeweckte Leser feststellen, dass die Einsamkeit der argentinischen Neutralität während des Weltbrandes in der glücklichen Abgeschiedenheit des Protagonisten-Geschwisterpaars ihre Reflexion erfährt. Das Haus wird, ohne dass die beiden etwas tun können, von Wesen eingenommen, die nicht hierher gehören – ebenso wie die Oligarchie, die seit dem 19. Jahrhundert überleben konnte.[24]

García Canclini rezensiert einige dieser Interpretationen und fügt seine eigene hinzu:

Der Reichtum dieser Erzählung übersteigt schlichte Faszination und suggeriert verschiedene Interpretationen. Je nach Betrachtungsweise kann die Invasion durch die seltsamen Wesen die von den Protagonisten durchlittene obsessive Präsenz der Vorfahren symbolisieren, die sie daran hindert, das Leben zu genießen; andererseits könnte es sich ebenso um das Eindringen einer neuen Generation handeln, die die Dekadenz der Geschwister nicht länger toleriert. Diese Dekadenz (der Inzest) könnte auch den Fall einer sozialen Schicht darstellen, die durch eine andere verdrängt wird, wie es in gewisser Weise im Argentinien der damaligen Zeit erfolgte. Uns erscheint es letztlich, als könne das zunehmende Eindringen in die Intimsphäre des Paars auf den Blick der Nachbarn deuten, auf deren empörte Kommentare, die den Inzest anklagen.[25]

19 Néstor García Canclini: *Cortázar, una antropología poética*, Buenos Aires: Nova 1968, S. 22.
20 Sosnowski: *Julio Cortázar*, S. 23.
21 de Sola: *Julio Cortázar y el hombre nuevo*, S. 45.
22 Malva E. Filer: *Los mundos de Julio Cortázar*, New York: Las Américas 1970, S. 40.
23 Alfred MacAdam: *El individuo y el otro*, Buenos Aires: La Librería 1971, S. 65.
24 Joaquín Roy: *Julio Cortázar ante su sociedad*, Barcelona: Península 1974, S. 66.
25 García Canclini: *Cortázar*, S. 22.

Sich dessen bewusst, dass allein die Anzahl so ungleicher Interpretationen sie allesamt als gültig und zugleich als ungültig ausweist, ergänzt Canclini:

> Der Autor würde vielleicht antworten, dass alle Interpretationen legitim seien, und er hätte das Recht, das zu sagen, denn es ist eines jener Werke, die einen derart umfangreichen Katalog des menschlichen Daseins bedienen, dass sie sich auf alle möglichen Situationen beziehen können.[26]

Zu einem ähnlichen Schluss kommt auch Jean L. Andreu. Nachdem er über die vorgeschlagenen Interpretationen von „Das besetzte Haus" Bilanz gezogen hat, bemerkt er:

> Wir behaupten nicht, im Besitz des wundersamen und einzigen Schlüssels zu sein, der uns schlussendlich die verwirrenden Geheimnisse des „besetzten Hauses" erschließt. Unser Ziel ist deutlich bescheidener: Der Versuch zu zeigen, wie, ausgehend von ein und derselben Erzählung, diese Vielfalt der Deutungen möglich gewesen ist und möglich bleibt; und wir schicken uns unsererseits an, andere Richtungen einzuschlagen, die uns dazu führen, die Bedeutung von „Das besetzte Haus" zwar nicht zu erschöpfen, doch noch teilweise unentdeckte oder einseitig betrachtete Aspekte der Erzählung zu beleuchten.[27]

In der einzigen Untersuchung, die sich ausschließlich dieser Erzählung widmet, konstatiert Andreu:

> Das zurückgezogene Dasein, das die Geschwister freiwillig gewählt haben, erinnert an ein klösterliches Leben; die haushaltsbezogenen Beschäftigungen bilden ein strenges Ritual. Das Haus verwandelt sich gleichermaßen in einen Schweigetempel und in eine anspruchsvolle Gottheit, und die beiden Geschwister werden zu diensteifrigen und frommen Priestern; das Haus hat ihnen außerdem ein erzwungenes Zölibat auferlegt. Sie selbst sind bereit, die Schändung ihres Heiligtums mit allen Mitteln zu verhindern und es vor dem Sakrileg zu schützen. Welche Sünde können sie nur begangen haben, für die sie so plötzlich des Tempels verstoßen werden?[28]

Da für Andreu die Uneindeutigkeit der Erzählung eine Vielzahl an Interpretationen ermöglicht – alle sind denkbar und keine exklusiv –, schlägt er andere Deutungsansätze vor, die der Text gleichfalls enthalte. Eine zweite Interpretation baut auf der Idee eines umgekehrten Labyrinths auf:

> Das Labyrinth evoziert für gewöhnlich eine Vorstellung von Verirrung und Notlage. Für Cortázar dagegen ist das Labyrinth und das Leben im Zentrum eines unentwirrbaren

---

26 Ebd., S. 22 f.
27 Jean L. Andreu: „Pour une lecture de *Casa tomada* de Julio Cortázar", in: *Caravelle; Cahiers du Monde Hispanique et Luso-Brésilien*, 10 (1968), S. 58.
28 Ebd., S. 62 f.

(und daher unzugänglichen) Labyrinths verbunden mit der Vorstellung von Glück. Den Dädalusschen Grundriss des Hauses haben wir bereits aufgezeigt. Doch ist dies nicht alles. Bei der überstürzten Flucht aus dem Haus nimmt Irene das Strickzeug mit, an dem sie gerade arbeitete: „Das Strickzeug hing ihr in den Händen und die Wollfäden gingen bis zur Gittertür, unter der sie sich verloren." Als unglückliche Ariadne lässt Irene das lächerliche Wollgarn los, das sie noch mit dem verlorenen Paradies verbindet. Dieser Faden ist hier nicht das Mittel, dem Gefängnis des Labyrinths zu entkommen, es ist die törichte Hoffnung auf eine unmögliche Rückkehr.[29]

Es gibt sogar eine dritte Interpretation, die der Text zulassen würde. Für Andreu

evoziert das beschauliche und parasitäre Leben der beiden Geschwister im Mutter-Haus das fötale Leben. Der Bauplan des Hauses transformiert sich in eine anatomische Folie von erstaunlicher Präzision. […] Die Vorzeichen, die krampfartige Ausstoßung der Geschwister, die nicht verstehen, was ihnen widerfährt, die es schicksalergeben hinnehmen und die sich schutzlos auf der Straße wiederfinden: Das Leid einer schmerzvollen Geburt. Und Irene durchtrennt, als finale Geste, die Nabelschnur.[30]

Schließlich akzeptiert Jean Andreu auch die These, die in „Das besetzte Haus" die Geschichte einer inzestuösen Beziehung sieht, unter dem Vorbehalt: „Nichts erlaubt konkret, zu behaupten, dass es sich um Inzest handelt; dennoch wird es quasi durchwegs angedeutet."[31]

„Kloster", „umgekehrtes Labyrinth", „Geburt", „Inzest" sind für Andreu einige der in „Das besetzte Haus" enthaltenen Bilder. Die grundlegende Mehrdeutigkeit des Textes lässt eine unbegrenzte Zahl von Interpretationen zu, aber keine erschöpft ihn: „alle sind wahrscheinlich, keine ist offensichtlich".[32] Andreu hat treffend beobachtet, dass die Ambiguität des Textes ihren Höhepunkt im mysteriösen Charakter des Eindringlings erreicht:

Die beiden Figuren leisten, abgesehen vom Versuch eines kraftlosen und erbärmlichen Protests, keinerlei Widerstand gegen die Invasion, schlussendlich akzeptieren sie das Geschehen, ohne auch nur einen Moment lang zu versuchen, das Wesen des Eindringlings (den sie möglicherweise sehr gut kennen) zu enthüllen. Wir bekommen den Eindringling nicht zu Gesicht und die Figuren sprechen nicht von ihm. Er manifestiert sich nur durch Geräusche von sonderbarer Ungenauigkeit. […] Dieser vollständige Mangel an Sicherheit hinsichtlich des Invasors hat auch Vorzüge. Könnten wir den Eindringling benennen, würde sich alles aufklären. Undefiniert bis ins letzte kann dieser Eindringling alle Formen annehmen, die er will, je nachdem wie man die Vertreibung interpretiert. Er wird sukzessive und gleichzeitig ein gerechtig-

---

29 Ebd., S. 63.
30 Ebd.
31 Ebd., S. 64.
32 Anm. d. Übers.: Im Original ohne Nachweis.

keitsliebender Proletarier, ein rachsüchtiger Ahne, ein ungezügelter Trieb etc. Das wichtige ist nicht, eine exklusive Lösung auszuwählen, sondern die Mehrdeutigkeit der Erzählung offen und ehrlich zu akzeptieren.[33]

In der Schlussfolgerung, die Andreu respektive „Das besetzte Haus" zieht, befindet sich ein Widerspruch, zu offensichtlich, um ihn nicht anzusprechen. Die Ambiguität, auf der der Text aufgebaut ist, verhindert, den Eindringling zu benennen, jede Interpretation aber benennt ihn auf eindeutige Weise (Proletarier, Ahn, Trieb). Daraus ist zu schließen, dass wir mit der Benennung des Unnennbaren in der Erzählung die Mehrdeutigkeit des Textes in eine kohärente Sprache übersetzen und die Ambiguität dazu zwingen, uns zu sagen, was die Ambiguität sich zu sagen weigert. Und dennoch sagt auch die Mehrdeutigkeit etwas und jeder Leser bekommt ein Gefühl davon, dass es sich uns unwiderruflich aufdrängt, obwohl es unseren gebräuchlichen Codes entgleitet. Dieses Gefühl zu interpretieren, bedeutet, es in eine Sprache zu übersetzen, die eine Ordnung restauriert, die die Ambiguität zu überwinden sucht. „Das besetzte Haus" ist eine Metapher ohne möglichen Tenor oder mit einer Vielzahl von Tenoren, die sich gegenseitig aufheben. Mit diesen Metaphern können wir das ‚Wolkenspiel' spielen (jede Wolke weist eine unbegrenzte Menge an Formen auf), um schließlich zu verstehen, was Walter Benjamin mit Blick auf Kafkas Parabeln beobachtet hat, dass wir die Lehren, die diese Parabeln begleiten, nicht besitzen.[34] Über Kafkas Parabeln wurde außerdem gesagt, sie seien „facettenreich, ambigue und so vieler Interpretationen fähig, dass sie sich letztendlich keiner und allen widersetzen".[35]

Der Wert dieser Interpretationen liegt, wie beim berühmten Rorschachtest,[36] nicht in dem, was sie uns über die Erzählung sagen, sondern darin, was sie in Bezug auf den Interpreten enthüllen. Es gibt demnach so viele Interpretationen, wie es Leser gibt, was, obwohl es unausweichlich ein inhärentes Merkmal des Lektüreaktes ist, kein Untersuchungskriterium darstellen kann. Antón Arrufat sah diese Schwierigkeit ganz deutlich, als er im Vorwort zu einer Anthologie von Cortázars Erzählungen warnt:

> Diese Erzählungen bedeuten etwas, doch der Leser kann sie genießen, ohne ihre Bedeutung zu ergründen, die vielfältig und unerschöpflich ist. Es handelt sich um Fiktionen,

---

33 Ebd., S. 64 f.
34 Vgl. Benjamin: „Über Franz Kafka", S. 166.
35 Heinz Politzer: *Franz Kafka. Parable and Paradox*, S. 21.
36 Heinz Politzer verwendet die gleiche Analogie in Bezug auf einige Parabeln von Kafka. Vgl. ebd., bzw. Politzer: *Franz Kafka, der Künstler*, S. 43.

soll heißen, sie wollen den Leser *verführen*. Alles weitere, dieses Vorwort inklusive, ist reine Spekulation.[37]

Der Genuss und die Verführung allerdings entstehen, weil der Text Signale aussendet, zu Deutungen einlädt und wie ein präzises literarisches Artefakt funktioniert. Seine Botschaften festzulegen, ist *bloße Spekulation*, weil uns der Code der Ambiguität fehlt, der uns erlauben würde, seine Semantik zu rekonstruieren; doch verfügen wir dagegen über den Text als tadellose Realisation einer Syntax, und in dieser Syntax wirken jene Gesetze, die den Text ermöglichen und deren Formulierung die vielleicht einzige Aufgabe des wissenschaftlichen Lesers ist. Es mag abwegig erscheinen, das beiseite zu schieben, was traditionell als das Wesen der Literatur betrachtet worden ist – ihre Botschaften, ihre Bedeutungen –, aber ein solches Konzept von Literatur ignoriert das einzige Merkmal, das sie von anderen Medien unterscheidet: ihre Abhängigkeit von einer Form oder einem Zeichensystem, mit deren Signifikanten die Literatur die Welt verhört.[38] Und

so wie der Linguist nicht die Bedeutung eines Satzes zu entschlüsseln hat, sondern nur die formale Struktur herausarbeiten muss, die die Übermittlung dieser Bedeutung möglich macht […], [so] ist es nicht die Aufgabe des Kritikers, die Botschaft des Werkes zu rekonstruieren, sondern nur ihr System, […] da die Literatur […] nur eine *Redeweise* [ist] […]: ihr Wesen liegt nicht in ihrer Botschaft, sondern in diesem System.[39]

Um die grundlegendste Prämisse der auf die Anthropologie angewandten strukturalistischen Methode zu erklären, bedient sich Lévi-Strauss folgenden Beispiels:

[S]agen wir […], dass in einem Märchen ein „König" nicht nur ein König, eine „Schäferin" nicht nur eine Schäferin ist, sondern dass diese Wörter und die Signifikate, die sie umhüllen, sinnlich wahrnehmbare Mittel werden, um ein intelligibles System zu konstruieren, das aus Gegensätzen: *männlich/weiblich* (hinsichtlich der *Natur*), *oben/unten* (hinsichtlich der *Kultur*), sowie aus allen möglichen Permutationen zwischen diesen sechs Termini besteht.[40]

---

37 Antón Arrufat: „Prólogo", in: Julio Cortázar: *Cuentos*, La Habana: Casa de las Américas 1964, S. XVI.

38 Siehe Roland Barthes: *Ensayos críticos*, Barcelona: Seix Barral 1967, S. 192 f. [Anm. d. Übers.: Weder französische, spanische noch deutsche Quelle auffindbar.]

39 Barthes: „Was ist Kritik?", S. 122.

40 Lévi-Strauss: „Die Struktur und die Form", S. 165.

Die sechs Begriffe legen zwei Ebenen fest, die deutlicher werden, wenn wir sie wie im folgenden Diagramm anordnen:

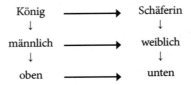

König	→	Schäferin
↓		↓
männlich	→	weiblich
↓		↓
oben	→	unten

Die horizontale Ebene bildet die Ebene des Syntagmas und die vertikale die des Paradigmas oder der Assoziation.

[D]as Syntagma ist eine Kombination von Zeichen [...]: jedes Glied erhält seinen Wert nur aus seinem Gegensatz zu dem, was ihm vorausgeht, sowie zu dem, was ihm folgt[.] [...] Die zweite Ebene ist die der *Assoziationen* (um Saussures Terminologie beizubehalten): „*Andererseits aber assoziieren sich außerhalb des gesprochenen Satzes (syntagmatische Ebene) die Wörter, die irgend etwas unter sich gemein haben, im Gedächtnis, und so bilden sich Gruppen, innerhalb derer sehr verschiedene Beziehungen herrschen*"[.] [...] Die syntagmatische Ebene und die assoziative Ebene stehen in enger Beziehung zueinander, die Saussure durch folgenden Vergleich ausgedrückt hat: Jede sprachliche Einheit ähnelt der Säule eines antiken Gebäudes; diese Säule steht in einer realen Kontiguitätsbeziehung zu anderen Teilen des Gebäudes, z. B. dem Architrav (syntagmatische Beziehung); ist diese Säule aber dorisch, dann ruft sie in uns den Vergleich mit anderen architektonischen Stilarten hervor, dem ionischen oder dem korinthischen; hier handelt es sich um eine virtuelle Beziehung der Substitution (assoziative Beziehung): die beiden Ebenen sind derart miteinander verbunden, dass das Syntagma nur durch sukzessive Beschwörungen neuer Einheiten „fortschreiten" kann, die außerhalb der assoziativen Ebene liegen. Seit Saussure hat die Analyse der assoziativen Ebene eine beachtliche Entwicklung genommen; sogar ihr Name hat sich geändert: heute spricht man nicht mehr von assoziativer Ebene, sondern von *paradigmatischer* Ebene oder auch von *systematischer* Ebene[.] [...] Jakobson hat in einem inzwischen berühmt gewordenen Aufsatz diese Ausweitung erneut aufgegriffen und den Gegensatz zwischen der *Metapher* (Bereich des Systems) und der *Metonymie* (Bereich des Syntagmas) auch auf nichtsprachliche Reden [langages] angewandt: so hätte man also „Diskurse" metaphorischen Typs und „Diskurse" metonymischen Typs; jeder einzelne Typus impliziert natürlich nicht den ausschließlichen Rückgriff auf eines der beiden Modelle (da Syntagma und System für beide Diskurse unabdingbar sind), sondern lediglich die Vorherrschaft des einen über das andere.[41]

---

41 Barthes: *Elemente der Semiologie*, S. 49 f.

Barthes fasst die Achsen von Syntagma und System im folgenden Schema zusammen, welches das Diagramm der Erzählung vom König und der Schäferin von Lévi-Strauss auf eine Formel reduziert:[42]

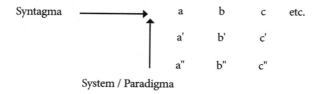

Wie Lévi-Strauss erkennt auch Barthes die Beziehungen zwischen den Begriffen und unterscheidet zwischen syntagmatischen Beziehungen und systematischen oder paradigmatischen Beziehungen:

> Sind die syntagmatischen Einheiten eines jeden Systems einmal bestimmt, dann bleiben noch die Regeln zu ermitteln, nach denen ihre Kombination und ihre Anordnung entlang des Syntagmas erfolgen[.] [...] Es lassen sich mehrere Modelle kombinatorischer Zwänge (der „Logik" des Zeichens) vorstellen; wir nennen hier als Beispiel die drei Typen der Relation, die, Hjelmslev zufolge, zwei syntagmatische Einheiten eingehen können, wenn sie benachbart sind: 1. eine Relation der *Solidarität*, wenn sie einander notwendig bedingen; 2. eine Relation der *einfachen Implikation*, wenn eine die andere voraussetzt (aber nicht umgekehrt); 3. eine Relation der *Kombination*, wenn keine die andere voraussetzt. [...] Die innere Anordnung der Glieder eines assoziativen Feldes oder Paradigmas wird gewöhnlich – zumindest in der Linguistik und spezieller in der Phonologie – eine *Opposition* genannt[.] [...] Die Oppositionstypen sind sehr mannigfaltig, [...] aber in ihren Beziehungen zur Inhaltsebene weist jede Opposition stets die Gestalt einer *Homologie* [Signifikant/Signifikat] auf [...] [und] nicht der einfachen Analogie[.] [...] Auf den ersten Blick sind in einem semantischen (und nicht mehr phonologischen) System die Oppositionen unzählbar, da jeder Signifikant sich allen anderen entgegenzusetzen scheint; dennoch ist ein Klassifizierungsprinzip möglich, wenn man sich *von einer Typologie der Beziehungen zwischen dem ähnlichen und dem verschiedenen Element der Opposition leiten lässt*.[43]

Unterteilt man die Oppositionen nach ihrer Beziehung zum ganzen System, unterscheidet Barthes zwischen *eindimensionalen und mehrdimensionalen Oppositionen* sowie *proportionalen und isolierten Oppositionen*; klassifiziert man sie nach der Beziehung zwischen den Oppositionsgliedern, muss man zwischen *privativen Oppositionen* (vollständig/unvollständig) und *äquipollenten Oppositionen* (foot/

---

42 Für die Diagramme vgl. Barthes: *Elemente der Semiologie*, S. 56. [Anm. d. Übers.: Im Original ohne Nachweis.]
43 Ebd., S. 57–63. [Anm. d. Übers.: Ergänzungen in eckigen Klammern von Alazraki.]

feet oder auch: Hengst/Stute) unterscheiden; schließlich, wenn das Klassifikationskriterium das Ausmaß ihres Unterscheidungswerts ist, kann man zwischen *konstanten Oppositionen* (Signifikate, die immer unterschiedliche Signifikanten haben: ich esse/wir essen), *aufhebbaren oder neutralisierbaren Oppositionen* sowie *semiologischen Oppositionen* (neue Typen von Opposition, die das binäre Modell verlassen) unterscheiden.[44]

Der strukturalistische Ansatz bietet also eine Untersuchungsmethode, die es im Falle der neofantastischen Metaphern erlaubt, zu ihren Signifikanten vorzudringen, während die Signifikate außen vor bleiben. Sobald die syntagmatischen Einheiten definiert und ihre Anordnungsregeln etabliert sind, ist es möglich, jede Erzählung als Syntagma und die Gesamtheit der Narrationen, die einer neofantastischen Poetik zugehören, wie ein System zu behandeln. Das System bietet einen Kontext, von dem aus jedes Syntagma, ohne auf das Spezifische seiner Beziehungen zu verzichten, in den globaleren Relationen des Systems eine Bestätigung der Bedeutung oder des Signifikats findet, auf den seine Signifikanten verweisen, einen Sinngehalt, der nicht durch die Zeichen der Sprache hervortritt, sondern durch die Zeichen, die die Literatur mithilfe der Sprachzeichen geprägt hat. Die hermeneutische Untersuchung hat *Analogien* der Erzählungen Cortázars zu Tage gefördert, Übersetzungen der absenten Bedeutung im Text, der *Nicht*-Bedeutung des Texts. Im Gegensatz dazu spricht die strukturalistische Forschung bescheidener von *Homologien*, das heißt, von Beziehungen, die aus einer ersten Sprache hervorgehen, um sich in einer zweiten Sprache auszubilden und aus dieser neuen Sprache Signifikate auszusenden, die in der ersten Sprache noch nicht ausgedrückt wurden. Die Analogien der hermeneutischen Deutung bzw. der Übersetzung ergeben sich aus den Denotaten der ersten Sprache; die Homologien, die die strukturalistische Analyse anstrebt, leiten sich aus den Konnotationen her, die die zweite Sprache aufstellt, die nichts anderes ist als die Sprache der Konnotation der Literatur. Damit Literatur entstehen kann, weicht die Denotation der Konnotation, ein Vorgang, den die antike Rhetorik nur allzu gut kannte.

> Die rhetorische Handlung beginnt dort, wo ein Vergleich zwischen der Form dieses Wortes oder dieses Satzes und der eines anderen Wortes oder anderen Satzes möglich ist, die an ihrer Stelle stehen könnten und von denen wir annehmen können, dass sie diese Stelle einnehmen. *Schiff*, oder *ich liebe dich*, oder *ich hasse dich*, haben an sich keine rhetorische Form. Die rhetorische Form – die Figur – besteht darin, *Segel* zu gebrauchen, um ein Schiff zu bezeichnen (Synekdoche) oder *ich hasse dich nicht* zu sagen, um Liebe auszudrücken (Litotes). [...] Bally wird sagen, dass die Ausdruckskraft die Linearität der Sprache trübe, da man gleichzeitig die Präsenz eines Signifikanten (*Segel*)

---

44 Ebd., S. 63–67.

und die Absenz eines anderen Signifikanten (*Schiff*) wahrnehmen müsse. […] Die rhetorische Form ist eine *Oberfläche*, begrenzt von zwei Linien: der des präsenten Signifikanten und der des absenten Signifikanten. […] Aber, wenn die Figur *übersetzbar* sein soll, so kann sie nicht *übersetzt* werden, ohne ihre Eigenschaft als Figur einzubüßen. Die Rhetorik weiß, dass das Wort *Segel* ein *Schiff* bezeichnet, weiß aber auch, dass es dies auf eine bestimmte Weise tut, im Gegensatz zu dem Wort *Schiff*; der Sinn ist der gleiche, doch die Bedeutung, das heißt die Beziehung zwischen dem Zeichen und dem Inhalt, ist verschieden, und die Dichtung hängt von den Bedeutungen, nicht vom Inhalt ab. *Segel* anstatt Schiff denotiert das Schiff, doch gleichzeitig konnotiert es die Motivation durch ein Detail, die sensible Abweichung von der Bedeutung und damit eine bestimmte Form der Weltsicht oder der Intention.[45]

Die Rhetorik ist an eine bestimmte Epoche gebunden und an ein eingeschränktes Literaturverständnis; was jedoch Gérard Genette aus der Rhetorik retten möchte, ist nicht ihr Inhalt, was, „angewendet auf unsere Literatur, einen sterilen Anachronismus abgäbe", sondern ihr Beispiel:

> Was sich von der antiken Rhetorik zu behalten lohnt, ist nicht ihr Inhalt, sondern ihr Beispiel, ihre Form, ihr paradoxes Ideal der Literatur als einer Ordnung, die auf der Mehrdeutigkeit der Zeichen fundiert, auf dem kargen, doch atemberaubenden Raum, der sich zwischen zwei Worten mit der gleichen Bedeutung eröffnet, zwischen zwei Bedeutungen des gleichen Worts: zwischen zwei Sprachen der gleichen Sprache.[46]

Aus der Rhetorik wissen wir, was das Wort *Segel* meint, aber sogar hier können wir es nicht übersetzen (*Schiff*), ohne die Figur zu verlieren und damit die implizierte „Form der Weltsicht oder der Intention"; in der Literatur der Neofantastik wissen wir nicht, was ihre Metaphern bezeichnen, und dennoch wurde eine Erzählung wie „Das besetzte Haus" mit einer Freiheit ausgedeutet, die den Text auflöst, ihn löscht, um einen anderen zu schreiben (eine Allegorie auf den Peronismus, die Geschichte eines Inzests, einer Geburt oder einer umgekehrten Ariadne etc.). Was wir vorschlagen, ist eine Rückkehr zum Text und eine Lektüre, die, statt ihm seine Realität zu nehmen, erlaubt, das Prinzip, auf dem er gründet, zu bewahren und sich darüber hinaus zu erstrecken, um auf diesem Wege bedeutungstragende Wirklichkeit zu erlangen.

---

45 Gérard Genette: „Figures", in: ders.: *Figures*, Paris: Éditions du Seuil 1966, S. 210 f., 219.
46 Ebd., S. 221.

II Wie ist „Das besetzte Haus" gebaut?

Die Geschichte ist denkbar einfach: Zwei Geschwister leben allein in einem alten Haus, das sie als Erbschaft einer langen Ahnenlinie bewohnen; etwas oder jemand besetzt das Haus ohne jegliche Gegenwehr (abgesehen von der Geste die Türen zu schließen) und die Geschwister verlassen es. Zwei Teile sind klar unterscheidbar: Im ersten wird das Haus und das Leben der Geschwister darin beschrieben; im zweiten die sukzessive Übernahme der beiden Teile des Hauses in zwei abgesetzten Vorstößen und deren Auswirkung auf das Leben der beiden Geschwister. Die in der Erzählung dargestellten Vorgänge definieren eine Präsenz (das Haus, die Geschwister, das Leben der Geschwister im Haus), und diese Präsenz definiert eine bedeutungsvolle Absenz (die eindringenden Kräfte, die das Haus besetzen). Der „Eindringling" tritt lediglich als Lärm in Erscheinung, „dumpf und unbestimmt, wie ein Stuhl, der auf den Teppich fällt, oder wie Gemunkel",[47] und einfach „Geräusch" oder „Geräusche" genannt, doch wissen wir nicht, wer oder was sie hervorbringt. Dies mag vom Gesichtspunkt des Lesers mysteriös oder sonderbar erscheinen, nicht jedoch für die Figuren, die den Eindringling wiederzuerkennen scheinen und die Zwecklosigkeit jeglichen Widerstandes akzeptieren. Da die Geschichte aus der Ich-Perspektive des Bruders erzählt wird, ist sein Schweigen hinsichtlich des Eindringlings innerhalb der Erzählung nachvollziehbar. Auf dieses Schweigen stützt sich jedoch die gesamte Erzählung. Jean L. Andreu hat treffend bemerkt, dass sich, „könnte man den Eindringling benennen, alles aufklären würde" und, so müsste man hinzufügen, die Erzählung würde verschwinden oder zumindest den Sinn, der sie antreibt, verlieren. Die Erzählung ist um dieses Schweigen herum konstruiert – oder damit dieses Schweigen eintritt. Obwohl sie den Anschein eines Rätsels hat (eine Beschreibung, die das einzige Wort weglässt, das das Subjekt des Rätsels benennt), ist sie keines, da ein Rätsel auf der Gewissheit der Existenz eines Bindeglieds oder des abwesenden Wortes aufbaut. In „Das besetzte Haus" wissen wir nicht, können wir nicht wissen, mit welchem Wort dieses Schweigen aufzufüllen wäre, obwohl es eine unbegrenzte Zahl von Lösungen gäbe und alle irgendein Verdienst oder eine Rechtfertigung hätten. Die Figuren wissen, was der Leser nicht wissen kann, da sich der Erzähler hinsichtlich dessen, was er weiß, ausschweigt: In diesem Stillschweigen gründet die

---

47 Julio Cortázar: „Das besetzte Haus", in: ders.: *Die Nacht auf dem Rücken. Erzählungen Bd. I*, übers. v. Rudolf Wittkopf u. Wolfgang Promies, Frankfurt a. M.: Suhrkamp 1998, S. 99. Die folgenden Zitate beziehen sich auf diese Ausgabe und werden direkt im Text durch Angabe der Seitenzahl nachgewiesen.

Erzählung. Da alle Lösungen möglich sind, es aber keiner gelingt, uns zu sagen, was der Erzähler weiß und verschweigt, ist die Prüfung neuer Lösungsansätze vergeblich. Zielführender ist, im Einzelnen anzuführen, was wir durchaus wissen. Wir wissen, dass das Haus und das Leben der Geschwister darin eine Ordnung setzen; eine Ordnung, die stabil und mächtig genug ist, um zu verhindern, dass sich eines der Geschwister verheiratet („Manchmal meinten wir, dass wir des Hauses wegen nicht geheiratet haben." (S. 97)); wir wissen außerdem, dass eine für die Figuren erkennbare, doch erzählerisch undefinierte Macht (weit mehr als ein paar „dumpfe und unbestimmte" Geräusche) die Geschwister des Hauses verstößt und sie dazu zwingt, die im ersten Teil der Erzählung pedantisch beschriebene alte Ordnung zu verlassen; wir wissen schließlich, dass diese Macht stärker ist als der Wille der Figuren und ihre Anhänglichkeit an das Haus, denn sie verlassen es fast ohne Gegenwehr. Die Erzählung präsentiert sich also als eine Opposition zwischen einer Ordnung (das Leben der Geschwister im Haus) und einer Kraft, die diese Ordnung erschüttert (in der Erzählung durch die Geräusche markiert) und sie letztendlich zerstört (mit dem Verlassen des Hauses durch die Geschwister). Das Schema skizziert eine Parabel mit unzähligen Lösungen. Wir haben einige aufgeführt und es wäre leicht, noch weitere hinzuzufügen, was bedeuten würde, die Zahl der Übertragungen zu erweitern, den Text dagegen unangetastet zu lassen. Wir werden uns aber nicht der Semantik des Textes, sondern seiner Grammatik zuwenden.

„Das besetzte Haus" erinnert an den *Prozess* von Kafka, insofern es den Figuren ebenso unmöglich ist, das Wesen ihres Vergehens zu ergründen und den Sinn der Gesetze auszumachen, nach denen sie gerichtet und verurteilt werden. Diese Ambiguität verwandelt den Roman in eine Parabel oder eine Metapher über die menschliche Existenz.[48] Das gleiche Prinzip der Unbestimmtheit herrscht in Cortázars Erzählung. Wir wissen nicht, wer oder was das Haus „besetzt"; ebenso wenig wissen wir, warum die Figuren das Haus ohne jegliche Gegenwehr aufgeben. Die zweite Unbekannte ist eine Konsequenz aus der ersten: hätten wir eine Antwort auf jene, könnten wir diese auflösen. Erzählungen wie „Das besetzte Haus", so sagt Cortázar,

> drücken etwas nicht Mitteilbares aus, an dem der Leser teilnimmt, als wäre es eine autonome Erfahrung, so gut wie ohne Anhaltspunkte hinsichtlich der Charaktere oder der Situationen des täglichen Lebens. [...] Wir befinden uns in einem geschlossenen Kreislauf, beherrscht von verbalen Formeln, die, da unbekannt, in uns die gleiche Folge psychischer Vorgänge auslösen, die sich auch im Autor abspielten.[49]

---

48 Vgl. Politzer: *Franz Kafka, der Künstler*, S. 258.
49 Harss: *Los nuestros*, S. 271.

Die Formel besteht also in einem *modus operandi*, der auf so vielfältige wie heterogene Situationen anwendbar ist. Es ist zum Beispiel seltsam, dass, trotz der vielen Umschreibungen, die diese Erzählung erfahren hat, ihre Ähnlichkeit *in abstracto* mit der biblischen Geschichte des Sündenfalls nicht bemerkt wurde. Das Leben der Geschwister im Haus erinnert an die glückliche, genügsame Sorglosigkeit von Adam und Eva im Garten Eden:

> Wir hatten es nicht nötig, uns den Lebensunterhalt zu verdienen, jeden Monat kam Geld von den Gütern ein und sammelte sich an. Für Irene war das Stricken nur Zeitvertreib, sie besaß eine erstaunliche Fingerfertigkeit, und mir verflogen die Stunden, wenn ich ihren Händen zuschaute, die wie silberne Igel waren, dem Hin und Her der Nadeln und wie die Wollknäuel in einem oder zwei Körbchen auf dem Boden zappelten. Das war hübsch. (S. 98)

Die Geschwister werden auf irreversiblen Befehl hin aus dem Haus verstoßen, was an die biblische Paradies-Erzählung erinnert: „Sie haben den hinteren Teil besetzt" (S. 99), und, wie Adam und Eva, akzeptieren sie die neue Situation mit Resignation und einem vagen Gefühl von Schuld: „Dann müssen wir eben auf dieser Seite bleiben" (S. 99), das heißt, immer noch innerhalb der nicht besetzten Grenzen des Hauses, östlich des Gartens:

> Die ersten Tage fanden wir es betrüblich, denn beide hatten wir in dem besetzten Teil viele Dinge gelassen, die uns lieb waren. [...] Bücher, [...] einige Tischdecken und ein Paar Pantoffeln, [...] meine aus Wacholder geschnitzte Pfeife, [...] eine jahrealte Flasche „Hesperidina" [...]. Wieder eine Sache, die wir auf der anderen Seite des Hauses eingebüßt hatten. (S. 100)

Die endgültige Vertreibung geschieht in einem zweiten Vorstoß, der sie letztendlich auf die Straße setzt: „Sie haben diesen Teil besetzt" (S. 102); wie in der biblischen Geschichte, in der der Mensch dazu verdammt wird, fern vom Paradies auf der Erde herumzuirren. Welche Sünde haben Irene und ihr Bruder begangen und wer verurteilt sie zum Verlassen des Hauses? Im Unterschied zur Geschichte vom verlorenen Paradies widersetzt sich „Das besetzte Haus" jeglicher Bereitschaft zur Erklärung. Es ist möglich, zu spekulieren, und das wurde auch getan, aber diese Lösungen kommen von außerhalb des Textes. Die Erzählung Cortázars ist weder eine Parabel noch eine Paraphrase der biblischen Geschichte; sie könnte allenfalls die Variation einer staubigen Metapher sein. Freud hat beobachtet, dass „das Wohnhaus ein Ersatz für den Mutterleib [ist], die erste, wahrscheinlich noch immer ersehnte Behausung, in der man sicher war und sich so wohl fühlte";[50] das

---

50 Sigmund Freud: „Das Unbehagen in der Kultur (1930)", in: ders.: *Fragen der Gesellschaft, Ursprünge der Religion (= Studienausgabe, Bd. IX)*, hg. v. Alexander Mitscherlich, Angela Richards u. James Strachey, Frankfurt a. M.: S. Fischer 1974, S. 221 f.

heißt, das Wohnhaus steht als Metapher oder Substitut für das Leben *in utero*. Auch von der biblischen Sündenfallgeschichte wurde behauptet, es handle sich um eine Metapher für Schwangerschaft und Geburt: Diese Episode der Genesis ist demnach eine Parallelsetzung der Genese des Menschen. Dabei geht es nicht um eine Gegenüberstellung im Sinne von Original/Kopie, Text/Übersetzung, „Das besetzte Haus" gegenüber dem Vorgang der Geburt, wie es Jean L. Andreu gemacht hat, sondern darum, die Beziehung zwischen zwei Metaphern herzustellen, deren Tenore sich unterscheiden, deren Vehikel jedoch (das besetzte Haus, das verlorene Paradies) auf eine ähnliche Vorstellung verweisen: ein verlorenes Reich, die Verletzung einer geschlossenen Ordnung. Wenn, wie Borges gesagt hat, „eine Literatur [...] sich von einer anderen, sei diese früher oder später, weniger durch den Text als durch die Leseweise [unterscheidet]",[51] und wenn in letzter Instanz „die Universalgeschichte [vielleicht] die Geschichte der unterschiedlichen Betonung einiger weniger Metaphern [ist]",[52] so ist es vollkommen vernünftig, in „Das besetzte Haus" eine Re-Lektüre der alten biblischen Metapher durch einen zeitgenössischen argentinischen Schriftsteller zu sehen. Die aufgezeigten Parallelen beider Bilder sind nicht so sehr von Bedeutung als vielmehr das, was sie zur Definition der Bedeutung von „Das besetzte Haus" beitragen können; ihr Charakter einer Re-Lektüre einer altertümlichen Metapher erleichtert durchaus die Beschreibung ihrer Konstruktion. In der Metapher des Paradieses gibt es kein Schweigen: Alle Glieder der Erzählung verketten sich kausal nach dem folgenden Schema:

Paradies ⟶ Adam und Eva ⟶ Ungehorsam ⟶ Verstoßung
verbotene Frucht, Schlange (Sündenfall)

In „Das besetzte Haus" gibt es eine ähnliche Sequenz, aber mit einem fehlenden Glied:

Haus ⟶ Irene und ihr Bruder ⟶ X ⟶ Verstoßung

---

51 Jorge Luis Borges: „Anmerkungen zu (gen) Bernhard Shaw", in: ders.: *Gesammelte Werke. Der Essays dritter Teil*, übers. v. Karl August Horst u. Gisbert Haefs, hg. v. Gisbert Haefs u. Fritz Arnold, München: Hanser 2003, S. 167.

52 Jorge Luis Borges: „Die Sphäre Pascals", in: ders.: *Gesammelte Werke. Der Essays dritter Teil*, übers. v. Karl August Horst u. Gisbert Haefs, hg. v. Gisbert Haefs u. Fritz Arnold, München: Hanser 2003, S. 14.

In der Bibelgeschichte ist die Übertretung von Adam und Eva klar benannt; in „Das besetzte Haus" gibt es keinen direkten Hinweis auf irgendeine Schuld; ebenso wenig wie es unabdingbar nötig ist, anzunehmen, es gäbe eine. Die Zugehörigkeit der Geschwister zu einer parasitären Gesellschaftsschicht als ihre Schuld oder Sünde auszulegen, für die sie aus dem Haus vertrieben, also den Privilegien ihrer Schicht beraubt werden, hieße, die Erzählung als politischen Prozess zu lesen, was aber die Handlung der Erzählung nicht erlaubt, da sich „Das besetzte Haus" auf und durch Mehrdeutigkeit aufbaut. Die Erzählung weicht jedem politischen Urteil sorgfältig aus und tendiert dagegen zu exzessiven Erklärungen oder, was das gleiche ist, zum *overstatement*. Für die Bibel, einem Text, der aus einer radikal religiösen Perspektive verfasst wurde, besteht die Schuld im Ungehorsam gegenüber einer göttlichen Autorität. Im *Prozess* dagegen kennen wir das Vergehen von Joseph K. nicht; der Protagonist wird verurteilt, ohne zu wissen, warum ihm dies widerfährt, und der Text erlaubt keine Schlussfolgerung, ob der Verurteilung irgendeine Schuld zugrunde liegt. Ebenso verweist „Das besetzte Haus" nicht ausdrücklich auf eine Schuld, streitet jedoch ebenso wenig ab, dass es keine gäbe. Wir wissen nicht, von wem (Gott in der Bibelgeschichte) und weshalb (der Ungehorsam gegenüber Gottes Wort im Garten Eden) die Geschwister verurteilt werden. Doch diese Stille oder Abwesenheit in der Handlung ist ihr mächtigster Urteilsspruch. Schuldig oder unschuldig eines Verbrechens, das der Text nicht erwähnt, akzeptieren die Geschwister, wie auch Joseph K., das Urteil als unvermeidliche und irreversible Tatsache: Eine geschlossene Ordnung weicht der Einmischung von höheren, bedeutenderen Kräften, die diese Ordnung zerstören und zugrunde richten.

Wir haben vier narrative Glieder in der Struktur von „Das besetzte Haus" unterschieden: *a)* das Haus als szenischer Raum der Erzählung; *b)* das Leben der Geschwister in ihm (Figuren – Handlung); *c)* das Auftauchen von feindlichen Kräften (Konflikt); und *d)* der Verstoß der Geschwister aus dem Haus durch die feindlichen Kräfte ((Auf-)Lösung). Vom Gesichtspunkt der Syntax der Erzählung betrachtet sind *a*, *b*, *c* und *d* kohärent artikulierte Einheiten und sie konstituieren die narrativen Bestandteile (angedeutet in den Klammern), aus denen die Erzählung besteht; sie bilden sozusagen das Subjekt und das Prädikat einer Rede, die den Regeln einer eindeutigen Grammatik folgt. Als Signifikanten bilden die Funktionen und Relationen jeder Einheit einen perfekten Organismus: *a* und *b* verflechten sich auf den ersten vier Seiten; in *c* und *d* tauchen die Elemente von *a* und *b* wieder auf: in *c*, um den Konflikt oder Knoten der Erzählung aufzuwerfen; in *d*, um ihn zu lösen oder aufzudröseln; worin sich jedoch *c* von den vorherigen Einheiten unterscheidet, ist das Auftauchen der „Geräusche", und was *d* zu einer autonomen Einheit mit anderen Funktionen macht, ist ihre Eigenschaft, den in *c* aufgeworfenen Konflikt aufzulösen. Auf diese Weise ist jede Einheit autonom und gleichzeitig von den anderen abhängig. Vom Gesichtspunkt der Semantik der Erzählung ist *c* dagegen eine Unbekannte: *a*, *b* und *d* hängen davon ab, welchen Wert wir *c* zuschreiben. Teil *c* akzeptiert alle möglichen Lösungen, was nur eine andere Art ist zu sagen, dass er keine akzeptiert, weil der Text die Mehrdeutigkeit wählt; er hat im Gegensatz zu den anderen Bestandteilen keine eindeutige Bedeutung: Es handelt sich um ein polyvalentes Element oder einen polysemen Begriff. Diese Polyvalenz oder Polysemie ist kein Zufall, sondern eine Wahl des Textes, durch die er die Zuschreibung eines bestimmten Wertes oder exklusiven Signifikats zurückweist und gleichzeitig die Bedeutung der anderen Einheiten der Erzählung kontrolliert. Während „Das besetzte Haus" sich einer hermeneutischen Analyse „der Übersetzung" entzieht, gibt die Erzählung einer Untersuchung ihrer Syntax statt. Dies heißt nichts anderes, als dass sie eine Untersuchung ihrer Sprache als literarisches, nicht linguistisches System erlaubt, im Sinne einer neuen Einheit von Ausdruck/Inhalt, in das auch die Sprache eingespeist wird, um etwas anderes zu bedeuten.

Greifen wir die vier Einheiten, die den Text einer Erzählung organisieren, wieder auf und steigen noch eine Abstraktionsstufe höher, so stellen wir fest, dass es möglich ist, *a*, *b*, *c* und *d* in eine binäre Relation umzugruppieren, in der *a* und *b* eine (geschlossene) Ordnung bilden und *c* und *d* eine neue (offene) Ordnung darstellen, die die erste in Frage stellt und verdrängt. Diese Verdrängung ist mehr oder minder in allen Erzählungen Cortázars, die wir als neofantastisch definiert haben, nachweisbar.

In „Brief an ein Fräulein in Paris" gibt es ein ähnliches Verhältnis, nur dass jetzt der Erzähler-Protagonist ‚gegen den Strich' dieser „geschlossenen Ordnung" handelt, in der er sich befindet. Während sich in „Das besetzte Haus" die Erzählperspektive innerhalb dieser geschlossenen Ordnung, der der Erzähler angehört, ansiedelt, nimmt in „Brief an ein Fräulein in Paris" die Erzählperspektive den Platz der „Geräusche" ein, die in „Das besetzte Haus" die primäre Ordnung in Frage stellen und zerstören. Die kleinen Kaninchen, die der Protagonist in „Brief an ein Fräulein in Paris" spuckt, nehmen die Stelle der „Geräusche" in „Das besetzte Haus" ein und (zer)stören die „in sich geschlossene Ordnung […], konstruiert bis in die feinsten Maschen der Luft" der Wohnung in der Calle Suipacha. Auf eine Weise ist „Brief an ein Fräulein in Paris" die Kehrseite oder die Umkehrung von „Das besetzte Haus".

Auch in dieser Erzählung kann man vier narrative Einheiten identifizieren: *a)* das Appartement in der Calle Suipacha (Raum); *b)* der Umzug des Erzählers in die Wohnung seiner Bekannten (Figur – Handlung); *c)* das Auftauchen der zerstörerischen Kaninchen (Konflikt) und *d)* die Opferung der Kaninchen und der Selbstmord des Erzählers ((Auf-)Lösung). In beiden Erzählungen ist der Raum ähnlich konstruiert, insofern er „eine minuziöse Ordnung" darstellt, die verletzt wird, doch während in „Das besetzte Haus" die Figuren einen Teil dieser Ordnung bilden, tritt in „Brief an ein Fräulein in Paris" die Figur in diese Ordnung ein, um sie in Frage zu stellen. Die Einheiten *c* und *d* dagegen sind in beiden Erzählungen ähnlich: Die Kaninchen treten anstelle der Geräusche als Übertreter der primären Ordnung, und der Ausstoß der Geschwister löst sich in „Brief an ein Fräulein in Paris" mit dem Selbstmord des Protagonisten. Die Umkehrung bestünde also erstens in der veränderten Erzählperspektive (nicht die der Heimgesuchten, sondern die des Eindringlings) und zweitens in den Folgen des Konflikts: Der Eindringling zerstört nicht die primäre Ordnung, sondern wird selbst von der Ordnung zerstört. „Brief an ein Fräulein in Paris" verhält sich also strukturell als umgekehrte Reflexion von „Das besetzte Haus". Eine solche Reduktion versucht nicht, das Spezifische und Besondere der jeweiligen Erzählung zu tilgen, was bei der Lektüre dieser beiden Erzählungen unmittelbar augenscheinlich wird. Es geht lediglich darum, bestimmte gemeinsame Funktionsregeln beider Texte zu etablieren und über das Besondere, das in letzter Instanz für die Wirksamkeit der Erzählung verantwortlich zeichnet, hinauszugehen, um die konzeptionelle Textur als sekundären Signifikanten sichtbar zu machen, der ebenfalls Signifikate trägt, die den handlungsgetriebenen Effekt der Geschichten strukturell stützen.

III „Kopfschmerz"

Die unbekannte Größe, die in „Das besetzte Haus" durch die Geräusche und in „Brief an ein Fräulein in Paris" durch die Kaninchen repräsentiert wird, bildet in „Kopfschmerz" die Gegenwart der Mancuspien. In all diesen Metaphern zeigt sich derselbe Grad an Hermetik. Wenn in der ersten das Vehikel sich dagegen wehrt, einen eindeutigen Tenor zuzulassen, so verweist die Metapher im zweiten Text auf „Obsessionen, Spannungen, Phobien, Erschöpfung, emotionale Verwirrung, intellektuelle Beschränkung und weitere möglichen Auswirkungen und Ursachen einer Neurose",[53] was die Deutungsvielfalt der Metapher beträchtlich reduziert. In „Kopfschmerz" stehen Vehikel und Tenor unverknüpft nebeneinander, berühren sich quasi, weil die Mancuspien und ihre ganze komplizierte Ernährungsweise nichts anderes ist als eine Repräsentation oder ein Bild der Kopfschmerzen. Auf Seite 136 präsentiert der Text die Mancuspien als einen Vergleich mit den Kopfschmerzen:

> Es beginnt in ebendem Augenblick, da uns die Müdigkeit übermannt, es ist ein Verlust des Gleichgewichts, ein tiefer Absturz im Inneren, ein Schwindel, der über das Rückgrat hoch in den Kopf hinein krabbelt; *wie das wuselnde Klettern (man kann es nicht anders beschreiben)* der kleinen Mancuspien die Pfosten der Korrale hoch. Dann auf einmal, über dieser schwarzen Grube des Schlafs, in die wir schon mit Wonne hineinfielen, sind wir dieser feste und saure Pfosten, den beim Spielen die Mancuspien hochklettern. Und es ist noch schlimmer, wenn man die Augen schließt. Dann schwindet der Schlaf, niemand kann mit offenen Augen schlafen, wir sterben vor Müdigkeit, doch man braucht sich nur ein wenig gehen zu lassen, um den wuseligen Schwindel zu spüren, ein Hin und Her im Schädel, *so als* wäre der Kopf voller lebender Dinge, die ihn umkreisen. *Wie Mancuspien.*[54]

Der Text der ganzen Erzählung ist also ein Vergleich mit dem Kopfschmerz. Die Entfaltung des Vergleichs in Tenor und Vehikel als zwei getrennte Körperschaften mag als übertriebener Anflug von Fantasie erscheinen. Doch dem ist nicht so. In keinem Moment identifiziert der Text die Pflege der Mancuspien mit den Auswirkungen der Kopfschmerzen, doch es wird, wie im vorangegangenen Zitat,

---

53 Vgl. Kapitel „Eine Metapher des Neofantastischen" des ersten Teils der vorliegenden Untersuchung.

54 Julio Cortázar: „Kopfschmerz", in: ders.: *Die Nacht auf dem Rücken. Erzählungen Bd. I*, übers. v. Rudolf Wittkopf u. Wolfgang Promies, Frankfurt a. M.: Suhrkamp 1998, S. 136. [Hervorhebungen von Alazraki.] Die folgenden Zitate beziehen sich auf diese Ausgabe und werden direkt im Text durch Angabe der Seitenzahl nachgewiesen.

eindeutig angedeutet, um Zweideutigkeiten zu erzeugen. Der Erzähler bemerkt, dass seine Beschreibung der Kopfschmerzen „Notizen" sind, dafür bestimmt,

diese Phasen [die Geburt und Entwicklung eines Wurfs von Mancuspienjungen] zu dokumentieren, damit Doktor Harbín sie unserer Krankengeschichte hinzufügt, wenn wir nach Buenos Aires zurückkehren. (S. 138, Ergänzung in eckigen Klammern von Alazraki)

Die ganze Beschreibung der Aufzucht der Mancuspien ist eine Beschreibung der Kopfschmerzen, jedoch nicht in Form logischer Wechselwirkung, sondern im Gegenteil als Verletzung jener Kohärenz, der ein Vergleich theoretisch unterworfen ist. Das Übermaß an Beschreibung fungiert als Reaktion des Textes auf die Beschränktheit der Sprache: „Ja, die Kopfschmerzen treten mit solcher Heftigkeit auf, dass man sie kaum beschreiben kann." (S. 142)

Die Erzählung entsteht und geschieht dort, wo die Sprache der Kommunikation scheitert. Wittgenstein hat festgestellt, dass es keinerlei Verbindung zwischen dem Schmerz und dem Wort *Schmerz* gibt,[55] das Zeichen ist eine Abstraktion, der jede Spur von Realität fehlt; in dem Wort ‚Schmerz' steckt nichts von diesem Komplex somatischer Reize, der Schmerz erzeugt, ebenso wie keinerlei Beziehung zwischen Zahlen und den Entitäten der Natur existiert, auf die sie sich beziehen und die sie benennen. Die Literatur und andere Kunstformen sind ebenfalls Symbole, artifizielle Konstrukte, die das Unmögliche versuchen: die Kluft, die die Worte von den Dingen trennt, zu überwinden. Deshalb wurde behauptet, dass die Literatur eine Sprache auflöst (die der linguistischen Zeichen), um eine andere einzuführen. Oder in den Worten Octavio Paz', der hinsichtlich der modernen Lyrik feststellt: „Zerstörung der Worte und der Bedeutungen, Herrschaft der Stille; doch gleichzeitig, das Wort auf der Suche nach *dem* Wort". Er erklärt weiter:

Es handelt sich um eine Erfahrung, die eine Negation – sei sie auch provisorisch, wie in einer philosophischen Meditation – der Außenwelt impliziert. [...] Die moderne Lyrik ist ein Versuch, jegliche Bedeutungen abzuschaffen, weil sie sich selbst als ultimatives Signifikat des Lebens und des Menschen sieht. Daher ist sie zur selben Zeit Zerstörung und Schöpfung der Sprache. [...] Die moderne Lyrik ist nicht zu trennen von der Sprachforschung, die ihrerseits die radikalste und virulenteste Form der Realitätsforschung ist.[56]

Von der primären Sprache aus betrachtet mag das Thema von „Kopfschmerz" (die Beschreibung von heftigen Kopfschmerzen) nichtig erscheinen; von der zweiten

---

55 Ludwig Wittgenstein: *Philosophische Untersuchungen*, hg. v. Joachim Schulte, Frankfurt a. M.: Suhrkamp 2003, S. 146 ff.
56 Paz: *Corriente alterna*, S. 5, 7.

Sprache aus betrachtet – die Metapher der Mancuspien – ist „Kopfschmerz" eine wirkungsvolle Erforschung der Realität durch die Infragestellung und die Übertretung der ersten Sprache, das heißt, das Infragestellen einer durch die Zeichen der Sprache aufwendig konstruierten Realität. Bei mehr als einer Gelegenheit klagt der Erzähler über die Beschränkungen, die ihm die Sprache auferlegt:

> Ein berstender Schmerz; so als würde das Gehirn zusammengestaucht; und noch schlimmer, wenn man sich bückt, dann ist es, als fiele das Gehirn heraus, als würde es nach vorn gestoßen oder als wollten die Augen aus dem Gesicht platzen. (*So als* würde dies, *so als* würde das geschehen; nie wie es wirklich ist.) (S. 140, Hervorhebung im Original.)

In diesem Text des frühen Cortázar zeichnet sich schon der Autor von *Rayuela* ab, der von Morelli sagt: „Es war unvermeidlich, dass ein Teil seines Werkes eine Reflexion über das Problem, es zu schreiben, darstellte" (*Rayuela*, S. 502), ein Text, der sowohl auf das Werk von Morelli als auch auf das Werk von Cortázar vorausweist. Aber „[e]s handelt sich nicht" – wie Etienne auf den Seiten von *Rayuela* sagt – „um ein Unternehmen zur Befreiung der Sprache":

> Die Surrealisten glaubten, dass die wahre Sprache und die wahre Realität zensiert und verdrängt würden durch die rationalistische und bürgerliche Struktur des Abendlandes. Damit hatten sie recht, wie jeder Dichter weiß, aber das war eben nur ein Augenblick im komplizierten Vorgang, die Banane zu schälen. Schließlich hat mehr als einer sie dann mitsamt der Schale gegessen. Die Surrealisten hängten sich an die Worte, anstatt sich gewaltsam von ihnen zu trennen, wie es Morelli, vom Wort ausgehend, tun möchte. Fanatiker des Worts im Reinzustand, frenetische Wahrsager, die sie waren, akzeptierten sie alles Beliebige, wenn es nur nicht zu grammatikalisch aussah. Sie hatten zu wenig Ahnung davon, dass die Schaffung einer ganzen Sprache, auch wenn sie am Ende den Sinn der Sprache aufhebt, unweigerlich die menschliche Struktur zeigt, ob es nun die eines Chinesen oder die einer Rothaut ist. Sprache bedeutet Aufenthalt in einer Realität, Erleben innerhalb einer Realität. Auch wenn es stimmt, dass die Sprache, die wir benutzen, uns verrät (und Morelli ist nicht der einzige, es in alle Winde zu rufen), genügt es nicht, sie von all ihren Tabus befreien zu wollen. Man muss sie neu leben, nicht neu beseelen. (*Rayuela*, S. 503 f.)

Das ganze Kapitel 99 von *Rayuela* ist ein Exkurs über das Wesen der Sprache und ein Erkennen ihrer Beschränkungen als Vorstufe zu dem, was laut Etienne Morelli unternahm, nämlich sie zu „zerschreiben" oder „zu zerstören" („Wozu taugt denn ein Schriftsteller, wenn nicht dazu, die Literatur zu zerstören?"; *Rayuela*, S. 504 f.). Dieses Unternehmen der „Zerstörung der Wörter" (wie Paz sagt) oder der „Zerstörung der Literatur" (wie Oliveira fordert) ist nichts anderes als ein Bemühen, sich den Dingen anzunähern, indem die alten Sprachen durch eine neue Sprache ersetzt werden, indem die gebräuchlichen Schlüssel abgeschafft werden, um einen neuen Code einzuführen. Wenn das Erkennen der Welt seit Nietzsche bedeutet, sie benennen zu können, folgt daraus, dass die Sprache zu einem Zugangsweg zur Realität wird und dass eine schon kodifizierte Sprache uns unweigerlich zu einer Realität führt, die bereits durch diese Sprache konfiguriert ist. Es versteht sich außerdem, dass, um zu „einer letzten Bedeutung des Lebens und des Menschen" zu gelangen, „um das Recht zu erlangen [...], von neuem das Haus des Menschen mit dem rechten Fuß zu betreten" (*Rayuela*, S. 503), es notwendig wäre, eine neue Sprache zu prägen, selbst wenn die Worte, wie umgeschmolzenes Metall, die gleichen wären wie im alten Code. Gemäß diesem Code ist *Kopfschmerz* nichts anderes als „ein brutaler Schmerz im Kopf", ein abgenutztes Zeichen, das den Gegenstand durch ein Symbol ersetzt. „Kopfschmerz", die Erzählung Cortázars, ist ein Versuch, zum Objekt zurückzukehren, es mittels einer neuen Sprache „wiederzubeleben", oder wie es in *Rayuela* heißt: „Man kann nicht die Sprache neu leben wollen, wenn man nicht damit anfängt, nahezu alles, was unsere Realität ausmacht, intuitiv auf andere Weise zu erfassen. Vom Sein zum Wort, nicht vom Wort zum Sein" (*Rayuela*, S. 504). Die Vorstellung, die „Kopfschmerz" erzeugt, besticht uns als fantastische Erzählung, weil wir sie mit dem Vorverständnis einer Sprache lesen, die der Text zu überwinden trachtet. Die Metaphern der Mancuspien konstituieren eine neue Sprache, obwohl sie noch immer von den alten Kunstgriffen abhängt („*So als* würde dies, *so als* würde das"), und mit dieser neuen Sprache beginnt ein neues Spiel, das seine Pforten dem Humor, der Fantasie und einer intensiveren Wahrnehmung ihres Gegenstandes öffnet.

„Geräusche", „Kaninchen", „Mancuspien" sind in den drei Erzählungen äußerst aggressive Instanzen und belagern einen geschlossenen Raum: In den ersten beiden Erzählungen Haus und Wohnung; in „Kopfschmerz" gibt es zwei Räume: die Höfe und das Haus. Wie die Geräusche in „Das besetzte Haus", die bis zur endgültigen Vertreibung der Geschwister das Haus heimsuchen, und die Kaninchen in „Brief an ein Fräulein in Paris", die sich bis zur Vernichtung des Erzählers rasant vermehren, drohen in „Kopfschmerz" die Mancuspien in das Haus einzufallen: „Wir müssen unsere Stimme überanstrengen, um uns bei dem Lärm der Mancuspien zu verstehen, wieder vermeinen wir sie nah am Haus, im Dachstuhl, an den Fenstern kratzend, an den Türstürzen" (S. 145). Von der figurativen Sprache zur wortwörtlichen, vom Vehikel zum Tenor: „Etwas Lebendiges geht im Kopf im Kreis umher. (Dann ist das Haus unser Kopf, wir fühlen, wie es umkreist wird, jedes Fenster ist ein Ohr für das Geheul der Mancuspien dort draußen.)" (S. 145)

Im Unterschied zu den beiden vorigen Erzählungen, gibt es in „Kopfschmerz" keine dramatische Auflösung: Die Mancuspien, die „an den Fenstern [...], an den

Ohren" (S. 146) heulen, und schon einige Seiten zuvor zu sterben anfingen, sterben auch weiterhin bis zu den letzten Zeilen der Erzählung. Auch gibt es in „Kopfschmerz" keine narrativen Glieder wie in „Das besetzte Haus" und in „Brief an ein Fräulein in Paris"; die räumliche Progression fehlt ebenso wie die temporale. In den beiden ersten Erzählungen ist *c* („Geräusche", „Kaninchen") das metaphorische Glied, das den (realistisch anmutenden) Rest der Erzählung kontaminiert und ihn als großangelegte Metapher reorganisiert. In „Kopfschmerz" funktioniert die gesamte Erzählung als eine Metapher: Es gibt keine Zwischen- oder Übergangsglieder. Die Mancuspien tauchen in den ersten Zeilen der Erzählung auf – „Wir versorgen die Mancuspien bis zum späten Abend [...]" (S. 133) – und verlassen den Text bis zu seinem Ende nicht mehr. Das Fremdartige bricht nicht plötzlich in die Geschichte ein: es ist *terra firme* der gesamten Erzählung. *C* hat sich vom Glied, das den Konflikt generiert, zu einer Omnipräsenz verwandelt, die die gesamte Erzählung umfasst: ein transgredierender, von metaphorischer Sprache angefüllter Text vom Anfang bis zum Ende. Die Geräusche in „Das besetzte Haus" und die Kaninchen in „Brief an ein Fräulein in Paris" dringen in einen Raum ein, der von einem realistischen Code (das Haus, die Wohnung) bestimmt wird; in „Kopfschmerz" sind die Mancuspien schon von Anfang an präsent – in einem Raum, der nur als eine Metapher existiert, dessen Realität ausschließlich auf Sprache beruht. Daher ist, wenn es in „Kopfschmerz" überhaupt einen Konflikt gibt – eine den Geräuschen und Kaninchen in den vorherigen Erzählungen vergleichbare Übertretung –, dieser Konflikt auf eine linguistische Transgression zurückzuführen: Die figurative Sprache „verdrängt" und beseitigt die bezeichnende Sprache, nicht nur in einem der narrativen Glieder, sondern im gesamten Text: Die Höfe, die Mancuspien und das Haus sind von Anfang an Attribute der Figuration, ihr entspringen sie und durch sie existieren sie. Die verletzte Ordnung in „Kopfschmerz" ist die Ordnung einer geschlossenen Sprache (*Kopfschmerz, m., auch: Kephalgie, aus dem gr. kephalê, Kopf. Med.* Schmerzempfinden im Bereich des Kopfes), die einer Sprache weicht, „die anstrebt [...], die geistigen Gewohnheiten des Lesers aufzubrechen" (*Rayuela*, S. 506). Eine Sprache, die in das Lexikon eindringt, um seine Regeln zu übertreten und zu verletzen, aber auch um die Grenzen ihres Einflussbereichs zu erweitern. Eine Sprache, die eine neue Ordnung begründet und die durch den Konfliktzustand mit der geschlossenen Ordnung der Alltagssprache zu Konfrontation, Substitution und Neugestaltung gezwungen ist. In „Das besetzte Haus" und „Brief an ein Fräulein in Paris" sind wir nach wie vor im Territorium des Pferdes, das vom Einhorn bedroht wird; in „Kopfschmerz" gründet das Einhorn sein eigenes Reich.

IV „Omnibus"

„Omnibus" ist, wie schon „Das besetzte Haus", um ein Schweigen herum konstruiert. Die Feindseligkeit der Fahrgäste und des Wachmanns und später die Ag-
gressivität des Fahrers gegen die einzigen beiden Fahrgäste ohne Blumen erklärt
sich im Text durch die Sonderrolle von Clara und ihrem Begleiter, auch wenn
ihre Sonderstellung nicht bewusst herbeigeführt wird, sondern reinem Zufall
entspringt. Clara und ihr Begleiter verletzen unfreiwillig einen Zustand der Uni-
formität:

> „Glauben Sie, dass alle...?" „Alle", sagte Clara. „Es fiel mir schon auf, als ich einstieg. Ich
> bin in der Nogoyá Ecke Avenida San Martín eingestiegen, und fast gleich habe ich mich
> umgedreht und gesehen, dass alle, alle..."[57]

Warum ist es ein Vergehen, in einem Bus, in dem alle Fahrgäste Blumen bei sich
haben (da Sonntag ist und der Friedhof eine der Haltestellen der Route ist), selbst
keine dabeizuhaben? Weil sie gegen eine Ordnung verstoßen, auch wenn dieser
Verstoß rein zufällig passiert:

> Clara war zum Weinen zumute, es saß ihr im Hals, sie hätte können, aber es war unnütz.
> Ohne dass sie nachdachte, war ihr bewusst, dass alles seine Richtigkeit hatte, dass sie
> in einem 168er fuhr, der, von einem weiteren Fahrgast abgesehen, leer war, und wenn
> ihr etwas daran nicht passte, brauchte sie bloß zu klingeln und an der nächsten Ecke
> auszusteigen. Doch alles war gut so; das einzige, was sich erübrigte, war der Gedanke,
> auszusteigen, von dieser Hand sich zu lösen, die die ihre erneut gedrückt hatte. (S. 128)

Das erste, was Clara und ihr Begleiter nach dem Verlassen des Busses tun werden, ist, Blumen zu kaufen und anschließend ihren Weg fortsetzen, jeder mit
seinem Strauß. Sie sind keine Rebellen, sondern nur zerstreute Unschuldige, die
in ihrer Naivität eine Ordnung offenlegen, die keine Abweichung oder Ausnahme toleriert, sei sie auch unbeabsichtigt. Wie die „Geräusche" in „Das besetzte
Haus" bedeuten die Blumen etwas anderes; wir wissen aber nicht was, daher ihr
metaphorisch-hyperbolischer Charakter: Metapher, wenn der Verweis auf ein
anderes Objekt oder eine andere Situation besteht, Hyperbel (Karikatur), wenn
diese von allen akzeptierte Ordnung derart missbräuchlich starr ist, dass die ein-

---

57 Julio Cortázar: „Omnibus", in: ders.: *Die Nacht auf dem Rücken. Erzählungen Bd. I,*
übers. v. Rudolf Wittkopf u. Wolfgang Promies, Frankfurt a. M.: Suhrkamp 1998, S. 129.
Die folgenden Zitate beziehen sich auf diese Ausgabe und werden direkt im Text durch
Angabe der Seitenzahl nachgewiesen.

fache Tatsache, keine Blumen zu haben, während alle welche dabeihaben, ein verwerfliches Vergehen darstellt.

In den Jahren des Peronismus geschrieben, könnte „Omnibus" unter anderem auf die Intoleranz des peronistischen Regimes anspielen. Cortázar sagte über diesen Abschnitt seines Lebens:

> In den Jahren 1944–1945 nahm ich an politischen Kämpfen gegen den Peronismus teil und als Perón die Präsidentschaftswahlen gewann, zog ich es vor, meinen Lehrstuhl (an der Universidad de Cuyo) aufzugeben, bevor ich mich dazu gezwungen sah, „das Sakko abzulegen", wie es später vielen meiner Kollegen widerfuhr, die sich zunächst dafür entschieden hatten, ihre Stellen zu behalten.[58]

Aber „das Sakko ablegen" oder „Blumen dabeihaben" sind nicht im Sinne von diesem oder jenem spezifischen Akt bezeichnend, sondern weil sie ein repressives System aufzeigen. Für Cortázar bedeutete, „bloß zu klingeln und an der nächsten Ecke auszusteigen", der Verzicht auf seinen Lehrstuhl. Die Bedeutung von „Omnibus" jedoch, mag die Erzählung auch durch eine besondere, persönliche Situation entstanden sein, ist nicht auf diese rückführbar, sondern auf den Text selbst – und vom Text aus gesehen ist die Tatsache, Blumen zu haben oder nicht zu haben, eine Metapher mit vielen möglichen Tenoren.

Wie in den vorigen Erzählungen verletzt der Umstand, keine Blumen dabeizuhaben, eine geschlossene Ordnung und entspricht einer ähnlichen Struktur:

„Das besetzte Haus"	Haus	Geschwister	Geräusche	Verstoßung
„Brief an ein Fräulein in Paris"	Wohnung	Erzähler	Kaninchen	Selbstmord
„Kopfschmerz"	Haus	Kopf	Mancuspien	Tod der Mancuspien
„Omnibus"	Omnibus	Fahrgäste mit Blumen	Fahrgäste ohne Blumen	Kauf von Blumen

Sie unterscheidet sich im Vergleich zu den beiden ersten Erzählungen und stimmt mit der dritten überein, zumindest im letzten der narrativen Glieder: die Mancuspien, die in das Haus einzufallen drohen, sterben vor Hunger und die Fahrgäste, die keine Blumen haben, kaufen schlussendlich welche. Doch die Bedrohung durch die Mancuspien und der unbeabsichtigte Akt der blumenlosen Fahrgäste reichen aus, um eine Ordnung zu bestimmen (eine Ordnung der Gesundheit im ersten, der Unterwerfung im zweiten Fall).

---

58 Harss: *Los nuestros*, S. 262.

V „Die Pforten des Himmels"

In „Die Pforten des Himmels" ist ein eigentlich fantastisches Element nicht vorhanden, außer in einer vagen Vorahnung des Erzählers, dass die tote Celina anwesend sei, hier, auf diesem Ball des Santa Fe Palace, zwischen „den Monstren"[59], da „[j]ede dieser Schwarzen [...] mehr Ähnlichkeit mit Celina gehabt haben [könnte], als sie selbst in diesem Augenblick" (S. 175). Die kunstfertige Verschleierung des Wiedersehens mit Celina hat dennoch eine ähnliche Funktion wie die narrative Einheit *c* der vorigen Erzählungen: Sie trägt zur kartografischen Erfassung einer verletzten Ordnung bei. Wie die blumenlosen Fahrgäste und die Mancuspien aus „Kopfschmerz" kehrt die Erscheinung der stets flüchtigen Celina im Santa Fe zurück in „ihr[en] hart errungene[n] Himmel" und restituiert eine verletzte Ordnung:

> Nichts Hemmendes gab es jetzt für sie in ihrem ihr allein gehörenden Himmel, sie überließ sich mit Leib und Seele dem Glück und *trat wieder in die Sphäre ein*, wohin Mauro ihr nicht folgen konnte. (S. 175, Hervorhebung von Alazraki)

Celina gehört einer Ordnung an, die in der Erzählung in Form „der Milonga des Griechen Kasidis" und der „Hölle eines japanischen Lustgartens" Gestalt gewinnt, und Mauro, der „Pächter des Alabasto", entreißt sie dieser Ordnung. Doch

> [m]it Mauro zu gehen, war ein Fehler gewesen. Sie hielt durch, weil sie ihn liebte und er sie aus Kasidis' Schmiere herausgeholt hatte. Mit der Promiskuität und den Gläschen Zuckerwasser zwischen den ersten Stößen gegen das Knie [...].
> [Celina] hatte auf ihre Milongaseligkeit und ihre glühende Vorliebe für Anislikör und kreolische Walzer verzichtet. Sich gleichsam bewusst verurteilend, Mauro und Mauros Leben zuliebe, nur leis auf ihn einwirkend, daß er sie manchmal zu einem Tanzvergnügen mitnehme. (S. 172)

Celinas Verzicht birgt einen ähnlichen narrativen Motor wie die Verstoßung der beiden Geschwister in „Das besetzte Haus": Die beiden Geschwister werden durch die Geräusche von innen heraus vertrieben; Mauro zwingt Celina von außen, einen Bereich zu verlassen, der zugleich physischer Raum (die Milonga von Kasidis) und eine Lebensnotwendigkeit (Prostitution) für Celina ist. Doch sind sowohl die „Geräusche" als auch Mauro externe Faktoren, d. h. Eindringlinge. In „Die

---

59 Julio Cortazar: „Die Pforten des Himmels", in: ders.: *Die Nacht auf dem Rücken. Erzählungen Bd. 1*, übers. v. Rudolf Wittkopf u. Wolfgang Promies, Frankfurt a. M.: Suhrkamp 1998, S. 172. Die folgenden Zitate beziehen sich auf diese Ausgabe und werden direkt im Text durch Angabe der Seitenzahl nachgewiesen.

Pforten des Himmels" gibt es einen Grad an narrativer Explizität und Motivation, der in „Das besetzte Haus" fehlt, da letztere als eine Metapher mit vielen Tenoren funktioniert, während sich erstere einem realistischen Modell annähert. Nur sehr wenig bleibt unerklärt in „Die Pforten des Himmels"; sogar das Detail der Erscheinung von Celina im letzten Teil der Erzählung wird vom Erzähler erläutert: „Ich sah ihn aufstehen und wie ein Betrunkener auf der Tanzfläche herumgehen, die Frau suchend, die Celina ähnelte" (S. 176).

In „Das besetzte Haus" dagegen entwirft die narrative Präzision eine auf Ambiguität gründende Metapher; ihre Bedeutung ist nicht im Text, sondern hinter ihm. Die beiden Texte sind von unterschiedlichen Erzählweisen bestimmt, die die von Auerbach eingeführte Charakterisierung des homerischen und des biblischen Erzählstils in Erinnerung rufen. In ersterem sieht man

ausgeformte, gleichmäßig belichtete, ort- und zeitbestimmte, lückenlos im Vordergrund miteinander verbundene Erscheinungen; ausgesprochene Gedanken und Gefühle; mußevoll und spannungsarm sich vollziehende Ereignisse.[60]

Im zweiten dagegen,

wird nur dasjenige an den Erscheinungen herausgearbeitet, was für das Ziel der Handlung wichtig ist, der Rest bleibt im Dunkel; die entscheidenden Höhepunkte der Handlung werden allein betont, das Dazwischenliegende ist wesenlos; Ort und Zeit sind unbestimmt und deutungsbedürftig; die Gedanken und Gefühle bleiben unausgesprochen, sie werden nur aus dem Schweigen und fragmentarischen Reden suggeriert; das Ganze, in höchster und ununterbrochener Spannung auf ein Ziel gerichtet, und insofern viel einheitlicher, bleibt rätselvoll und hintergründig.[61]

Und auf die gleiche Weise, wie „man Homer analysieren, aber nicht deuten kann", widersetzt sich die Erzählung „Die Pforten des Himmels" wie jeder Text, der einem realistischen Modell folgt, der Interpretation, weil die Narration selbst schon ihre eigene Interpretation enthält.

Im biblischen Modell dagegen gibt es wie in „Das besetzte Haus" eine Lehre, die zur Interpretation einlädt; mehr noch: Diese „Lehre" ist

unlösbar mit der Sinnlichkeit der Erzählung verbunden [und] freilich auch ständig in Gefahr, die eigne Wirklichkeit zu verlieren, wie es alsbald geschah, als die Deutung so überwucherte, dass sich das Wirkliche zersetzte.[62]

---

60 Erich Auerbach: *Mimesis. Dargestellte Wirklichkeit in der abendländischen Literatur*, 10. Aufl., Tübingen u. Basel: Francke 2001, S. 13 f.
61 Ebd., S. 14.
62 Ebd., S. 15 f.

Doch während die biblische Geschichte eine Lehre enthält und ihr Ausdruck verleiht, die in kohärenten und diskursiven Begriffen formulierbar ist, wehrt „Das besetzte Haus", wie jede neofantastische Metapher, die Formulierung einer eindeutigen Lehre, einer exklusiven Interpretation ab. Die einzig mögliche Formulierung einer Deutung, auf die die Erzählung reagiert, ihre ultimative Bedeutung, ist die Erzählung selbst. Borges hat festgestellt, dass,

> [w]enngleich es unmöglich ist, in das göttliche Schema des Universums einzudringen, [...] wir doch nicht darauf zu verzichten [brauchen], menschliche Schemata zu erdenken, auch wenn uns klar ist, dass sie provisorisch sind.[63]

In ähnlicher Weise hat auch die Unmöglichkeit, die Bedeutungen der neofantastischen Bilder zu entschlüsseln, ihre unablässige Interpretation keineswegs unterbunden und wird sie auch nicht aufhalten, selbst wenn diese Interpretationen die einzige „Realität" der Erzählung, ihren Text, auflösen, um sie durch eine Übersetzung auszutauschen.

Insofern scheint verständlich, dass sehr wenige von denen, die Cortázars Erzählungen untersuchten, sich mit dem Versuch einer Interpretation von „Die Pforten des Himmels" aufhielten: Der Text selbst enthält bereits seine eigene Interpretation. Der Erzähler erklärt in der Erzählung, was Mauro, der Protagonist, nicht verstehen kann: dass diese Hölle, in der Celina lebte und der Mauro sie entriss, für sie ihr Himmel war. Das ist die Bedeutung der letzten narrativen Einheit, die die Erzählung abschließt: Der Erzähler und Mauro kehren in diese von Monstern bewohnte Hölle, das Santa Fe, zurück, um sie zum ersten Mal durch Celinas Augen zu sehen und zu verstehen, dass für sie – und für andere wie sie – diese Spelunke das Paradies *ist*: „Ich war soweit bei Verstand, um die Verheerung ihres Glücks zu ermessen, ihr verzücktes und blödes Gesicht in dem endlich erlangten Paradies" (S. 175).

Die Anwesenheit Celinas ist hier metaphorisch („Celina war dort, ohne dort zu sein, natürlich, wie das in dem Augenblick begreifen" (S. 175)), obgleich sie zeitweise die Aura einer historischen Gegenwart annimmt: „[A]uf der rechten Seite, aus dem Rauch hervorkommend und auf den leichten Druck ihres Begleiters hin sich drehend, stand Celina" (S. 175). Ihre metaphorische oder metonymische Erscheinung („[j]ede dieser Schwarzen könnte mehr Ähnlichkeit mit Celina gehabt haben, als sie selbst in diesem Augenblick" (S. 175)), ihr Wiederauftauchen im

---

63 Jorge Luis Borges: „Die analytische Sprache von John Wilkins", in: ders.: *Gesammelte Werke. Der Essays dritter Teil*, übers. v. Karl August Horst u. Gisbert Haefs, hg. v. Gisbert Haefs u. Fritz Arnold, München: Hanser 2003, S. 112 f.

letzten narrativen Glied, hat eine klare Funktion: Celinas Tod ist der ultimative Preis für ihre Freiheit und für die Rückkehr in ihr verlorenes Paradies.

Strukturell ist „Die Pforten des Himmels" komplexer als die vorherigen Erzählungen. Es gibt zwei narrative Räume: die Totenwache in Mauros Zuhause und der Ball im Santa Fe. Das Grundgerüst der Erzählung – die Geschichte von Mauro und Celina und ihre Freundschaft mit dem Erzähler – spielt im ersten Raum, allerdings in Form eines fragmentierten *flashbacks* im Bewusstsein des Erzählers während der Totenwache. Als sich Mauro und der Erzähler zum zweiten Mal treffen, sind wir wieder in der erzählten Gegenwart und diese Zeitspur wird im zweiten Raum bis zum Schluss linear fortgesetzt, mit nur einer kurzen Überleitung (im Haus von Mauro und in einem Café in Palermo). Der Konflikt, der sich im letzten Teil der Erzählung auflöst, ist nicht Celinas Tod, sondern die Wiederherstellung einer Ordnung, die durch die Hochzeit Celinas vorübergehend aufgehoben war.

> Diesen ganzen Morgen hatte ich an Celina denken müssen – sagt der Erzähler am Ende des ersten Teils –, nicht dass mir ihr Tod besonders nahegegangen wäre, es war eher *die Suspendierung einer Ordnung*, einer notwendigen Gewohnheit. (S. 167, Hervorhebung von Alazraki)

Und am Ende des zweiten Teils fügt der Erzähler wiederum hinzu:

> Nichts Hemmendes gab es jetzt für sie in ihrem ihr allein gehörenden Himmel, sie überließ sich mit Leib und Seele dem Glück und *trat wieder in die Sphäre ein*, wohin Mauro ihr nicht folgen konnte. Es war ihr hart errungener Himmel [...]. (S. 175, Hervorhebung von Alazraki)

Die Erzählung beschreibt also eine Ordnung (Celinas Leben als Prostituierte), deren Verletzung (Celinas und Mauros Hochzeit), die imaginäre Wiederherstellung dieser Ordnung (Celinas Tod) und die Erkenntnis dieser Restitution (der Ball im Santa Fe und Celinas Erscheinung). Die beiden ersten Glieder laufen in der psychologischen Zeit des Erzählers ab; die beiden letzten in der narrativen Gegenwart.

VI „Circe"

Der Titel „Circe" scheint anzudeuten, dass es sich bei der Geschichte um eine Nacherzählung des griechischen Mythos handelt. Durch Rauschmittel und Verzauberung verwandelt Kirke, Tochter des Helios und der Nymphe Persephone, die Menschen in Wölfe und Löwen, mit denen sie ihren Palast auf der Insel Aiaia umgibt. Dort besuchte sie Odysseus mit seinen Gefährten, welche die Zauberin in Schweine verwandelt, der Held jedoch, beschützt von Kräutern, die er von Hermes erhielt, zwingt sie, ihnen ihre ursprüngliche Gestalt zurückzugeben. Odysseus blieb ein Jahr auf der Insel der Kirke; und als er den Willen zur Rückkehr nach Ithaka verspürt, erklärt ihm die Hexe, wie er den Gefahren der Heimreise entgehen könnte. Soweit der wunderbare Einschub der *Odyssee*.

Zwischen dieser Geschichte und Cortázars Erzählung liegt eine ähnliche Distanz wie derjenigen zwischen der Literatur des Wunderbaren und dem Genre der Fantastik. Streng genommen geben die Geschichten von Kirke und von Delia Mañara ein gutes Beispiel ab, wie die wunderbare Erzählung im Gegensatz zur fantastischen funktioniert. Der Hintergrund der ersten ist eine Welt, in der das Wunderbare die Norm darstellt; in der zweiten evoziert alles unsere eigene Realität – eine Welt, allzu kohärent und wachsam regiert von einer realistischen Konzeption der Naturwissenschaften, als dass die Willkür des Wunderbaren eindringen könnte. Doch, wie wir schon gesehen haben,[64] ist diese irreversible Kausalität, die die realistische Erzählweise beherrscht, auch die Voraussetzung der fantastischen Erzählung: „[Das Fantastische] ist das Unmögliche, das unerwartet in einer Welt auftaucht, aus der das Unmögliche per definitionem verbannt worden ist."[65]

Cortázars Text ist von einem Buenos Aires durchdrungen, das im Jahr 1923 den Boxkampf zwischen Firpo und Dempsey im Radio verfolgte, darüber Tränen vergoss und dabei selbst ziemlich nahe dran war, in purer Nostalgie zu ertrinken. Die Verlobung von Mario und Delia ist das Kernthema der Erzählung und außerdem eine weitere Momentaufnahme einer Stadt, deren Rhythmus die Erzählung heraufbeschwört: Die Sonntage in Palermo, die Konditoreien auf der Rivadavia, die Bänke auf dem Plaza Once. In diesem alltäglichen und familiären Buenos Aires erscheint Delia Mañara (Kirke) genauso natürlich und zugehörig wie der Detektorempfänger der Mañaras und das ‚Munich' an der Ecke Cangallo und Pueyrredon. Aber zusammen mit dieser Natürlichkeit, dieser wiedererkennbaren

---

64 Siehe Kapitel 1 im ersten Teil der vorliegenden Untersuchung.
65 Caillois: „Das Bild des Phantastischen", S. 46.

145

und in ihrer Alltäglichkeit festgenagelten Welt, umgibt sie eine Sphäre, die genü-
gend zweideutig und beunruhigend ist, um den Leser für einen Moment stutzen
zu lassen: Hat Delia ihre beiden Verlobten ermordet, wie man im Viertel munkelt,
oder handelt es sich nur um einen Zufall? Gibt es irgendeine Verbindung zwischen
diesen Toden und Delias Vorliebe für Liköre und Pralinen? Was hat es damit
auf sich, als Mario eine Kakerlake in einer von Delia bereiteten Praline findet?
Bestätigt dies die Gerüchte? Und schließlich: Überlebt Mario Delias kandierten
Zauber? Diese Fragen prägen die Rezeption der Erzählung und der Text weigert
sich, explizite und definitive Antworten zu geben; vergleichbar mit der Geschichte
„Die Affenpfote" von W. W. Jacobs, in der die Erfüllung der drei Wünsche ein
Wunder ist, ausgeführt von den magischen Kräften der Affenpfote, und gleichzeitig eine Reihe sonderbarer Zufälle, was die ständige Gegenwart der Affenpfote
in eine Sphäre wachsender Ambiguität hüllt, nahe dem Wunder oder der Magie.
Auch „Circe" oszilliert zwischen Zufall und Zauberei, da es darum geht, eine rationale Ordnung zu durchbrechen, ohne sie zu brechen, die realistische Kohärenz
der Erzählung zu verletzen, ohne ihre Wahrscheinlichkeit aufs Spiel zu setzen. Um
diese tückische Balance aufrecht zu erhalten, ohne vom Seil zu fallen, greift die
Erzählung auf jene Kunstgriffe zurück, auf die sich die fantastische Erzählweise
stützt, genauso wie die Zauberkunst auf dem technischen Geschick des Magiers
beruht. Der Titel ist eine erste Anspielung, aber der ganze Text ist mit ähnlichen
Finten durchzogen, die den doppelten Boden verschleiern, von dem die Magie
ausgeht – eine Taube, ein Kaninchen, ein Taschentuch mit sieben Farben. Wenn
beispielsweise erzählt wird, dass „[e]ine Katze [...] Delia [folgte], alle Tiere waren
ihr stets gefügig, man wusste nicht, ob es Liebe war, oder ob sie eine geheime
Macht über sie besaß, sie umstrichen sie, ohne daß Delia sie beachtete",[66] zeigt sich
in solchen Aussagen gleichzeitig eine Vorder- und eine Rückseite: „Liebe" oder
„geheime Macht", eine natürliche Tatsache oder ein übernatürlicher Akt. Wie ein
Katalysator korrigiert der Titel von außerhalb der Erzählung das unvermeidliche
Ungleichgewicht, das die realistische Textur ihm aufzwingt. Die Anhänglichkeit
der Tiere an Delia ist ein Detail, das, ohne den realistischen Code der Erzählung
zu verletzen, durch den Widerschein modifiziert wird, der vom Titel ausgeht und
der dem Text eine zweite Bedeutung unterlegt: die Verwandlungen, die Kirke in
der griechischen Mythologie betreibt, verunreinigen die wahre Beziehung von
Delia zu den (Haus-)Tieren:

---

66 Julio Cortázar: „Circe", in: ders.: *Die Nacht auf dem Rücken. Erzählungen Bd. 1*, übers. v.
Rudolf Wittkopf u. Wolfgang Promies, Frankfurt a. M.: Suhrkamp 1998, S. 148 f. Die
folgenden Zitate beziehen sich auf diese Ausgabe und werden direkt im Text durch
Angabe der Seitenzahl nachgewiesen.

Mario hatte einmal bemerkt, daß ein Hund vor ihr zurückwich, als Delia ihn streicheln wollte. […] Ihre Mutter erzählte, daß Delia als kleines Mädchen mit Spinnen gespielt hatte. […] Und die Schmetterlinge setzten sich ihr aufs Haar […]. (S. 149)

Auch Delias sonderbare Hingabe bei der Zubereitung von Likören und Pralinen ist eine Tatsache, die, wie ihre Beziehung zu Tieren, unberechtigtes Misstrauen säen mag und als Vorausdeutung oder vorbereitender Akt eines ungewöhnlichen Ereignisses gelesen werden könnte. Diese und andere Details (die Gerüchte darüber, wie die beiden Verlobten Delias gestorben sind, ihre Art die Pralinen zu begutachten – „wie eine winzige Maus zwischen Delias Fingern […], [die] die Nadel verletzte" (S. 152) –, die minuziöse und „alchemistische" Zubereitung der Liköre und ihre langwierigen und aufwendigen Experimente mit den Pralinen, die Zeremonien, wenn es ans Probieren geht, die Hinweise auf Kakerlaken, der farbige Fisch, der Heiratsantrag, die Unbekannten, Delias Zustand der Unruhe bis zur letzten Szene im Saal) werden nicht einfach nur vermerkt: Sie bilden eine Abfolge und deuten auf subtile Weise ein gemeinsames Ziel an – die ungewöhnliche Lösung, den Bruch einer unverletzlichen Ordnung. Aber wie jede gute fantastische Erzählung lässt „Circe" nicht einfach eine absolute Antwort zu. Der Text erklärt Delias letzten Schabernack, mit Kakerlaken gefüllte Pralinen, aber handelt es sich wirklich nur um einen Streich oder ist es ein Hinweis, der die Warnungen der Unbekannten bestätigt? Es ist beides, denn auch wenn sich die ganze Erzählung auf eine unglaubliche Auflösung ausrichtet, ist das Ende von „Circe" eine Bestätigung jener Ordnung, die die einzelnen Details der Erzählung immer wieder zu verletzen versuchen: den möglicherweise psychotischen Zustand Delias. Deshalb funktioniert „Circe" eher nach einem Mechanismus, der im fantastischen Genre vorherrscht, statt der neofantastischen Poetik zu folgen, die eine Metapher präsentiert, die eine nur durch diese Metapher darstellbare Ordnung bestimmt. Erstens weil in „Circe" wie in jeder fantastischen Erzählung, der Zustand der Zauberin Delia ein Zögern hervorruft zwischen dem Bruch einer kausalen Ordnung (das Wunderbare) und der Fortdauer dieser Ordnung, die nur in der erregten Einbildungskraft des Lesers gebrochen wurde (das Unheimliche);

> entweder handelt es sich um eine Sinnestäuschung, ein Produkt der Einbildungskraft, und die Gesetze der Welt bleiben, was sie sind, oder das Ereignis hat wirklich stattgefunden, ist integrierender Bestandteil der Realität. Dann aber wird diese Realität von Gesetzen beherrscht, die uns unbekannt sind. […] Das Fantastische liegt im Moment der Ungewissheit; sobald man sich für die eine oder die andere Antwort entscheidet, verlässt man das Fantastische und tritt in ein benachbartes Genre ein, in das des Unheimlichen oder das des Wunderbaren.[67]

---

67 Todorov: *Einführung in die fantastische Literatur*, S. 26.

Oder in der Definition von Vladimir Soloviov:

> Beim wirklichen Fantastischen bleibt die äußerliche und formale Möglichkeit einer einfachen Erklärung der Erscheinungen stets gewahrt; zur gleichen Zeit ist diese Erklärung jedoch bar jeder inneren Wahrscheinlichkeit.[68]

Zweitens weil das gesamte narrative Material in „Circe" in einer ansteigenden Kurve organisiert ist, auf der jedes Detail eine Vorbereitungsstufe darstellt, um den Argwohn und die Unsicherheit des Lesers zu verstärken, in Erwartung eines Bruchs, der entsteht, ohne explizit zu werden. Diese ansteigende Entwicklung der Erzählung erzeugt eine intensivere Spannung als in einer nicht-fantastischen Erzählung, da sie nach einer Ordnung der regulierten Steigerung konstruiert ist. Sie will den Widerstand des Lesers überwinden, bis seine Skepsis gebrochen ist, und ihn zwingen, in seiner Fantasie das ungewöhnliche Ereignis selbst zu erzeugen, oder es aus den verschleierten Andeutungen des Textes zu akzeptieren. Jedes dieser vom Erzähler in „Circe" präsentierten Details wirkt wie ein Zusatz zu einer stetig aufgeschobenen Lösung. Jeder Aufschub erzeugt im Leser einen Effekt, den alle, die das fantastische Genre untersucht haben, als ihr distinktives Merkmal bestimmt haben: Angst. Für Caillois ist das Fantastische „ein Spiel mit der Angst [des Lesers] [...]. Wenn [...] das Wunder Angst hervorrufen musste, dann nur, weil die Wissenschaft es verbannt hatte: es war unzulässig und erschreckend geworden."[69] Man muss anmerken, dass, im Gegensatz zu den vorherigen Erzählungen aus *Bestiarium*, „Circe", in der ersten Lektüre versteht sich,[70] im Leser eine Unruhe hervorruft, die an Angst grenzt. Wir fürchten nicht so sehr, dass Marios Schicksal eine Wiederholung der tödlichen Schicksale von Delias beiden vorigen Verlobten sein würde, als vielmehr die Art und Weise, wie ihn dieses Schicksal ereilen wird. Die Angst erwächst dort, wo unsere Gewissheit ins Stolpern gerät.

Diese Merkmale, die das Fantastische definieren, finden sich in neofantastischen Erzählungen nicht. Es stellt sich kein Zögern ein: Der Erzähler von „Brief an ein Fräulein in Paris" spuckt *Kaninchen*; die beiden Fahrgäste in „Omnibus" werden angefeindet, weil sie keine *Blumen* haben; die *Mancuspien* in „Kopfschmerz" umrunden bedrohlich das Haus und sterben vor Hunger. Es gibt keine kontrollierte Steigerung zur ungewöhnlichen Lösung; das Ungewöhnliche geschieht in den ersten Zeilen der Erzählung mit der gleichen Natürlichkeit wie das

---

68 Zit. n. Todorov: *Einführung in die fantastische Literatur*, S. 26.

69 Caillois: „Das Bild des Phantastischen", S. 56; 48.

70 Wir spielen hier auf die Reaktion des impliziten Lesers an, den Todorov, wenngleich nicht in allen Fällen, mit dem Protagonisten der Geschichte identifiziert. Vgl. Todorov: *Einführung in die fantastische Literatur*, S. 76 f.

Alltägliche und die Spannung der Erzählung erreicht nicht die atemberaubende Intensität von „Circe". Zusammenfassend kann man feststellen, dass „Circe" im Gegensatz zu den vorherigen Erzählungen ein typisches Beispiel für den Diskurs des fantastischen Modells darstellt. Darüber hinaus ist „Circe", nach den Bemerkungen von Cortázar selbst, durch einen Zustand nervöser Reizbarkeit motiviert, der an Angst grenzt.

> Als ich „Circe" schrieb, erlebte ich eine Phase großer Erschöpfung in Buenos Aires, weil ich als Urkundenübersetzer zugelassen werden wollte, weshalb ich eine Prüfung nach der anderen ablegen musste. In dieser Zeit suchte ich von meiner Anstellung unabhängiger zu werden und einen Beruf zu ergreifen, der mich eines Tages nach Frankreich führen würde. Ich hatte die gesamte offizielle Laufbahn zum Urkundenübersetzer in acht oder neun Monaten zurückgelegt, was sich als ziemlich anstrengend erwies. Ich war ausgelaugt und begann neurotische Symptome zu entwickeln; nichts Schlimmes – mir wäre nicht eingefallen, einen Arzt aufzusuchen –, doch höchst unangenehm, weil mich diverse, zum Teil sehr absurde Phobien befielen. Ich bemerkte, dass, wenn ich aß, mich dauernd die Befürchtung plagte, in meinem Essen Fliegen oder Insekten zu finden. In einem Essen, das im Übrigen in meinem Haus zubereitet wurde und in das ich das vollste Vertrauen hatte. Doch ein ums andere Mal überraschte ich mich selbst dabei, vor jedem Bissen mit der Gabel darin herumzustochern. Dies gab mir die Idee zu der Erzählung, die Idee von verschmutzter Nahrung. Und als ich sie schrieb, übrigens nicht mit dem Gedanken daran zu genesen, entdeckte ich, dass sie wie ein Exorzismus gewirkt hat, da ich unmittelbar geheilt war.[71]

In „Brief an ein Fräulein in Paris" versuchte Cortázar, durch eine ähnliche Erfahrung ausgelöst, die Irrationalität dieser Phobien in der einzig möglichen Form darzustellen, die die Konzept- und Denotatslastigkeit der Sprache toleriert, nämlich als eine Metapher, die, ohne aus dem Zeichensystem der Sprache zu desertieren, eine zweite Sprache kreiert, durch die das Unausdrückbare (in der ersten Sprache) nun Ausdruck erhält (in der zweiten, auf der Metapher gründenden Sprache). In „Circe" dagegen wollte er etwas von dieser Furcht, die ihn während dieser Zeit in Form neurotischer Symptome überfiel, auf den Leser übertragen; seine eigenen Ängste in einem Text nachbilden, der jetzt den Leser auf die gleiche Weise aufrüttelt, wie jede fantastische Erzählung uns unerwartet in die Domäne des von der Angst bewohnten Ungewöhnlichen einführt. Wenn die Aufgabe der fantastischen Erzählung darin besteht, die alltägliche Trivialität in etwas Fremdartiges zu verwandeln, ohne jedoch die physischen Gesetze dieser ersten Realität willkürlich zu verletzen, dann sieht die neofantastische Erzählung von dieser progressiven Steigerung, die in der Angst mündet, ab und erlaubt,

---

71 Harss: *Los nuestros*, S. 269 f.

dass die realistischen und fantastischen Ebenen schon in den ersten Zeilen des Textes koexistieren. Streng genommen handelt es sich nicht um eine fantastische Ebene (da die Bedingung des Fantastischen ein magisches Ereignis ist, das hier ausbleibt), sondern um ein Element, das aus dem Kontext, in dem es normalerweise beheimatet ist, verschoben wird, um in ein fremdes Milieu einzubrechen, wodurch es jenen Kontrast erzeugt, der dazu verführt, es „fantastisch" zu nennen. Der Effekt des Wunderbaren in neofantastischen Erzählungen entsteht aus dieser Verschiebung, was das zufällige Zusammentreffen einer Nähmaschine und eines Regenschirms in Erinnerung ruft – den Vers Lautréamonts, der, wie der „köstliche Leichnam" (*cadavre exquis*) der Surrealisten, einen Bruch in der logischen Ordnung repräsentiert, einen Riss, durch den man undeutlich die Möglichkeit einer anderen Ordnung erahnen kann. In diesen Erzählungen gibt es weder feenhafte Wesen noch Werwölfe. Nichts Artifizielles oder Außerordentliches ist an den Kaninchen aus „Brief an ein Fräulein in Paris" oder dem Tiger in „Bestiarium" oder den Geräuschen aus „Das besetzte Haus"; es ist ihre Einmischung in eine Umwelt, der sie normalerweise nicht angehören, die Überraschung auslöst. Die neofantastische Erzähltechnik steht dem Ansatz des Surrealismus, der die Vereinigung zweier Entitäten vorschreibt, die sich vorher noch nie gegenübersahen, viel näher als den Verfahren, die die fantastische Literatur ausgebildet hat. Es ist bereits bekannt, dass diese surrealistische Technik ihre besten Schöpfungen in der Malerei hervorbrachte: eine Schlange, die aus einem Korb kommend sich nahe einem Grabmal aufrollt, wie auf dem Bild von Hokusaï, zu dem Marcel Brion bemerkte:

> Nichts ist hier, was nicht durchaus natürlich, ja gewöhnlich wäre; die alltäglichen Dinge haben die schlichte Robustheit von Gebrauchsgegenständen mit bescheidener und bestimmter Funktion; sie sind bar jeglichen Schattens und geheimer Tiefe. Der Hauch des Übernatürlichen strömt hier nicht aus den Gegenständen selbst, sondern aus ihren Zusammenhängen.[72]

Solch ein Zusammentreffen von Objekten, die vorher, in einer irreversiblen, von einer kausalen Messskala beherrschten Ordnung noch nie aufeinandertrafen, ist keine bloße Fingerübung mit dem Chaos oder ein Spiel mit dem Zufälligen, sondern eine Annäherungsbemühung an das Unbekannte durch das Vertauschen von kohärenten, logischen Assoziationen mit unvereinbaren Assoziationen. Dadurch wird es möglich, die Beschränkungen zu überwinden, die uns die verletzte Ordnung aufzwingt und sich hinüberzubeugen in Richtung einer Ordnung, die

---

72 Marcel Brion: *Jenseits der Wirklichkeit. Phantastische Kunst*, übers. v. Walter Grasspointer u. Ruth Varda-Kestranek, Wien u. a.: Hans Deutsch Verlag 1962, S. 240.

fantastisch anmutet, jedoch mit Bedeutungen überladen ist, die in der ersten Ordnung nicht ausdrückbar sind. Die Künstler dieser Malschule, die sich als „fantastischer Realismus" verstanden hat, wussten eines sehr genau:

> Die phantastische Atmosphäre dieser Szene wiederzugeben, in der nichts an sich Phantastisches geschieht, ist, wie Hokusaï sagt, tatsächlich schwieriger als das Malen von Ungeheuern und Phantomen; denn das Schwierigste ist gerade, an das innere Mysterium der Dinge heranzukommen, das Außergewöhnliche unter der Maske des Gewöhnlichen zu entdecken.[73]

Auf ähnliche Weise hat Cortázar vor der Unbekümmertheit gewarnt, die das Fantastische bedroht, sobald das „biedere[...] Weltliche[...] durch eine Art ‚full-time' des Phantastischen" verdrängt wird, oder auch wenn man die umgekehrte Operation durchführt und die Momente des Fantastischen „wie jähe, ephemere Keile in die feste Masse des Gewohnheitsmäßigen getrieben [werden]".[74] Im ersten Fall hört das Fantastische auf, solches zu sein, weil der Bruch der realistischen Ordnung zur Norm wird; im zweiten entspringt das Fantastische nicht aus dem Inneren der Erzählung: Es ist eine Ergänzung von außen, die es nie schafft, sich in die Gesamtheit der Erzählung zu integrieren. Die Schwierigkeit dagegen ist, beim Fantastischen anzulangen, indem man einer gewöhnlichen zeitlichen Entwicklung folgt:

> Lediglich die momentane Veränderung im regelmäßigen Ablauf verrät das Phantastische, aber das Außergewöhnliche muss ebenfalls zur Regel werden, ohne die gewöhnlichen Strukturen, in die es eingebrochen ist, zu verändern.[75]

Wenn die Technik der Neofantastik darin besteht, Wesen oder Dinge aus ihrer natürlichen Umgebung zu entfernen, um sie in einen fremden Kontext einzugliedern, so ist die Wirksamkeit dieser Technik von der Meisterschaft abhängig, mit der diese Wiedereingliederung vorgenommen wird. Nichts Außergewöhnliches liegt in den Kaninchen aus „Brief an ein Fräulein in Paris", die sich genauso verhalten wie alle gewöhnlichen Kaninchen, und auch mit der Wohnung in der Calle Suipacha hat es nichts Außergewöhnliches auf sich. Das Außergewöhnliche ist ihr Zusammentreffen, wobei keiner der beiden Assoziationsbegriffe die Wahrscheinlichkeit, die Daseinsberechtigung des anderen aus- oder aufhebt und ihre Verbindung eine metaphorische Entlastung generiert, durch die sich der indi-

---

73 Ebd., S. 240–241.
74 Julio Cortázar: „Die Kurzgeschichte und ihr Umfeld", in: ders.: *Letzte Runde*, übers. v. Rudolf Wittkopf, Frankfurt a. M.: Suhrkamp 1984, S. 36 f.
75 Ebd., S. 36.

viduelle Wert jedes einzelnen Verbindungsglieds modifiziert und Bedeutungen erschafft, die über ihre reine Wortwörtlichkeit hinausgehen.

Auch in der Malerei ist das Fantastische, das durch Vertauschung und Wiedereingliederung entsteht, vergleichbaren Bedingungen unterworfen:

> Es braucht gar nicht so weit zu kommen, dass einem die in den Alltagsgeräten versteckten Dämonen erscheinen, manchmal genügt schon die Art, wie diese Dinge miteinander in Verbindung treten, um zu argwöhnen, welcher Entartungen sie fähig sind. Die „cadavres exquis" der Surrealisten, die Stillleben Salvador Dalís oder Pierre Roys und die Kompositionen Magrittes zeigen, welch reiche Quelle an Erstaunlichem und Emotionellem aus der Benachbarung von Dingen fließt, die eine solche, in ihnen unbekannte Virtualitäten weckende Annäherung nicht erwartet haben.[76]

---

76 Brion: *Jenseits der Wirklichkeit*, S. 241.

VII „Bestiarium"

In „Bestiarium" ist es weder die ständige und bedrohliche Gegenwart des Tigers, die das Leben der Funes in Los Horneros unwirklich macht, noch bedrohen die Ereignisse, die die Erzählung von Isabels Sommeraufenthalt bei den Funes bilden, die Realität des Tigers. Doch ihr Zusammentreffen verleiht der Präsenz des Tigers eine Art Nicht-Bedeutung wie sich auch im Rest der Geschichte eine mögliche Deutung bestenfalls verschleiert erahnen lässt. Es wurde behauptet, der Tiger wäre der Nene, dass „der Tiger das wahre Wesen des Nene *ist*",[77] was einerseits sonderbar wäre, da der Tiger den Nene mit seinen Prankenhieben zerfetzt, und andererseits wenig zielführend, weil ein solcher Verdacht die raffiniert und minuziös inszenierte Mehrdeutigkeit aushebelt, mittels der die gesamte Erzählung funktioniert. Wenn der Tiger lediglich eine Maske oder ein Double des Nene ist, würde sich die Erzählung in ein leichtes Rätsel verwandeln und aufhören dieses komplexe Spiel aus Unschlüssigkeit und Undeutlichkeit zu sein, das der Text auf exemplarische Weise vorführt. Hier muss man vielleicht ansetzen.

García Canclini hat Cortázars Vorliebe für die Adoleszenz in einigen seiner Erzählungen hervorgehoben; es sei das Alter

> des Bruchs mit dem Bekannten und des Eintritts in eine neue Welt [...]; es ist das Alter der Entdeckungen, der Initiation. Wenn die Gesellschaft versucht, sie zu halten, verteidigen sich die Jugendlichen mit ihrer Fantasie [...]. Der Jugendliche ist pure Möglichkeit, Möglichkeit zu verlieren oder zu gewinnen, wie im Spiel, jedoch verantwortungsvoll ausgelebt.[78]

Es ist, so müsste man hinzufügen, das Alter der Uneindeutigkeit. „Bestiarium" zentriert den Fokus der Erzählung auf Isabel; und obwohl in der dritten Person erzählt wird, fällt die Perspektive des Erzählers mit der Isabels zusammen.[79] Dieses Detail ist deshalb signifikant, weil die Erzählung mit einer reichhaltigen Farbpalette mehrdeutiger Untertöne den Zwiespalt Isabels skizziert, die die sichere und eindeutig bestimmte Welt der Kindheit verlässt, um in die unsichere Adoleszenz einzutreten. Im ersten Teil beteiligt sich Isabel mit Freude an Ninos kindlichem

---

77 de Sola: *Julio Cortázar y el hombre nuevo*, S. 49. Siehe auch Filer: *Los mundos de Julio Cortázar*, S. 35.

78 García Canclini: *Cortázar, una antropología poética*, S. 64–66.

79 In *Letzte Runde* hat Cortázar allgemein hervorgehoben, dass die „dritte Person vielleicht als maskierte erste Person auftritt". (Cortázar: „Über die Kurzgeschichte und ihr Umfeld", S. 20.)

Zeitvertreib: gezüchtete Tierchen, Mikroskop, Kaleidoskop, Hausapotheke, Herbarium, Formikarium, doch während der zweiten Hälfte der Erzählung verliert Isabel das Interesse an Ninos Kinderspielen:

> Nino beklagte sich über Isabels Zerstreutheit, sagte, sie sei eine schlechte Spielgefährtin und helfe ihm nicht beim Sammeln. *Sie fand ihn auf einmal so klein*, ein ganz kleiner Junge mit seinen Schnecken und Blättern.[80]

Diese Veränderung von Isabel wird über den gesamten Verlauf der Erzählung durch subtile Beobachtungen und eigentümliche Entdeckungen detailliert angedeutet. Isabel bemerkt beispielsweise, dass der Nene Remas Hand nimmt, als diese ihm eine Tasse Kaffee reicht, und dass Rema die Hand zurückzieht. Sie beobachtet die heimlichen Annäherungen zwischen Rema und dem Nene und fragt mit dem Scharfsinn einer Heranwachsenden: „Ist der Nene böse auf Sie, Rema?" (S. 184). Sie sucht die Einsamkeit und Rema überrascht sie, zum ersten Mal, allein und versunken im Formikarium. „[A]uf einmal, sie schlug mit der Rückhand gerade einen Ball zurück, den Nino, dieser Heimtücker, ganz flach geschossen hatte, spürte Isabel tief innen das Glück des Sommers. Zum ersten Mal begriff sie den Sinn ihres Aufenthalts in Los Horneros" (S. 184). Sie bemerkt die Sinnlichkeit des Nene mit seinem „strengen und schönen Mund, die Lippen ganz rot" (S. 186). In den Briefen an ihre Mutter verschweigt Isabel bestimmte Dinge, die sie gesehen hat oder weiß: dass Rema des Nachts weinte und „dass sie sie hatte weinen hören, als sie zögernd den Flur entlangging" (S. 188) oder auch Luis' Reaktion auf ein Gespräch zwischen ihm und Rema: „Ein elender Kerl, ein elender Kerl…" (S. 188). Diese Anspielungen auf das Verhältnis zwischen Rema und dem Nene werden in der Limonaden-Episode etwas deutlicher. Schließlich wird das Formikarium selbst zum Schnittpunkt, an dem sich Kindheit und Adoleszenz zu trennen beginnen: das Formikarium ist zugleich ein Spiel für die Kinder und ein Symbol des Spiels für die Großen; durch eine Lichtreflexion spiegelt sich Remas Hand und es „sah […] aus, als wäre sie im Formikarium", und sofort denkt Isabel „wie ebendiese Hand dem Nene die Tasse Kaffee gereicht hatte, […] und [an die] Hand des Nene, die ihr die Fingerkuppen gequetscht hatte" (S. 184). Und später,

> [als Isabel] eine der Seiten sehen konnte, bekam sie Angst; in der Dunkelheit waren die Ameisen an der Arbeit gewesen. […] Sie arbeiteten da drinnen, als hätten sie die Hoffnung noch nicht aufgegeben, wieder herauszukommen. (S. 186)

---

80 Julio Cortázar: „Bestiarium", in: ders.: *Die Nacht auf dem Rücken. Erzählungen Bd. 1*, übers. v. Rudolf Wittkopf u. Wolfgang Promies, Frankfurt a. M.: Suhrkamp 1998, S. 191. [Hervorhebung von Alazraki.] Die folgenden Zitate beziehen sich auf diese Ausgabe und werden direkt im Text durch Angabe der Seitenzahl nachgewiesen.

Isabel entdeckt, mit einer Mischung aus Scheu und dem Gefühl eines Tabubruchs, ihre diffuse erotische Anziehung zu Rema. Es sind unbestimmte Gefühle, Empfindungen, in denen sich die Ameisen aus dem Formikarium mit den Ameisen des Begehrens vermischen und die die Erzählung mithilfe eines Erzählers in dritter Person darstellt; nicht weniger zweideutig – in dem Sinne, dass sich seine Perspektive mit der von Isabel vermischt – als die Gefühle seiner Protagonistin. Isabels erotische Anziehung ist nicht nur mehrdeutig, sondern darüber hinaus irreführend. Und der Text präsentiert diese Anziehung mit eben dieser missverständlichen Ambiguität: „[...] wie Rema mit der Fingerspitze eine Schnecke berührte, so zart, dass auch ihr Finger etwas von einer Schnecke hatte" (S. 192); und im letzten Abschnitt:

[Isabel war] über die Schnecken gebeugt, die so schlank waren wie Finger, vielleicht wie Remas Finger, oder war es Remas Hand, die sie jetzt an der Schulter fasste und sie den Kopf heben ließ, um sie anzuschauen, um sie eine Ewigkeit anzuschauen, die endete mit ihrem wilden Weinen an Remas Rock, mit ihrer verstörten Freude, und Rema strich ihr mit der Hand übers Haar, besänftigte sie mit einem leichten Druck der Finger und einem Murmeln an ihrem Ohr, ein Stammeln wie von Dankbarkeit, von unsäglicher Zustimmung. (S. 192)

Noch deutlicher in der folgenden Passage:

Rema, Rema. Wie gern sie sie hatte, und diese traurige Stimme, bodenlos, ganz ohne Grund, die Stimme der Traurigkeit selbst. Bitte. Rema, Rema... Eine fiebrige Hitze stieg ihr ins Gesicht, sie hatte das Verlangen, sich Rema zu Füßen zu werfen, sich von ihr auf die Arme nehmen zu lassen, ein Verlangen zu sterben und sie dabei anzusehen, und dass Rema sie bemitleide und ihr mit ihren schlanken, kühlen Fingern übers Haar und über die Lider streiche... (S. 190)

Der Text präsentiert die Beziehung zwischen dem Nene und Rema mit der gleichen Säumnis und Undeutlichkeit, mit der Isabel sie aus ihrem noch limitierten kindlich-jugendlichen Verständnis wahrnimmt. Als sie schließlich begreift, dass Remas Traurigkeit unter Umständen von den Schikanen des Nene herrührt, lügt Isabel, in einem Akt von Liebe und Hingabe zu Rema, über den Aufenthaltsort des Tigers, wohl wissend, dass dieser Schwindel dem Nene zum Verhängnis werden würde.

Und wer oder was ist dieser Tiger, der unbekümmert durch das Haus und über das Landgut streunt und der die Organisation des Lebens in Los Horneros den Launen seiner Gewohnheiten unterwirft. Ist der Tiger eine Metapher für den Nene, seine Instinkte, seine Sexualität, seine Begierde für Rema? Falls dem so wäre, warum kommt der Nene ums Leben und warum ist Isabels Betrug notwendig, damit die Bestrafung eintritt? Die Formulierung solcher Fragen ist schon eine Art der Restitution realistischer Logik, die die Erzählung zu überwinden sucht; auf sie einzugehen, gleicht der Forderung nach Antworten, die der Text sich zu geben weigert, oder dem Schreiben einer neuen Geschichte, die nicht im Text enthalten ist. Die Erzählung auf ein Rätsel zu reduzieren, heißt, sie abzuwerten oder, im schlimmsten Falle, an der Intelligenz des Autors zu zweifeln: Die Erzählung schweigt nicht, um den Leser zur Lösung des Rätsels anzuregen. Der Tiger, wie die Kaninchen in „Brief an ein Fräulein in Paris" oder die Geräusche in „Das besetzte Haus", ist dort, um „etwas nicht Mitteilbares auszudrücken, an dem der Leser teilnimmt, als wäre es eine autonome Erfahrung",[81] um eine Situation aufzulösen, die sich der sogenannten Sprache der Kommunikation entzieht, weil sie alle, wie Cortázar erklärt hat, „Anzeichen, Dimensionen, Eintrittsgelegenheiten in Möglichkeiten waren, die mich bestürzten oder faszinierten und die ich durch das Schreiben der Geschichte auszuschöpfen versuchen musste."[82]

Der Text gibt also alle diese Andeutungen, er „erschöpft" sie. Somit ist es unsinnig, den Text dazu zu zwingen, auszusprechen, was zu sagen er verwehrt; ihm eine Einfachheit aufzudrängen, die er unterdrückt. Wenn wir, zur Definition dieser Erzählungen, gelegentlich ihren metaphorischen Charakter unterstreichen, so geschieht das unter dem Vorbehalt, dass diese Metaphern eine unbestimmte Zahl an Tenoren akzeptieren und doch alle ablehnen; sie wollen, so Cortázar bezüglich „Omnibus",

Barrieren niederreißen, um Zugang zu einer Realitätsordnung zu gewähren, die von der anderen Seite der alltäglichen Erfahrung stammt. Sie sind weder bloßes Wortspiel noch simple Metapher, sondern ein Bruch.[83]

Und vielleicht sollten wir anfangen, „Bestiarium" so zu lesen.

Wie in „Das besetzte Haus", „Brief an ein Fräulein in Paris" und „Omnibus", in denen die Protagonisten einen neuen erzählerischen Raum betreten oder einen alten verlassen, reist Isabel auf das Gut der Funes, um eine Ordnung zu entdecken, sie offenzulegen und ihren Bruch zu provozieren. Wie in „Omnibus", gibt es in „Bestiarium" eine erste Einführung der Figur: Clara verlässt das Haus, in dem sie arbeitet, und schickt sich an, den Bus zu nehmen; Isabel verlässt ihr Zuhause, um den Sommer auf dem Landgut der Funes zu verbringen. Diese minimale Einführung etabliert einen Rhythmus des Gewohnheitsmäßigen, ein charakteristisches Merkmal der realistischen Erzählweise, der im Verlauf der gesamten Erzählung aufrecht erhalten wird. Er funktioniert außerdem als Ausgangspunkt und Rahmen der Geschichte und macht sie so erst möglich: Vieles von dem, was auf Los Horneros passieren wird, hängt von Isabels Status als Gast ab. Wie in den vorhergehenden Erzählungen kann man leicht vier narrative Einheiten unterscheiden: a) das Leben auf dem Landgut, die ständige Gegenwart des Tigers, die Spiele, die Beziehungen zwischen den

---

81 Harss: *Los nuestros*, S. 271. [Anm. d. Übers.: Im Original ohne Nachweis.]
82 Ebd., S. 270.
83 Ebd.

Figuren; *b)* Isabel wird sich ihres altersbedingten Wandels bewusst, sie entdeckt ihre Anziehung zu Rema und die Belästigung Remas durch den Nene; *c)* und *d)* es gibt keinen offen manifestierten Konflikt, aber die Auflösung zeigt deutlich an, dass es sich um die Lösung eines stillschweigenden Konflikts handelt, der nach und nach im Bewusstsein Isabels reifte, genauso absichtsvoll mehrdeutig wie der Rest der Erzählung. Bis zu diesem Punkt läuft die Erzählung nach einem realistischen Code ab, zuerst gestört durch die unerhörte Gegenwart des Tigers und schließlich durch den tatsächlichen physischen Angriff des Tigers auf den Nene. Der Tiger ist so real wie all die anderen Figuren und doch zugleich abstrakt; ein Bedeutungsträger, der jeden Deutungsversuch zurückweist. Doch die Anwesenheit eines Tigers verleiht einer Erzählung von augenscheinlich realistischer Textur wiederum Bedeutungsebenen, die in dieser Erzählung fehlen. Es findet eine gegenseitige Assimilation zwischen dem fantastischen Element (dem Tiger) und dem realistischen Element (dem Leben auf einem argentinischen Landgut) statt und von dieser Hybridisierung ausgehend generiert die Erzählung Bedeutungen, die keine der beiden Ebenen allein auszudrücken vermag. Der Tiger könnte metaphorisch die erregte Begierde des Nene für Rema andeuten, doch genauso gut auch auf Isabels Zuneigung zu Rema hinweisen oder auf andere Beziehungen anspielen, die in der Erzählung nicht weiter spezifiziert werden. Von Ninos Mutter wird uns beispielsweise nichts erzählt und von den Beziehungen zwischen Luis und Rema und dem Nene und Luis erfahren wir ebenfalls nur sehr wenig. Vielleicht, weil sie für den Ausgang der Erzählung nicht interessant sind, vielleicht auch, weil der Erzähler die Ambiguität als Form der Beschreibung ohne Beschreibung für jene Beziehungen gewählt hat, über die wir nichts oder nahezu nichts wissen. Wenden wir den von Hjelmslev formulierten „Kommutationstest"[84] an, können wir, zu rein experimentellen Zwecken, ein narratives Glied oder Element durch ein anderes mögliches austauschen und die Auswirkungen beobachten, die dieser Austausch im Rest der Erzählung bewirkt. Wenn der Tiger tatsächlich die erregten Instinkte des Nene repräsentiert, würde es ausreichen, den Tiger in die das Haus umgebenden Felder zu versetzen, wodurch der Angriff auf den Nene ohne die Beteiligung von Isabel stattfände. Dieser Austausch würde zwei Elemente der Erzählung eliminieren: die Gegenwart des Tigers *im Haus* und die maßgebliche Beteiligung Isabels an der Attacke des Tigers auf den Nene. Da der Text jedoch das Haus und Isabels Beteiligung

---

84 Vgl. Philip Pettit: *The Concept of Structuralism. A Critical Analysis*, Berkeley: University of California Press 1975, S. 57: „Der Test besteht darin, ein Wort in einem Satz zu ersetzen und die Auswirkungen unterschiedlicher Ersetzungen auf das Gesamtbild zu beobachten. [...] In der ästhetischen Analyse bestünde der Test darin, das eine oder andere Element in einem Kunstwerk – tatsächlich oder nur in Gedanken – zu ersetzen, um eine Vorstellung der Wirkung, die es hervorruft, zu erhalten."

wählt, wird offensichtlich, dass diese beiden Elemente sehr entscheidende Funktionen in der Grammatik der Narration erfüllen. Wenn sich der Tiger durch das ganze Haus bewegt, so deshalb, weil seine Anwesenheit nicht nur den Nene betrifft, sondern alle Figuren seiner potenziellen Bedrohung ausgesetzt sind: Isabel, Rema, Luis, der Nene und Nino; und wenn Isabel für den Angriff des Tigers auf den Nene verantwortlich ist, so deshalb, weil ihre Beteiligung bestimmte Informationen hinsichtlich der Beziehungen zwischen Isabel, Rema und dem Nene vermittelt, die in der „kommutierten" Version fehlen würden. Wie die vorherigen Erzählungen berichtet „Bestiarium" von einer *geschlossenen Ordnung*, die die Gegenwart des Tigers kontrolliert und die Isabel, die in sie einbricht (wie die Geräusche in „Das besetzte Haus", die Kaninchen in „Brief an ein Fräulein in Paris", Mauro in „Kasidis Schmiere", die Fahrgäste ohne Blumen in „Omnibus", die Mancuspien in „Kopfschmerz"), übertritt. Es gibt einen Moment, in dem der Text eine Definition dieser geschlossenen Ordnung zulässt, nämlich als das Formikarium zu einer Metapher für diese Ordnung wird:

> Das Formikarium bedeutete ihr mehr als ganz Los Horneros, und sie [Isabel] fand es wunderbar, dass die Ameisen sich frei bewegen konnten, ohne vor einem Tiger Angst haben zu müssen, und manchmal stellte sie sich ein Tigerlein vor, so klein wie ein Radiergummi, das durch die Gänge des Formikariums schlich; daher vielleicht die wilden Fluchten und Truppenkonzentrationen. Und es machte ihr Spaß, *die große Welt in der des Glasbehälters zu sehen*, jetzt wo sie sich ein bisschen als Gefangene fühlte, wo es verboten war, ins Esszimmer hinunterzugehen, bevor Rema ihnen Bescheid gab. (S. 183, Ergänzung und Hervorhebung von Alazraki)

Doch die Ameisen brauchen kein „Tigerlein", weil das Glasgehäuse des Formikariums die Gänge und Bewegungen der Ameisen steuert. Die Umstände im ‚Formikarium' Los Horneros sind durch die Anwesenheit des Tigers begrenzt; der Tiger ist das Glasgehäuse, das alle Familienmitglieder in diese geschlossene und anscheinend unzerstörbare Ordnung zwingt. Es gibt einige Kontakte zwischen der kleinen Welt des Formikariums und der großen Welt: Remas Hand „sah [...] aus, als wäre sie im Formikarium" (S. 184); die Ameisen „arbeiteten da drinnen, als hätten sie die Hoffnung noch nicht aufgegeben, wieder herauszukommen" (S. 186); der Krug mit Limonade, um den der Nene bittet, ist „so grün wie die Gottesanbeterin" (S. 191) (als sie die Gottesanbeterin fangen, sagt Rema: „Wirf das Viech raus. [...] Ich ekle mich so davor." (S. 188)). Isabel, die Heranwachsende, setzt ohne Zögern alles aufs Spiel, um Rema die Freiheit wiederzugeben. Sie weiß, dass die Verletzung jener Ordnung, die der Tiger repräsentiert und kontrolliert, die Zerstörung des Nene bedeuten wird und mit ihr die Zerstörung „ein[es] grüne[n] Dreieck[s]" (S. 186), das sie irgendwann zwischen den Zähnen des Nene hervorkommen sah. Es würde die Verwirklichung eines Glücks bedeuten, die der Nene verweigerte, aber darüber hinaus den Bruch einer Ordnung, der durch „eine Verstellung, eine Lüge" (S. 186) vorgezeichnet war.

VIII „Die Ferne"

Auch in „Die Ferne" wird eine geschlossene Ordnung gesetzt, die die Protago-nistin verletzt. Doch im Gegensatz zu den vorherigen Geschichten – „Brief an ein Fräulein in Paris" ausgenommen –, die Szenarien entwerfen und sich daher zu „Handlungserzählungen"[85] entwickeln, ist „Die Ferne" eine „Charaktererzählung". Eine solche Bezeichnung schließt die übrigen Komponenten, aus denen eine Er-zählung besteht – Handlung, Figuren und Ambiente –, nicht aus, sie zeigt nur eine Priorität auf: Die anderen Elemente der Erzählung ordnen sich einem von ihnen unter. Das Zentrale in einer „Handlungserzählung" ist eine (konflikthafte) Situation, die von den Figuren vorangetrieben wird; in der „Charaktererzählung" liegt der Fokus der Narration auf einer Figur oder auf mehreren Figuren, und die Handlung und weitere Zutaten der Erzählung liefern die Begleitumstände, die ihre Charakterentwicklung ermöglichen. Borges bemerkte, dass im Gegensatz zum Roman, der sich auf Individuen, auf die Figuren, konzentriert, die Erzählung auf eine Situation fokussiert ist;[86] wenn sich im Roman die Handlung in Abhängigkeit zu den Figuren ergibt, so ist es dagegen in der Erzählung ein bestimmtes Ereignis, das die Anwesenheit und Notwendigkeit der Figuren diktiert. Obwohl dieser generischen Skizze im Großen und Ganzen zuzustimmen ist, steht zweifellos fest, dass es auch Romane gibt, in denen die Figuren zweitrangig sind, die Handlung hingegen zentral – der fantastische Roman, der Kriminal- oder der Abenteuer-roman zum Beispiel. Ebenso gibt es Erzählungen, in denen die Handlung gegen-über der Figurenentwicklung sekundär ist. Wenn wir uns, allgemein gesprochen, an einen Roman aufgrund seiner Figuren erinnern und an eine Erzählung auf-grund der Situation, die sie uns präsentiert, so gibt es doch Erzählungen, in denen die Handlung einem unvergesslichen Charakter weicht: Ireneo Funes von Borges (aus „Funes el memorioso" – dt.: „Das unerbittliche Gedächtnis") und Alina Reyes von Cortázar wären Beispiele. Man muss sich beeilen hinzuzufügen, dass selbst in den „Charaktererzählungen", aus reinen Platzgründen, die Figur niemals die gleiche Komplexität erreicht, die der Roman seinen Figuren verleiht. Die Figur ist aufgrund der Kürze der Erzählung durch die einzelne Situation begrenzt; doch

---

85 Vgl. Olga Scherer-Virski: „A general Theory of the Short Story", in: dies.: *The Modern Polish Short Story*, Den Haag: Mouton 1955.

86 Jorge Luis Borges: *Inquisitionen*. Vgl. die Essays „Nathaniel Hawthorne" und „Von der Allegorie zum Roman".

durch diese Beschränkungen generiert die Erzählung ihre Macht. Cortázar hat den Roman mit dem Kino und die Erzählung mit der Fotografie verglichen:

> Ein Film ist im Prinzip eine „offene Ordnung", romanhaft, während eine gelungene Fotografie eine enge Vorbeschränkung vorsieht, auferlegt einerseits von dem eingeschränkten Feld, das die Kamera abdeckt und von der Form, durch die der Fotograf diese Einschränkung ästhetisch zu nutzen weiß.[87]

Im Anschluss erklärt er:

> Ich weiß nicht, ob sie jemals einen professionellen Fotografen über seine Kunst haben reden hören; mich hat immer überrascht, dass sich seine Ausdrucksweise in vielerlei Hinsicht mit der des Erzählers vergleichen lässt. Fotografen von der Qualität eines Cartier-Bresson oder eines Brassaï definieren ihre Kunst wie ein offensichtliches Paradoxon: als das Ausschneiden eines Fragments der Realität, um es in festgelegten Grenzen zu fixieren, aber auf eine Weise, dass sich dieser Ausschnitt verhält wie eine Explosion, die einer viel umfassenderen Realität Tür und Tor öffnet, wie eine dynamische Vision, die das von der Kamera abgedeckte Feld spirituell übersteigt. Während im Kino, wie im Roman, die Erfassung dieser umfassenderen und polymorphen Realität kumulativ über die Entwicklung einzelner Elemente erreicht wird, die natürlich eine „klimaktische" Synthese des Werks nicht ausschließt, erfolgt dies in einer Fotografie oder einer Erzählung von großer Qualität auf umgekehrtem Wege; das heißt, dass sich der Fotograf und der Erzähler gezwungen sehen, Bilder oder Ereignisse auszuwählen und festzulegen, die *signifikant* sind, die nicht einfach um ihrer selbst willen bestehen, sondern die dazu fähig sind, im Betrachter oder im Leser als eine Art *Eröffnung* zu fungieren, als Auslöser, der die Intelligenz und die Sensibilität auf etwas lenkt, das weit über jene bloß visuelle oder literarische Anekdote hinausgeht, die im Foto oder der Erzählung enthalten ist.[88]

Diese Beobachtungen über den *modus operandi* der Erzählung sind ebenso auf die Figuren der Erzählung anwendbar; im Gegensatz zu den Figuren des Romans. Da die Erzählung nicht über den Umfang eines Romans verfügt, konzentriert die Erzählung die Charakterisierung der Figur auf bestimmte signifikante Momente ihres Lebens, von denen aus sich das Maßgebliche der Existenz der Figur offenbart. Borges, der die Beschränkungen (und den Umfang) des Genres sehr gut kennt, sucht in seinen Charaktererzählungen diesen „Augenblick, in dem der Mensch für immer weiß, wer er ist",[89] und deshalb lässt er den Erzähler in einer

---

87 Cortázar: „Algunos aspectos del cuento", S. 5.

88 Ebd., S. 5 f.

89 Jorge Luis Borges: „Biographie von Tadeo Isidoro Cruz (1829–1874)", in: ders.: *Gesammelte Werke. Der Erzählungen erster Teil*, übers. v. Karl August Horst, Wolfgang Luchting u. Gisbert Haefs, hg. v. Gisbert Haefs u. Fritz Arnold, München: Hanser 2000, S. 290.

Geschichte wie „Biographie von Tadeo Isidoro Cruz" erklären: „Ich habe nicht vor, seine Geschichte noch einmal zu erzählen. Von den Tagen und Nächten, aus denen sie sich zusammensetzt, interessiert mich nur eine Nacht."[90] Aber bei Borges wird dieser Moment zur Ahnung des unmittelbaren Bevorstehens einer Enthüllung und verwandelt sich in das Symbol oder die Chiffre eines Schicksals. Cortázar dagegen geht von trivialen Umständen aus, in denen wir eine gewohnheitsmäßige Ordnung erkennen, um diese *Öffnung* zu erreichen, von der aus sich die ganze Komplexität der Figur offenbaren wird. Ist die Komplexität der Romanfigur, wie Cortázar sagt, *kumulativ*, so ist die Komplexität der Figur in einer Erzählung dazu gezwungen, aus dem Schweigen Kapital zu schlagen: Der Text stützt sich auf eine nicht manifeste Information, kaum angedeutet durch diese Falten aus Dunkelheit, zu denen die Kürze die Erzählung zwingt.

> Der Erzähler weiß – sagt Cortázar –, dass er nicht kumulativ vorgehen kann, dass die Zeit nicht sein Verbündeter ist; sein einziges Mittel ist, in die Tiefe, vertikal, zu arbeiten, sei es nun nach oben oder nach unten im literarischen Raum [...]. Die Zeit der Erzählung und der Raum der Erzählung müssen wie Verdichtungen sein, unter hohen spirituellen und formalen Druck stehen, um diese *Öffnung* auszulösen, von der ich vorher gesprochen habe.[91]

Dieser Exkurs über die Figur der Erzählung war notwendig als Korrektiv gegen die irrige Ansicht, die dieser Erzählform die Fähigkeit abspricht, denkwürdige Charaktere hervorzubringen, oder ihre Figuren auf oberflächliche Typen reduziert, die sich ausschließlich als Funktion der Handlung rechtfertigen lassen. Es ist außerdem notwendig, die seit Langem vorherrschende Ansicht zu entkräften, die nahelegt, „Die Ferne" als eine weitere Variation des alten Doppelgänger-Themas aufzufassen. Der Doppelgänger ist in Cortázars Werk ein Thema mit vielfältigen Ab- und Umwandlungen,[92] doch diese Feststellung ist bestenfalls ein Ausgangspunkt für die Untersuchung der Texte und schlimmstenfalls eine Zuschreibung, die anscheinend alles aufklärt, in Wirklichkeit aber den Text überhaupt nicht berührt. Wenn wir von der Bettlerin in Budapest sagen, sie sei die Doppelgängerin von Alina, haben wir noch nichts über die Figur ausgesagt, bestenfalls haben wir die Methode definiert, ohne zu ihrer Funktion vorzudringen. Die bereits reichlich vorhandene Literatur, die der Untersuchung des Doppelgängers im Allgemeinen[93]

---

90 Ebd., S. 288.
91 Cortázar: „Algunos aspectos del cuento", S. 6.
92 Luis Harss hat dieses Element in seinem Interview hervorgehoben, vgl. Harss: *Los nuestros*, S. 292.
93 Vgl. Otto Rank: *Der Doppelgänger. Psychoanalytische Studie*, Wien: Internationaler Psychoanalytischer Verlag 1925; Wilhelmine Krauss: *Das Doppelgängermotiv in der*

gewidmet ist, zeigt die Vielfalt der Einsatzmöglichkeiten und Funktionen dieses narrativen Elements. Er kann als Spiegelbild funktionieren, als geheimer Komplize, als Gegen-Ich, als Geistesspaltung, als Ausdruck von Ambivalenz, als bloße barocke Verdoppelung etc.[94] Worauf es ankommt, ist die Fähigkeit, bestimmte Funktionen auszufüllen, die den inhärenten Textabsichten entsprechen. Von hier an ist es nötig, einem Kurs zu folgen, der dem bisher eingeschlagenen entgegenläuft: nicht den Text durch den Doppelgänger zu erklären, sondern den Doppelgänger aus dem Text zu erklären, in dem er als Antwort auf die aufgeworfenen Fragen und Probleme eingesetzt wurde. Robert Rogers' Buch *The Double in Literature* bietet einen guten Ausgangspunkt die Vielfalt an Möglichkeiten, die das Thema des Doppelgängers offeriert, zu überblicken; doch trotz der vielen und unterschiedlichen Kategorien von Definitionen und Klassifikationen, die Rogers vorschlägt, bietet keine von ihnen ein präzises Instrument um das Spezifische eines Textes zu erarbeiten. Bei der Lektüre von Rogers' Buch bekommt man den Eindruck, dass jeder Text eine andere Vorstellung des Doppelgänger-Konzepts vertritt und dass der Umfang seiner Taxonomie der Anzahl von Beispielen aus der Weltliteratur aller Zeiten nahekommt. Wenn es so viele Arten und Unterarten des Doppelgängers gibt wie Texte, muss man folgern, wie im Falle jedes narrativen Verfahrens, dass sein Nachweis in einem narrativen Text höchstens ein Ausgangspunkt sein kann für eine Untersuchung seiner Funktion und Funktionsweisen und seiner Beziehungen zum Rest der Erzählung als Ganzes.

Von den verschiedenen Doppelgängertypen, die Rogers untersucht hat, kommt derjenige der Erzählung „Die Ferne" am nächsten, der im Kapitel „Fragmentation of the Mind" definiert wird. Um diese Klasse von Doppelgängern zu veranschaulichen, verwendet Rogers bunt gemischte Beispiele wie *Dr. Jekyll and Mr. Hyde* von R. L. Stevenson und *Der Steppenwolf* von Hesse; *The Portrait of a Lady* von James und *Othello* von Shakespeare. Das Erfassungsraster ist so weit geöffnet, dass es

---

Romantik. Studien zum romantischen Idealismus, Berlin: Ebering 1930; Ralph Tymms: *Doubles in Literary Psychology*, Cambridge: Bowes & Bowes 1949; Masao Miyoshi: *The Divided Self. A Perspective on the Literature of the Victorians*, New York u. a.: New York University Press 1969; Robert Rogers: *A Psychoanalytic Study of the Double in Literature*, Detroit: Wayne State University Press 1970; Carl F. Keppler: *The Literature of the Second Self*, Tucson: University of Arizona Press 1972; Albert Joseph Guerard (Hg.): *Stories of the Double*, Philadelphia: Lippincott 1967; *Daedalus*, 92/2, (1963) (Der Band trägt den Titel „Perspectives on the Novel" und ist speziell dem Doppelgängermotiv gewidmet).

94 Diese Definitionen entsprechen den Kapiteln der Untersuchung von Robert Rogers: *A Psychoanalytic Study of the Double in Literature*, Detroit: Wayne State University Press 1970.

eine umfassende Definition des untersuchten Typs nahezu unmöglich macht. Das verbindende Merkmal besteht in der Spaltung des Ichs in verschiedene bis gegensätzliche Persönlichkeiten; abgesehen von diesem gemeinsamen Kennzeichen folgt jedes Werk jedoch seinem eigenen Kurs.

Auch das Ich von Alina Reyes ist gespalten, doch diese Teilung stimmt nicht mit den Konzepten von Es, Ich und Über-Ich überein, die Freud aufstellte und die Freud auch als erster, unbefriedigt von ihrer Effektivität, wieder aufgab; die Spaltung des Ichs von Alina gehört einem neuen Konzept in der Struktur der menschlichen Psychologie an. Morton Prince definiert es in seinem Werk *The Dissociation of a Personality* mit den folgenden Worten:

> Der Verstand kann auf viele verschiedene Arten zerbrechen. Er kann geteilt, unterteilt und noch weiter unterteilt werden. Die Spuren dieser Spaltung können in alle möglichen Richtungen führen und damit verschiedene Kombinationsmöglichkeiten von Bewusstseinssystemen erzeugen.[95]

Freud selbst, in einer seiner wenigen Bemerkungen zur multiplen Persönlichkeit, behandelt die Dissoziation ebenfalls aus einer funktionalen Perspektive und meint, dass sie auftreten kann, sobald sich die verschiedenen Objektidentifizierungen des Ichs auf gravierende Weise zu widersprechen beginnen.[96] Doch das Werk, das diesen Aspekt der Struktur des Ichs am gründlichsten und mit den meisten Daten untersucht hat, ist das Buch von R. D. Laing *The Divided Self* (*Das geteilte Selbst*), 1960, und auf dieses beziehen wir uns im Folgenden, um den in „Die Ferne" entwickelten Konflikt zu untersuchen.

Der Ausgangspunkt von Laing besteht im „Versuch, die Art und Weise, auf die der Patient er selbst in seiner Welt ist, zu rekonstruieren".[97] Diesen neuen Ansatz nennt Laing „existentielle Phänomenologie" und deren Aufgabe sei es „zu artikulieren, was des anderen ‚Welt' ist und seine Art des In-ihr-Seins".[98] Dieser neue psychiatrische Habitus unterscheidet sich in seiner Essenz nicht von der Haltung eines Schriftstellers, in dem Sinne, dass auch der Schriftsteller versucht, die Welt seiner Figuren aus den Figuren selbst zu rekonstruieren. Wenn der realistische Roman sie in der Perspektive eines allwissenden Erzählers sah und sie durch

---

95 Morton Prince: *The Dissociation of a Personality*, New York: Greenwood Press 1908, S. 75.

96 Vgl. Sigmund Freud: „Das Ich und das Es (1923)", in: ders.: *Psychologie des Unbewußten* (= *Studienausgabe Bd. III*), hg. v. Alexander Mitscherlich, Angela Richards u. James Strachey, Frankfurt a. M.: S. Fischer 1975, S. 298.

97 Ronald David Laing: *Das geteilte Selbst. Eine existentielle Studie über geistige Gesundheit und Wahnsinn*, übers. v. Christa Tansella-Zimmermann, München: dtv 1987, S. 23 f.

98 Ebd.

die Logik des Erzählers verstand, so versucht der existenzialistische Roman seit Dostojewski seine Figuren durch die Logik oder das Fehlen der Logik seiner Figuren selbst zu sehen und zu verstehen. Es handelt sich, zusammenfassend, um eine Innensicht im Gegensatz zu einer Außensicht des traditionellen Romans: Wir sehen die Figur mit den Augen des Autors oder der Autor erlaubt, dass die Figur sich mit ihren eigenen Augen sieht. Im ersten Fall entsprechen die Figuren der Sichtweise des Autors; im zweiten etablieren sie ihre eigene Perspektive und sehen die Welt durch sie. Man kann einwenden, dass es in beiden Fällen einen Autor gibt, der seine Figuren modelliert, und dass in mehr oder minder großem Ausmaß die Wirklichkeit der Figuren vom Willen des Schriftstellers abhängt. Und so ist es. Was sich geändert hat, ist die *Haltung* des Schriftstellers gegenüber seinen Figuren: von einer allwissenden Haltung zu einer fast ohnmächtigen Haltung angesichts der Welt der Figuren. Der realistische Erzähler vermochte, alles zu erklären; der existenzialistische Erzähler weigert sich, etwas zu erklären, und veranlasst, dass sich die Figuren aus ihren eigenen Limitationen erklären, aus ihrer individualisierten Sicht des eigenen Seins und ihrer Art des In-der-Welt-Seins. Ähnlich ist die Haltung in der neuen Psychiatrie. Der Analytiker, so erklärt Laing, verweigert sich eines externen Verständnisses des Patienten:

> Wenn wir seine Aktionen als „Symptome" einer „Krankheit" betrachten, so sind wir schon dabei, dem Patienten unsere Gedankenkategorien aufzudrängen, etwa analog zu der Weise, in der wir ihn uns behandeln sehen [...]. Wenn man dem Patienten gegenüber eine solche Haltung einnimmt, ist es kaum möglich, gleichzeitig zu verstehen, was er vielleicht versucht, uns mitzuteilen.[99]

Man mag anführen, dass die psychiatrische Behandlung eines Patienten von der literarischen Behandlung einer Figur meilenweit entfernt ist, und so den Wert dieser Beobachtungen des psychoanalytischen Feldes hinsichtlich der Analyse literarischer Figuren in Frage stellen. Doch eine aufmerksame Lektüre von „Die Ferne" eröffnet unmittelbar, dass, auch wenn Alina Reyes keinen Fall von Schizophrenie darstellt, sie doch klare schizophrene Tendenzen aufweist, und dass Cortázar versucht hat, diese aus dem Inneren der Figur zu verstehen, ähnlich wie die existenzialistische Phänomenologie sich ihren Patienten annähert. Das Wort „Patient" kann den Leser Cortázars stören und er wäre berechtigt, sich gegen die Verwandlung der Figur in eine Geisteskranke zu sträuben, aber nichts dergleichen wird hier versucht, nicht einmal angedeutet. Allerdings ist unstrittig, wie Laing beobachtet, dass es

---

99 Ebd., S. 31 f.

dabei natürlich nicht immer möglich [ist], eine scharfe Unterscheidung zwischen geistiger Gesundheit und Krankheit, zwischen dem *schizoiden* und dem psychotischen Individuum, zu machen. Manchmal ist der Beginn einer Psychose so dramatisch und abrupt, sind ihre Manifestationen so unzweideutig, dass es keinen Zweifel über die Diagnose geben kann. Aber in vielen Fällen gibt es keine so plötzliche, auffällige, qualitative Änderung, sondern einen graduellen Übergang, der sich über Jahre hinzieht ohne einen Punkt, an dem man überhaupt klar sagen könnte, ob ein kritischer Punkt überschritten wurde.[100]

Die Beziehung von Alina Reyes zu allem, was die Welt ihres Körpers repräsentiert – ihre Mutter, die Teegesellschaften, die Konzerte, ihre Freunde und ihr Freund –, und zu ihrem innerem Ich – die Spiele, die Königin, die Bordelldirne in Jujuy, das Dienstmädchen in Quetzaltenango und die Bettlerin in Budapest – erinnert an die schizoide Spaltung nach der Definition von Laing:

In dieser Position erfährt das Individuum sein Selbst als mehr oder weniger geschieden oder losgelöst von seinem Körper. *Der Körper wird mehr als ein Objekt unter anderen Objekten in der Welt denn als Kern des eigenen Seins empfunden.* Anstatt der Kern des eigenen wahren Selbst zu sein, wird der Körper als der Kern eines *falschen Selbst* empfunden, auf das ein losgelöstes, unverkörpertes, „inneres", „wahres" Selbst je nachdem mit Zärtlichkeit, Belustigung oder Hass schaut.[101]

Es gibt eine Alina Reyes, die die Spiele der Großen spielt, stereotype Spiele, die Alina aufgrund von Konventionen zu spielen gezwungen ist, ohne jedoch wirklich an ihnen teilzunehmen.[102] Diejenige, die spielt, ist nicht sie, sondern nur ihr Körper, den die andere Alina beobachtet, als handle es sich um „ein weiteres Objekt unter Objekten":

Soll sie leiden. Ich gebe der Señora Regules einen Kuss, schenke dem Jungen der Rivas den Tee ein und halte mich zurück, um innerlich standzuhalten.[103]

Ich weiß nur, dass es so ist, dass ich irgendwo über eine Brücke gehe, in ebendiesem Augenblick (aber ich weiß nicht, ob es in ebendiesem Augenblick geschieht), wo der Junge der Rivas mir die Teetasse abnimmt und sein bestes dekadentes Gesicht macht. Und ich ertrage es, weil ich allein bin unter diesen gefühllosen Leuten und nicht so sehr in Verzweiflung gerate. (S. 114)

---

100 Ebd., S. 135. [Anm. d. Übers.: Hervorhebung von Alazraki.]
101 Ebd., S. 66.
102 Zu diesem Aspekt im Werk von Cortázar vgl. Jaime Alazraki: „Homo sapiens versus Homo ludens. Drei Erzählungen", in: ders.: *Cortázar. Annäherungen an sein Werk*, übers. v. Erik Hirsch, Frankfurt a. M. u. a.: Peter Lang 2009, S. 89–102.
103 Julio Cortázar: „Die Ferne", in: ders.: *Die Nacht auf dem Rücken. Die Erzählungen Band I*, übers. v. Rudolf Wittkopf u. Wolfgang Promies, Frankfurt a. M.: Suhrkamp 1998, S. 114. Die folgenden Zitate beziehen sich auf diese Ausgabe und werden direkt im Text durch Angabe der Seitenzahl nachgewiesen.

Noch aufschlussreicher ist das, was Alina am 25. Januar in ihr Tagebuch notiert. Sie hört verwundert, was ihre Freundin Nora ihr vom Konzert erzählt, bei dem sie sie auf dem Klavier begleitet hat:

> Was wusste ich von Blamagen, ich habe sie begleitet, so gut ich konnte, ich erinnere mich, dass ich sie gedämpft hörte. *Votre âme est un paysage choisi...* aber ich sah auf meine Hände, und ich hatte das Gefühl, dass *sie gut spielten*, dass sie Nora zuverlässig *begleiteten*. [...] Arme kleine Nora, soll eine andere sie begleiten. (Ich empfinde das mehr und mehr *als Strafe*, jetzt sehe ich mich dort nur, wenn sie glücklich sein will, wenn ich glücklich bin; wenn Nora Fauré singt, sehe ich mich dort, *und es bleibt nur der Hass.*) (S. 115)

Diese und andere Textstellen zeigen ziemlich deutlich, dass Alina die Handlungen ihres Körpers als die eines *falschen* Selbst sieht und dass sie dagegen ihr *wahres* Selbst mit jenem anderen identifiziert, das sich bereits in die geistig konstruierte Welt zurückgezogen hat.

> Wenn das Selbst – erklärt Laing – teilweise den Körper und dessen Akte verlässt und sich in geistige Aktivität zurückzieht, erfährt es sich als eine Entität, die vielleicht irgendwo im Körper lokalisiert ist. Wir haben darauf hingewiesen, dass dieses Sich-zurückziehen zum Teil ein Bemühen ist, das Sein zu erhalten, da Beziehungen jeglicher Art mit anderen als Bedrohung der Identität des Selbst erfahren werden. Das Selbst fühlt sich nur sicher im Versteck, in der Isolation. So ein Selbst kann natürlich zu jeder Zeit isoliert sein, ob andere Leute anwesend sind oder nicht.[104]

Die gesamte Beschreibung des Konzerts in der Nacht des 28. Januars ist ein Beispiel für diese Macht der Isolation, zu der Alinas Ich mit der gleichen Mühelosigkeit wechselt, mit der sie die Buchstaben eines Anagramms verändert:

> Zwischen zwei Chopins sah ich Elsa Piaggio, die Arme, sich verbeugen, und von meinem Parkettsitz ging sie ohne weiteres auf den Platz hinaus mit der Brückenauffahrt zwischen gewaltigen Säulen. Aber das hab ich gedacht, Vorsicht, es ist dasselbe wie anagrammieren *es la reina y...* anstatt Alina Reyes, oder Mama im Haus der Suárez zu sehen und nicht neben mir. (S. 118)

Alina ist sich vollkommen bewusst, dass diese Welt, in der sie sich als Königin fühlt, eine Welt ohne physische Realität ist und dass, obwohl sie über die Brücke der Märkte spaziert und den Vladas-Platz in Budapest überquert, all das in ihren Gedanken geschieht, ihr physischer Körper dagegen auf einem Parkettplatz sitzt und ein Konzert hört. Doch die beiden Ebenen beginnen sich zu vermischen, trotz der wiederholten Bemühungen Alinas, sie zu unterscheiden und zu trennen: manchmal durch eine Klammer: „(Ich habe das gedacht)" (S. 118); andere Male

---

104 Laing: *Das geteilte Selbst*, S. 73.

unter Andeutung auf den Fortgang des Konzerts: „„Albéniz!' und noch mehr Beifall und ‚Die Polonaise!'" (S. 118); und schließlich mit einer Prise Humor vermischt mit Zynismus: „[…] aber sage mir einer, dass das schon einer passiert ist, dass sie mitten im Odeon nach Ungarn reist. Das macht jeden frösteln, das, hier oder in Frankreich" (S. 119). An Alinas Verhalten ist an sich nichts Anormales.

> Das „normale" Individuum entwickelt einen schizoiden Zustand bei dem Versuch, einer Situation, wenn auch nicht physisch, so doch geistig, zu entfliehen, deren Bedrohung für sein Sein von allen erkannt werden kann und die keine wirkliche Fluchtmöglichkeit anbietet: Es wird zu einem geistigen Beobachter, der losgelöst und teilnahmslos auf das schaut, was sein Körper tut oder was seinem Körper angetan wird. Wenn das so bei dem „Normalen" ist, ist es zumindest möglich, anzunehmen, dass das Individuum, dessen dauerndes Sein-in-der-Welt durch diese Spaltung charakterisiert ist, in einer Welt lebt, die für es, wenn nicht für uns, eine Welt ist, die sein Sein von allen Seiten bedroht und aus der es keinen Ausgang gibt.[105]

Vom Beginn der Erzählung an sind wir Zeugen dafür, dass diese Welt, in der sich Alina bewegt und handelt, eine Welt ist, mit der sie sich nicht identifiziert, eine Welt, die ihr fremd vorkommt und die sich folgerichtig in eine Bedrohung für ihr „wahres" Ich verwandelt. Alle oder fast alle Referenzen auf diese Welt haben im Tagebuch von Alina einen befremdlichen Unterton, der ausreichend deutlich ist, um anzuzeigen, dass sie sich nicht als Teil von ihr fühlt. Das Gesicht eines Partyfreundes, Renato Viñes, wird als „Gesicht eines lallenden Seehunds, das Bildnis von Dorian Gray als Wrack" (S. 113) beschrieben (man erinnere sich an den Roman von Oscar Wilde, *The Picture of Dorian Gray*, die Geschichte einer Entfremdung zwischen dem Held und seinem Porträt); die schlafende Mutter ist ein „riesiger Fisch und gar nicht sie selbst" (S. 113); der Junge der Rivas hat ein „dekadentes Gesicht" (S. 114); Luis María, der Freund, setzt, wenn er sie ansieht, das „Gesicht eines Hündchens" (S. 114) auf und später beschreibt sie ihn als „mein Junge […], mein Dummkopf" (S. 120); die Musik während des Konzerts ist mehr, als sie dulden oder ertragen kann: zwischen „zwei Chopins", zwischen „Albéniz" und der „Polonaise", zwischen Julián Aguirre und Carlos Guastavinos, „etwas mit Wiese und Vöglein" (S. 118), während des gesamten leeren Programms ist Alina ganz woanders. Diese Welt, in der Alina eine für sie nicht erreichbare Glückseligkeit sieht – Glückseligkeit für die anderen, Beklemmung für sie –, repräsentiert eine Bedrohung für ihr Sein. Diese Welt, die Alina als etwas Fremdartiges betrachtet, fordert von ihr alles das, was sie nicht ist oder sich weigert zu sein, und ihre Angst von ihr verschluckt, eingesperrt, absorbiert, erwürgt, verschlungen, erstickt zu werden, zwingt sie dazu,

---

105   Ebd., S. 77.

sich in jenen Teil ihres Ichs zu flüchten, den die anderen verdrängen, den sie jedoch als den authentischsten wahrnimmt. Die drei Figuren, die Alina benutzt, um sich selbst zu definieren, bezeugen ihre Angst, von den anderen zerstört zu werden. Sie sagt zuerst, sie sei „eine schrecklich tönende Glocke" (S. 113), ein Bild, das in der Sprache der Schizoiden auf einen Zustand der Entfremdung verweist, in dem der Patient aufhört, er selbst zu sein, um sich in „ein Echo" der anderen zu verwandeln. Danach beschreibt sie sich als „eine Woge" (S. 113), als einen Wasserkörper, der sich nicht selbst bestimmt, sondern von der Gravitation oder dem Wind abhängt, der sie produziert und dessen Form jeglicher Beständigkeit entbehrt und von externen Faktoren bestimmt wird. Schließlich sieht sich Alina als „die Kette, die Rex die ganze Nacht bei den Ligustern hinter sich her schleift" (S. 113): eine verdichtete Synthese ihres gesamten Dramas, denn Alina fasst sich selbst als eine Königin in ihrem „wahren Ich" (*rēx*, rey[106]) auf, gefesselt an die Kette ihres „falschen Ichs"; eine Kette, die sie machtlos hinter sich herzieht wie ein gefügiges Haustier, genau wie ihr eigener Hund Rex die seine hinter sich herschleift. Bedroht von allem, das von ihr verlangt, etwas zu sein, das sie nicht ist, hält sich Alina an jenem Bereich ihrer selbst fest, in dem sie sich als ein echtes Wesen wahrnimmt.

Ironischerweise versteht man, dass dieser Teil ihrer selbst, „die Seite, die sie nicht mögen" darstellt, es ist die, „die weit weg ist", die sie ablehnen und die „sie schlagen", „beschimpfen", „misshandeln" und der „der Schnee durch die Schuhe dringt" (S. 115–118). Alina erduldet das System des falschen Ichs, ihres leibhaften Körpers, bis zu dem Zeitpunkt, als dieses falsche Ich droht, das wahre Ich zu unterdrücken. Als dies geschieht, entsteht ein Ungleichgewicht, das Alina zwingt, die Welt des falschen Ichs mehr und mehr zu verlassen und sich in jenes andere Ich zurückzuziehen, das für die anderen „irreal", für sie jedoch höchst real ist. Die Welt der anderen hat für Alina jegliche Realität verloren.

> Aber die Person – beobachtet Laing –, die nicht in der Realität und nur in der Phantasie handelt, *wird selbst unreal*. Die aktuelle „Welt" wird für diese Person zusammenschrumpfen und verarmen. Die „Realität" der physischen Welt und anderer Personen hört auf, als Nahrung für kreative Imaginationsübungen benutzt zu werden, und verliert so immer mehr an Signifikanz in sich. Phantasie, ohne in gewissem Maß in der Realität verkörpert zu sein oder durch Injektionen der „Realität" bereichert zu werden, wird immer leerer und ätherischer. Das „Selbst", dessen Beziehung zur Realität schon dürftig ist, wird immer weniger ein Realitäts-Selbst, und in dem Maß, in dem es sich mehr und mehr in phantastischen Relationen zu seinem eigenen Phantomen (Imagos) engagiert, wird es mehr und mehr phantastisch.[107] […]

---

106 Anm. d. Übers.: lat. „rēx" und span. „rey" = „König".
107 Laing: *Das geteilte Selbst*, S. 83.

Für das schizoide Individuum wird direkte Teilnahme am Leben empfunden als ein ständiges Risiko, durch das Leben zerstört zu werden, da die Isolation des Selbst, wie wir sagten, als Versuch zu verstehen ist, sich in Ermangelung eines gesicherten Gefühls der Autonomie und Integrität selbst zu erhalten.[108]

Die ontologische Spaltung Alinas in ein „falsches" und ein „wahres Ich" wird schon auf den ersten Seiten ihres Tagebuchs deutlich. Im weiteren Verlauf des Tagebuchs vertieft sich diese Spaltung und Alina verliert den Kontakt zu dieser „sinnlosen", feindseligen, fremden Welt, um sich gänzlich mit jenen Fantasien zu identifizieren, die sie zuvor als Produkte ihrer Einbildungskraft erkannte und die sich nun in ihre einzige Realität verwandelt haben. Für Alina ist die Begegnung mit der Bettlerin und die Suche nach einer Brücke zu jener anderen Alina ein verzweifelter Versuch, ihre Realität wiederzufinden und zurückzuerobern: „Es ist leichter, hinauszugehen, um diese Brücke zu suchen, hinauszugehen auf der Suche nach mir und mich zu finden [...]" (S. 118). Am Ende ihres Tagebuchs spricht Alina den tiefen Riss ihres Ichs in unmissverständlichen Worten selbst an. Die Begegnung mit der Anderen, der Bettlerin, deren Existenz ihre Umwelt bestreitet, wird die Realisierung jenes „wahren Ichs" sein, authentisch und in höchstem Maße „real":

> Und es wird der Sieg der Königin sein über diese böse Anhänglichkeit, diese ungehörige heimliche Usurpation. Sie wird nachgeben, wenn ich wirklich ich bin, sie wird in meine lichte Zone treten, schöner und bestimmter[.] (S. 120)

Alina erkennt die endgültige Trennung zwischen ihrem falschen und ihrem wahren Ich, da die Akzeptanz des ersten die Negation des zweiten bedeutet. Bis zu diesem Moment, der mit dem Abschluss des Tagebuchs zusammenfällt, haben wir teil an der Erkundung eines Ichs (des wahren) im Bereich des anderen (des falschen), und das Tagebuch ist nichts anderes als die Suche nach diesem authentischen Sein, das von ihrer Umgebung abgelehnt und bedroht wird. Am Ende ihres Tagebuchs findet sich Alina an einem kritischen Punkt wieder, an dem die Koexistenz der beiden Ichs die Form eines unlösbaren Konflikts annimmt: Entweder das falsche verschlingt das wahre, was, wenn nicht einem Selbstmord, so doch dem Verlust jeglicher Realität für Alina gleichkäme, oder das wahre kappt die Verbindung zum falschen und übergibt sich endgültig jenen „Phantasien", die für Alina die echteste Form ihrer Realität darstellen. Laing beschreibt diesen Moment der schizoiden Entwicklung in Begriffen, die etwas Licht auf die Entwicklung Alinas als Figur werfen können:

---

108   Ebd., S. 87.

Das „wahre" Selbst, nicht länger im sterblichen Körper verankert, wird sozusagen „phantastiziert", verflüchtigt in ein wandelbares Phantom entsprechend der Imagination des Individuums. Isoliert wie das Selbst durch seine Abwehrmanöver gegen Gefahren von außen ist, die als Bedrohung seiner Identität erfahren werden, verliert es, was immer es an unsicherer Identität schon besaß. Mehr noch, das Zurückziehen von einer Realität resultiert in einer Verarmung des „Selbst". Seine Omnipotenz basiert auf Impotenz. Seine Freiheit operiert in einem Vakuum. Seine Aktivität ist ohne Leben. Das Selbst vertrocknet und stirbt.[109] [...]

Die anscheinend normale und erfolgreiche Anpassung und Adaptation an das alltägliche Leben wird vom „wahren Selbst" wahrgenommen als eine immer schmachvollere und/oder lächerlichere Vortäuschung. *Pari passu* ist sein „Selbst", in seinen eigenen phantasierten Relationen, mehr und mehr verflüchtigt, ist es unabhängig geworden von den Kontingenzen und Notwendigkeiten, denen es als ein Objekt unter anderen in der Welt unterworfen ist, in der es, wie es weiß, verpflichtet werden würde, zu dieser Zeit und an diesem Ort zu sein, Tod und Leben unterworfen, eingeschlossen in dieses Fleisch und diese Knochen. Wenn das „Selbst", so in Phantasie verflüchtigt, nun den Wunsch verspürt, seiner Abgesperrtheit zu entfliehen, die Vortäuschung zu beenden, aufrichtig zu sein, sich zu enthüllen, sich zu erklären und sich ohne Zweideutigkeiten zu erkennen zu geben, kann man Zeuge des Ausbruchs einer akuten Psychose werden. So eine Person hat, obwohl äußerlich gesund, fortschreitend ihre innere Gesundheit verloren.[110]

Dass Alina diesen Verlust wahrnimmt und dass sie sich bewusst ist, „aufrichtig zu sein" und „sich ohne Zweideutigkeiten zu erkennen zu geben", bedeutet einen Bruch mit jenem falschen Ich, das die anderen in ihr sehen. Im Text wird dies deutlich aufgezeigt:

Mich suchen gehen. Luis María sagen: „Lass uns heiraten und nimm mich mit nach Budapest, zu einer Brücke, wo es Schnee gibt und jemand." Ich sage: und wenn ich da bin? (Denn all das denke ich mit der heimlichen Überlegenheit, es im Grunde nicht glauben zu wollen. Und wenn ich da bin?) Nun, wenn ich da bin... Aber nur als Verrückte, nur... Was für Flitterwochen! (S. 116)

Doch ist die Erzählung weder eine klinische Studie noch ist es unsere Absicht, eine Diagnose anzubieten. Das Ziel dieser Beobachtungen ist, die Wirkung der Erzählung als literarischen Text zu untersuchen und einige Normen ihres Mechanismus' zu bestimmen. In diesem Sinne ist die erste Schlussfolgerung, dass das Tagebuch als Informationskanal der Erzählerin einzuführen, der erste gelungene Kunstgriff des Textes ist. Durch Alina selbst in der ersten Person erzählt, wird eine Kohärenz erzeugt (keine stilistische, sondern eine kompositorische), die ‚gegen den Strich' der fragmentierten Perspektive verläuft, mit der die Erzählerin den Konflikt ihrer

---

109 Ebd., S. 139.
110 Ebd., S. 145.

beiden Ichs registriert. Das Tagebuch ist in diesem Fall das einzige kohärenz-stiftende Erzählmedium, das die Perspektive des Erzählers zu vermitteln erlaubt, ohne seine Natürlichkeit zu verletzen: Das Wesen des gesamten Tagebuchs ist von Intimität, Fragmentierung und Authentizität geprägt. In „Die Ferne", wie in fast allen seinen Erzählungen, hat Cortázar diese Natürlichkeit erreicht, die er selbst als die größtmögliche Vollkommenheit einer Erzählung definiert hat:

> Das, was erzählt wird, muss aus sich selbst heraus anzeigen, wer spricht, aus welcher Distanz, aus welcher Perspektive und nach welchem Diskursmodus. Das Werk bestimmt sich nicht so sehr aus den Elementen der Geschichte oder ihrer Anordnung als durch die Modi der Erzählung, die annäherungsweise durch die Aussage der Geschichte selbst angezeigt werden.[111]

Die Ich-Spaltung Alinas erkennt man am Zögern, den Widersprüchen und der fiebrigen Darstellung. Für eine Figur, die ihre Umgebung als Inkarnationen ihres falschen Ichs sieht und gleichzeitig als eine Bedrohung für ihr wahres Ich, ist das Tagebuch die einzig mögliche Ausdrucksform: Wie könnte sie anderen „erzählen", was ihr passiert, wenn doch die anderen für sie die Negation dessen darstellen, was ihr passiert? Alina kann den schwierigen Prozess der Verflüchtigung ihres falschen Ichs ebenso wie die nicht weniger schwierige Suche einer Zugangsbrücke zu ihrem wahren Ich nur sich selbst erzählen. Die einzige Alternative zum narrativen Medium des Tagebuchs wäre die Form eines Gutachtens, das ein Psychiater im Verlauf von langen protokollierten Gesprächssitzungen von seinem Patienten erstellt. Aber eine solche Alternative, wie sie die phänomenologische Psychiatrie anwendet, kann man nicht mit der Erzählung vergleichen, da diese auf ganz anderen Gesetzen beruht und ganz andere Absichten verfolgt.

Das Tagebuch schließt mit der „Schließung" von Alinas falschem Ich. Hier offenbart sich das größte Problem des Textes: Wie ist die im Verlauf des Tagebuchs dargestellte Situation Alinas aufzulösen? In klinischer Terminologie? Natürlich nicht. Die Erzählung ist keine klinische Dokumentation eines „Falls", die, wie eine solche, mit dem Abschluss des Tagebuchs abgeschlossen wäre, weil der Analytiker meint, die „Diskrepanz [...] zwischen der Person, die man in den eigenen Augen ist (das Sein für sich selbst), und der Person, die man in den Augen des anderen ist (das Sein für den anderen)"[112] zu verstehen. Dieses Verständnis ist am Ende der Erzählung notwendig, um den Grund von Alinas Suche zu begreifen und ihr

---

111 Julio Cortázar: „No hay peor sordo que el que...", in: ders.: *La vuelta al día en ochenta mundos*, México: Siglo XXI 1967, S. 94. [Anm. d. Übers.: Dieser Aufsatz wurde in der deutschen Übersetzung des Bandes weggelassen.]
112 Laing: *Das geteilte Selbst*, S. 34.

Bedürfnis, sich in der Anderen oder, was das gleiche ist, in ihrem „wahren Ich" zu realisieren. Daher endet die Erzählung auch nicht mit dem Tagebuch. Doch die Kraft, die die Erzählung in Gang setzt, besteht im Konflikt zwischen dem falschen Ich und dem wahren Ich Alinas, zwischen Alina Reyes, „Tochter ihrer Mutter", Freundin von Nora, Freundin von Luis María, und der Bettlerin, die sie auf einer Brücke in Budapest erwartet, zwischen dieser und der Ferne(n).

Lionel Trilling hat beobachtet, dass die Suche nach Authentizität eines der hervorstechendsten Merkmale der Kultur unserer Zeit ist,[113] und ein Großteil von Cortázars Werk ist von einer ähnlichen Suche geprägt. Wenn *Rayuela* der große Roman dieser Suche ist, der Suche nach „einer letzten Insel", nach einem „Kibbuz des Verlangens", nach einem „Zentrum" und letztendlich, wie Cortázar selbst gesagt hat, nach einem Raum, „in dem sich der Mensch im Glück der vollkommenen Aussöhnung und dem Verschwinden aller Unterschiede selbst finden kann",[114] so ist „Die Ferne" vielleicht der erste Ausdruck dieser Suche. Veröffentlicht im Jahr 1949 ist Alina Reyes die erste Figur jener langen Reihe von „Verfolgern", die durch das gesamte Werk Cortázars diesen Raum suchen und erkunden, der nichts anderes repräsentiert als die Authentizität des Seins. Wie Talita in *Rayuela* schickt sich auch Alina an, die Brücke zu überqueren, im Wissen, dass sie mit diesem Akt ihr Wohlergehen aufs Spiel setzt. Denn wenn die Gefahr jener Brücke, die Oliveira und Traveler aus Brettern zwischen ihren Fenstern konstruiert haben, die Fragilität ihrer jeweiligen Beziehungen untereinander symbolisiert, als eine Metapher *in vivo* in Gestalt der Brücke, die Talita als Probe aufs Exempel eines prekären Gleichgewichts überqueren muss,[115] so ist die Gefahr, der sich Alina aussetzt, ebenfalls der Bruch eines fragilen Gleichgewichts zwischen den beiden Ichs ihres gespaltenen Wesens. Aber Talita und Alina überqueren die Brücke, weil sie mit dieser Handlung eine außerweltliche Welt berühren, die sie das nahe Bevorstehen einer Wiedervereinigung spüren lässt.

Die Brücke, die Talita überquert, ist im Raum des Absurden errichtet, doch Talita überquert sie, weil sie, ohne zu verstehen, „versteht", dass, „nur wenn man absurd lebte, [...] man diese endlose Absurdität einmal durchbrechen [könnte]" (*Rayuela*, S. 124). Während *Rayuela* die existenzialistische Antwort auf Talitas Dilemma darstellt, löst „Die Ferne" Alinas Wahl im Sinne einer Poetik des Neo-

---

113 Trilling: „Das authentische Unbewusste", S. 128.

114 Harss: *Los nuestros*, S. 267.

115 In Kapitel 43 von *Rayuela* kommentiert Talita den Vorschlag ihrer Überquerung der prekären, von Oliveira und Traveler aus Brettern konstruierten Brücke: „Ich bin in der Mitte wie dieses Ding an der Waage, von dem ich nie genau weiß, wie es heißt" (Cortázar: *Rayuela*, S. 312).

fantastischen. Um Alinas „Phantasien" Eigentlichkeit zu verleihen, überlässt die Erzählung einem Erzähler in dritter Person das Wort. Wir wissen schon, dass diese „Phantasien" Alinas der tiefere Ausdruck ihres wahren Ichs sind, doch da „das fantastische Element" im Zögern zwischen dem „Unheimlichen" (das die kausale Ordnung nicht verletzt, außer im Bewusstsein des Lesers) und dem „Wunderbaren" (das eine zweite Ordnung innerhalb der Ordnung der Kausalität einführt) besteht, tritt dieses Zögern erst gegen Ende auf. Der zweite Erzähler von „Die Ferne" hält die gewohnheitsmäßige Ordnung aufrecht, die durch das Tagebuch hergestellt wird, um schließlich einem magischen Akt stattzugeben, der nichts anderes ist als das plötzliche Eindringen der mentalen oder imaginären Sphäre in die historische. Die von Alina oft erträumte Brücke ist dennoch eine physische Realität in einer weit entfernten und kalten Stadt, doch die Erscheinung der „zerlumpte[n] Frau mit dem schlaffen schwarzen Haar" (S. 120) verwandelt sie in eine Metapher jenes so gesuchten „Zentrums", in das Alina „voll und ganz" (S. 121) eintritt. Alinas Fantasma, ihr inneres und „fernes" Ich, ihr von den anderen abgelehntes und misshandeltes Ich, hört auf, ein vom System ihres falschen Ichs belagertes und bedrängtes Fantasma zu sein, um die Dimension einer Realität zu erlangen, die Alina das ihr entrissene Glück zurückgibt:

> Sie hielt die schlanke Frau eng umschlungen, spürte sie in ihrer Umarmung, voll und ganz, mit zunehmendem Glücksgefühl ähnlich einer Hymne, dem Auffliegen von Tauben, dem brausenden Fluss. (S. 121)

In Gestalt der Bettlerin *umarmt* Alina (im doppelten Sinne von ‚mit den Armen umfassen' und ‚annehmen') ihr wahres Ich und exorziert ihr falsches Ich. Die Begegnung ist „der Sieg der Königin [...] über diese ungehörige heimliche Usurpation" (S. 120). In der Umarmung wird die Andere, in der Alina sich als die Wahre erkennt, „in ihre lichte Zone treten, schöner und bestimmter" (S. 120); sie dagegen, „Alina Reyes, sehr hübsch in ihrem grauen Kostüm" (S. 121), die Falsche, verlässt sie wie ein fremdes Wesen, wie „eine böse Anhänglichkeit" (S. 120), die aus ihrem Ich operativ entfernt wurde. Es ist nicht wichtig, ob diese Übertragung in psychiatrische Termini einem psychotischen Zusammenbruch oder einer Entfremdung gleichkommt; in literarischen Begriffen stellt sie eine Aussöhnung dar: die Akzeptanz eines authentischen Ichs und die Zurückweisung eines entfremdeten Ichs. Und diese „literarischen Begriffe" sind die wichtigen, weil die Erzählung aus Alinas Perspektive gestaltet ist und nicht aus Sicht eines „objektiven Erzählers", der von außen beobachtet und diagnostiziert, und weil die Literatur nicht „heilen", sondern verstehen will.

Alinas Verdoppelung konstituiert das, was man in der Sprache des „Doppel-gängers" als „Dissoziation" und „Auflösung"[116] bezeichnet. Doch der Gebrauch des Doppelgängermotivs in „Die Ferne" ist weder ein bloßer Trick, der, nach Ralph Tymms, den Doppelgänger in eines der „oberflächlichsten und unbeliebtesten Mit-tel der Fiktion"[117] verwandelt hat, noch die Geschichte eines gefühllosen klinischen Falls, der dem Leser jene Distanz aufzwingt, die ihn, wie im Fall von *Der Doppel-gänger* von Dostojewski, von der Figur trennt und ihn daran hindert, sich mit ihrem Zustand zu identifizieren. Alinas Suche wirft vielmehr Fragen auf, in denen jeder sensible Leser seine eigenen Dilemmata wiedererkennt. Wenn es in „Die Ferne" einen Doppelgänger gibt – die Königin, die Bettlerin –, so besteht seine Absicht nicht darin, den Leser mit einer außergewöhnlichen Begebenheit zu erschüttern, wie es in bestimmten Erzählungen geschieht, die den Impuls einer Tradition aus-nutzen und das Motiv in ein technisches Verfahren oder einen Trick des Handwerks verwandeln. Die Erscheinung des „Doppelgängers" in „Die Ferne" ist aus dem In-neren der Figur motiviert und legitimiert. Ihre Funktion ist erkennbar unter der Voraussetzung, dass man zuerst die tiefgreifende Menschlichkeit der Figur und das komplexe Gleichgewicht ihres geteilten Wesens versteht. Sobald dies geschieht, ist das fantastische Element nichts anderes als eine weitere Dimension des „Realen", der Übergang von einer Geometrie zu einer anderen, die das Intolerable der ersten toleriert und in der wir nicht ihren Widerspruch, sondern ihre Ergänzung erkennen. Das Fantastische wird hier nicht zu einem Bruch mit der historischen Realität, ob-wohl es aus dem Blickpunkt unserer logischen Koordinaten so erscheinen könn-te, sondern die Realisation dessen, was aus seiner kausalen Struktur heraus nicht realisierbar ist; ähnlich der Entwicklung eines Kükens, das beim Schlüpfen das Ei zerstört, um die nächsthöhere Stufe seines Lebenszyklus zu beginnen.

Obwohl die formale Struktur von „Die Ferne" die eines Tagebuchs plus Koda in dritter Person ist, gibt es in ihr, wie auch in den anderen Erzählungen in *Bestiarium*, vier narrative Glieder: einen Raum *(a)*, in dem die Figuren interagieren *(b)* und einen Konflikt hervorrufen *(c)*, der sich am Ende auflösen wird *(d)*. Doch im Gegensatz zu den anderen Erzählungen überlagern sich diese narrativen Teile in „Die Ferne": Von den ersten Seiten des Tagebuchs an überschneidet sich jedes einzelne der Glieder mit den anderen und der Fortschritt der Erzählung findet nicht durch eine sequentielle Ordnung statt, in der eine Einheit die vorhergehende absorbiert und ersetzt, sondern durch die Fokussierung auf die gleichzeitige Sicht der vier Einheiten. Schon die ersten Seiten definieren den narrativen Raum Alinas (die Welt innerhalb und außer-

---

116 Vgl. Rogers: *A Psychoanalytic Study of the Double in Literature*, S. 12 f.
117 Ebd., S. 31.

halb des Hauses), die Figuren (Alina, die Mutter, Nora, Luis María, die Freundinnen der Mutter), den Konflikt (Alina sieht sich als „eine schrecklich tönende Glocke, eine Woge, die Kette, die Rex die ganze Nacht bei den Ligustern hinter sich her schleift"), und die Auflösung („diese Alina Reyes, die Bettlerin in Budapest sein wird"). Aber diese Totalität wird auf eine kryptische Weise präsentiert und der Rest des Textes funktioniert wie ein System aus Linsen, die teleskopisch die einen in die anderen einfügen wie bei einem Mikroskop, bis sie jenem ersten verschwommenen Bild komplette Klarheit und Schärfe verliehen haben. Wie die anderen Erzählungen in *Bestiarium* präsentiert „Die Ferne" den Konflikt zwischen einer geschlossenen Ordnung (das System des falschen Ichs von Alina) und einer offenen Ordnung (ihr wahres Ich), der sich in der Absorption der ersten durch die zweite Ordnung auflöst. Die Spaltung im Bewusstsein Alinas zwischen zwei Ichs, die sich ihr Dasein streitig machen, endet mit einem Bruch, durch den die Figur eine geschlossene Ordnung, in deren Raum sich ihr falsches Ich bewegt hat, aufhebt, um in eine offene Ordnung einzutreten, die die Realisation ihres wahren Ichs erlaubt.

In einer Notiz in Morellis Heften findet sich eine Beobachtung, ganz im Sinne von „Die Ferne": „[…] dass der Mensch nicht ist, sondern zu sein sucht, dass er zappelnd unter Worten und Verhaltensweisen und blutbespritzter Freude […] sein Sein entwirft" (*Rayuela*, S. 421). Um nichts anderes dreht sich Alina Reyes' Suche. Es ist irrelevant, dass Alina auf dieser Suche alle Karten der Vernunft aufs Spiel setzt, denn diese Vernunft ist die Wurzel jenes Gefühls der Verwirrung, das sie zur Selbstzerstörung, zur Aufgabe ihres Seins zwingt bzw., was das Gleiche ist, sie zwingt, jene stereotype Rolle zu spielen, die sie in den durch Gewohnheit verfälschten Alltagsspielen einnimmt. Die schizoide Alina dagegen, jene Bettlerin, die sie im Zentrum der fernen Brücke erwartet, ist die einzige, die sie als ihre „lichte Zone" erkennt, als den Raum ihres wahren Seins, als den Punkt der Wiedervereinigung und Aussöhnung des Für-sich-selbst-Seins und des Für-andere-Seins. Die Brücke, die Alina überquert, ist nichts anderes als jene Brücke, die in *Rayuela* als die „Brücke von Mensch zu Mensch" (*Rayuela*, S. 314) definiert wird. Nachdem Alina sie überquert hat, wird sie der Anderen begegnen und die Andere sein. Ohne die Komplexität und die Pluralität der Perspektiven von *Rayuela*, präsentiert „Die Ferne" schon im Kern jene Fragen, die Horacio Oliveira plagen werden. In „Die Ferne" wird eine fantastische Antwort auf jene Suche gegeben, doch das fantastische Moment ist nicht ein Versuch, mit den Ängsten des Lesers zu spielen; es ist ein Zugangsweg zu jener zweiten Ordnung mittels einer Metapher, die, wie die Kaninchen in „Brief an ein Fräulein in Paris", nicht nur eine bloße trügerische Halluzination der Figur ist, sondern ein Mittel des poetischen Erkennens bestimmter Schichten der Realität, die sich einer logischen Erkenntnis widersetzen.

IX Conclusio

Unsere Analyse der Erzählungen von *Bestiarium* kann man als den Versuch auffassen, die Struktur ihrer Inhalte zu studieren und eine Isotopie zu bestimmen, die als generierendes Prinzip der Erzählungen agiert. Roland Barthes unterscheidet drei Beschreibungsebenen des narrativen Werks:

> [D]ie Ebene der *„Funktionen"* (in der Verwendung des Wortes bei Propp und Bremond), die Ebene der *„Handlungen"* (in der Verwendung des Wortes bei Greimas, wenn er von den Protagonisten als Aktanten spricht) und die Ebene der *„Narration"* (die im Großen und Ganzen der Ebene des „Diskurses" bei Todorov entspricht).[118]

Barthes fügt umgehend hinzu, dass

> diese drei Ebenen durch einen progressiven Integrationsmodus verknüpft sind: Eine Funktion erhält nur insofern Sinn, als sie sich in die allgemeine Handlung eines Aktanten eingliedert; und diese Handlung erhält ihren letzten Sinn aufgrund der Tatsache, dass sie erzählt, einem Diskurs mit seinem eigenen Code anvertraut wird.[119]

Die Aufgabe der Definition der kleinsten narrativen Einheiten oder dessen, was Greimas „narrative Syntagmen" und Propp „Funktionen" nennt, wurde mit wechselndem Erfolg von ebenjenem Propp in seiner längst klassisch gewordenen *Morphologie des Märchens*, von Lévi-Strauss in seinen dem Mythos gewidmeten Studien und von Greimas in seinem Aufsatz, der sich mit der Interpretation der mythischen Erzählung beschäftigt,[120] durchgeführt. Doch während diese narrativen Formen einer mündlichen, populären oder folkloristischen Tradition angehören, die ihnen, aufgrund ihres variablen Charakters, aus dem sich neue Formen ableiten, eine mehr oder weniger schwierige, aber immer präsente, erkennbare Formel auferlegt, macht die Komplexität und Diversität der Erzählungen in *Bestiarium* diese Operation bedeutend diffiziler. Es handelt sich um äußerst unterschiedliche Erzählungen, die sich bereits etablierten oder entworfenen Modellen widersetzen. Sie entziehen sich außerdem einer exzessiven, detailgenauen Beschreibung ihrer Funktionen, schon weil jede einzelne Erzählung wie ein autonomer Organismus funktioniert, der sein eigenes System von unabhängigen und für seine spezifischen Zwecke notwendigen Funktionen kreiert.

---

118 Roland Barthes: „Einführung in die strukturale Analyse von Erzählungen", in: ders.: *Das semiologische Abenteuer*, übers. v. Dieter Hornig, Frankfurt a. M.: Suhrkamp 1988, S. 108.

119 Ebd.

120 Vgl. Algirdas Julien Greimas: „Éléments pour une théorie de l'interprétation du récit mythique", in: *Communications* 8 (1966), S. 28–59.

Gibt es eine erkennbare Form der Inhalte in den Erzählungen von *Bestiarium*? Ist eine „vertikale" Lektüre dieser Erzählungen möglich in dem Sinne, den Lévi-Strauss für die Untersuchung von Mythen vorschlägt? Und schließlich: Ist die Definition einer Variablen oder einer Isotopie zulässig, die, wendet man die Terminologie Chomskys an,[121] als eine *Tiefenstruktur* (Grammatik) funktioniert, die die in jeder Erzählung objektivierte *Oberflächenstruktur*, kontrolliert? Diese Fragestellungen waren unser Ausgangspunkt. Der erste Schritt in Richtung einer Antwort bestand in einer Bestimmung der Segmente des narrativen Diskurses jeder Erzählung. In diesem Sinne haben wir eine induktive Methode verfolgt,[122] das heißt, wir sind nicht von einem Modell *a priori* ausgegangen, sondern wir haben jede Erzählung im Einzelnen betrachtet, bevor wir die narrativen Einheiten festlegten. Was ist eine narrative Einheit? Für Greimas handelt es sich nicht nur um eine paradigmatische Funktion, die sich auf der Bedeutungsebene zeigt; sie ist zudem ein formales Element, daher die Bezeichnung als „syntagmatische Einheit".[123] Allgemeiner gesprochen definiert Barthes sie als „jedes Segment der Geschichte, das als Glied einer Korrelation auftritt",[124] und fügt hinzu:

> Die „Sprache" der Erzählung unterscheidet sich also von der gegliederten Sprache – obwohl sie oft von ihr getragen wird; desgleichen sind die Erzähleinheiten in ihrer Substanz unabhängig von den linguistischen Einheiten: sie können zwar zur Deckung kommen, aber nur gelegentlich, nicht systematisch; die Funktionen können mitunter von satzüberschreitenden Einheiten (Gruppen von Sätzen *bis hin zum gesamten Werk*) gebildet werden, mitunter von kleineren Einheiten (Syntagma, Wort und sogar von bestimmten literarischen Elementen innerhalb des Wortes).[125]

Konfrontiert mit der Heterogenität der Inhalte, die *Bestiarium* präsentiert, waren wir geneigt, die narrativen Einheiten jeder Erzählung ausgehend von bestimm-

---

121 Noam Chomsky: „Deep Structure, Surface Structure and Semantic Interpretation", in: Danny Steinberg u. Leon Jacobovits (Hg.): *Semantics. An Interdisciplinary Reader in Philosophy, Linguistics and Psychology*, Cambridge: Cambridge University Press 1971, S. 183–216.

122 Trotz der Bemerkung Barthes', der die Verwendung einer deduktiven Methode in jeder strukturalen Analyse als Vorbedingung postuliert, da sie „Millionen von Erzählungen gegenübersteht" (Barthes: „Einführung in die strukturale Analyse von Erzählungen", S. 104). Barthes meint jedoch ein theoretisches Modell, das auf jegliche Erzählung anwendbar ist und nicht auf die Untersuchung einer bestimmten Gruppe von Erzählungen abzielt.

123 Barthes: „Einführung in die strukturale Analyse von Erzählungen", S. 139.

124 Ebd., S. 109.

125 Ebd., S. 110. [Anm. d. Übers.: Hervorhebung von Alazraki.]

ten narrativen Elementen zu definieren – Raum, Ambiente, Figuren, Konflikt, Lösung/Auflösung –, die traditionell mit einer Rhetorik des Erzählens assoziiert werden, welche so hinreichend konventionalisiert ist, dass die Terminologie unmittelbar vertraut wirkt. Diese Elemente tauchen mehr oder minder in jeder Erzählung auf, doch das, was sie zu narrativen Einheiten macht, ist der ganz eigene *Modus der Korrelation* in den Erzählungen von *Bestiarium*: Eine oder mehrere Figuren, die sich in einem bestimmten Raum oder Ambiente befinden, treten in einen Konflikt mit diesem; dieser Konflikt löst sich durch die Intervention eines fantastischen Elements, das wie eine Metapher funktioniert, die einer kausalen und geschlossenen Ordnung trotzt, um eine gegenteilige Ordnung einzuführen. Das fantastische Element provoziert eine Disjunktion, die den Zusammenbruch der geschlossenen Ordnung zugunsten einer offenen Ordnung bedeutet. Aus der geschlossenen Ordnung des Hauses gehen die Geschwister aus „Das besetzte Haus", vertrieben von „den Geräuschen" (fantastisches/metaphorisches Element), in eine offene Ordnung der Straße über. Der Protagonist aus „Brief an ein Fräulein in Paris" bricht die geschlossene Ordnung der Wohnung in der Calle Suipacha auf, indem er sich, bedrängt von den erbrochenen Kaninchen, selbst tötet. Die Mancuspien (Metapher) aus „Kopfschmerz" entkommen ihrem Gehege (geschlossene Ordnung) und drohen, ins Haus einzufallen. Die beiden Fahrgäste ohne Blumen in „Omnibus" verletzen eine Ordnung, indem sie einen Raum betreten, in dem alle Fahrgäste Blumen haben. Mauro in „Die Pforten des Himmels" verletzt den Himmel/Raum Celinas (die Spelunke von Kasidis) und diese, „die Tote", kehrt zurück in „eine Ordnung, in die ihr Mauro nicht folgen kann". Mario in „Circe" betritt die geschlossene Ordnung der Streiche/Zauberei von Delia Mañara, um diese zu durchschauen und auf diese Weise dagegen zu verstoßen. In „Bestiarium" reist Isabel nach Los Horneros und zerstört die geschlossene Ordnung des Landguts, indem sie den Nene täuscht und ihn dazu zwingt, gegen die Souveränität des Tigers zu verstoßen, der diese Ordnung verkörpert. Schließlich löst in „Die Ferne" die Begegnung Alinas mit der Bettlerin (fantastisches Element) den Konflikt zwischen ihrem falschen Ich und ihrem wahren Ich, wodurch eine Ordnung die andere ersetzt.

Zu beachten gilt, dass eine allzu kleinteilige abstrakte Zerlegung der narrativen Einheiten jeder Erzählung – falls das überhaupt durchführbar ist – die *Tiefenstruktur*, aus deren Syntax sich jede Erzählung konfiguriert, unmöglich und „unleserlich" machen würde. Behält man diese Anmerkung im Auge, ist es möglich, eine Zusammenfassung wie im folgenden Diagramm zu entwerfen:

Erzählung	Raum (setting)	Figur (Figuren)	Trennung/Bruch (fantastisches Element)	Lösung (Auflösung)
„Das besetzte Haus"	Haus	Geschwister	Geräusche	Vertreibung
„Brief an ein Fräulein in Paris"	Wohnung	Erzähler	Kaninchen	Suizid
„Kopfschmerz"	Haus/Kopf	Haus/Kopf	Mancuspien	Tod der Mancuspien
„Omnibus"	Omnibus	Fahrgäste mit Blumen	Fahrgäste ohne Blumen	Kauf von Blumen
„Die Pforten des Himmels"	Kasidis Spelunke	Celina	Hochzeit/Mauro	Tod Celinas
„Circe"	Haus von Delia Mañara	Mario/Freund von Delia	Entdeckung der Kakerlaken	Trennung
„Bestiarium"	Landgut der Funes	Isabel	Tiger/Isabels Täuschung	Elimination des Nene
„Die Ferne"	Geteiltes Wesen von Alina/ Buenos Aires – Budapest	Wahres Ich/falsches Ich	Begegnung mit der Bettlerin	Rochade Alina – Bettlerin

Dieses Diagramm ergibt sich aus den detaillierten Einzelanalysen der Erzählungen und muss im Kontext dieser Analysen gelesen werden. Die narrativen Einheiten, wie sie in der Tabelle beschrieben sind, stellen eine Abstraktionsebene dar, die nicht ausreicht, um über ihre Bedeutung Auskunft zu geben. Sie repräsentieren eine Lektüreebene, die sich mit anderen Ebenen der Lektüre des gleichen Textes vervollständigt und ausdrückt. Die Abstraktion dieser narrativen Einheiten und Funktionen ermöglicht indes den Zugang zu *einer Ebene* der narrativen Struktur, die aus der Betrachtung des Gesamtbildes nicht ersichtlich wird. Die Theorie der zwei Ebenen wurde vom Linguisten Benveniste entwickelt und nimmt zwei Typen von Relationen an: *distributionale* und *integrative*. Barthes hat diese Terminologie übernommen, um zwei große Funktionsklassen oder narrative Einheiten zu definieren: distributionale Funktionen und integrative Funktionen. Die ersteren korrespondieren mit den Funktionen von Propp; die integrativen Funktionen dagegen

[verweisen] nicht auf einen ergänzenden und folgerichtigen Akt [...], sondern auf einen mehr oder weniger unscharfen Begriff, der jedoch für den Sinn der Geschichte notwendig ist: Hinweise auf den Charakter der Protagonisten, Informationen über ihre Identität, Anmerkungen zur „Atmosphäre" usw.; die Relation zwischen der Einheit und ihrem Korrelat ist nun nicht mehr distributionell (oft verweisen mehrere Indizien auf dasselbe Signifikat, und die Reihenfolge ihres Auftretens im Diskurs ist nicht unbedingt relevant), sondern integrativ; will man „den Zweck" einer indiziellen Notation verstehen, muss man auf eine höhere Ebene (Handlungen der Protagonisten oder Narration) übergehen, erst dort tritt das Indiz hervor[.][126]

Barthes nennt die ersteren *Funktionen* im engeren Sinne und die zweiten *Indizien*.

[D]ie *Indizien* sind aufgrund der gewissermaßen vertikalen Natur ihrer Relationen echte semantische Einheiten, da sie im Gegensatz zu den „Funktionen" im engeren Sinn auf ein Signifikat und nicht auf eine „Operation" verweisen; [...] Die *Funktionen* implizieren metonymische *Relata*, die *Indizien* metaphorische *Relata*; die einen entsprechen einer Funktionalität des Tuns, die anderen einer Funktionalität des Seins.[127]

In einer Handlungserzählung wie „Das besetzte Haus" definieren die Indizien (die Beschreibung des Hauses, die Gewohnheiten der Geschwister, ihr Lebensstil) eine Atmosphäre oder ein Ambiente viel besser als die Psychologie oder das Wesen der Figuren; in „Die Ferne" dagegen, die eine Charaktererzählung ist, beschreiben die Indizien besonders Merkmale des Temperaments oder der Psyche: Die drei Metaphern, die Alina benutzt, um sich selbst zu beschreiben (eine

---

126 Ebd., S. 111 f.
127 Ebd., S. 112. [Anm. d. Übers.: Hervorhebungen von Alazraki.]

tönende Glocke, eine Woge, die Kette, die Rex die ganze Nacht hinter sich her schleift), umreißen präzise ihre Situation des Verrückt-Werdens; ihre Referenzen auf die Königin, den Schnee und die Kälte sind nicht bloße Abschweifungen der fiebernden Imagination Alinas, sie definieren einen Bewusstseinszustand mittels einer unmissverständlichen Terminologie innerhalb eines schizoiden Codes.[128] In den Einzelanalysen der Erzählungen haben wir uns auf einige Indizien bezogen, doch unser Ziel war es, die Funktionen zu bestimmen. Ohne das System der Indizien auszuschöpfen, was eine gesonderte und detaillierte Untersuchung jeder Erzählung erfordern würde, haben wir jene erwähnt, die erlauben, wenn nicht ein Gesamtbild der Bedeutung jeder Erzählung, so doch eine Perspektive zu gewinnen, aus der die Funktionen und narrativen Einheiten nicht in einem abstrakten Schwebezustand definiert werden, sondern aus diesem Teilsinn, der ihnen eine gewisse Realität verleiht. Eine Erzählung wie „Das besetzte Haus" ist deutlich „funktional", „Die Ferne" dagegen ist deutlich „indiziell"; man versteht schließlich, dass diese letzte Erzählung eine detailliertere „indizielle" Untersuchung erforderte, als die vorangehenden.

Schließlich hat Barthes hinsichtlich der *Funktionen* beobachtet, dass

> nicht alle Einheiten von gleicher „Wichtigkeit" [sind]; manche erweisen sich als richtiggehende Scharniere der Erzählung (oder eines Teils der Erzählung); andere wieder „füllen" nur den narrativen Raum, den Abstand zwischen den Scharnier-Funktionen: Bezeichnen wir erstere als *Kardinalfunktionen* (oder *Kerne*) und zweitere, mit Rücksicht auf ihre ergänzende Natur, als *Katalysen*. Kardinal wird eine Funktion allein dadurch, dass die Handlung, auf die sie sich bezieht, eine für den Fortgang der Geschichte folgentragende Alternative eröffnet (aufrechterhält oder beschließt), kurz, dass sie eine Ungewissheit begründet oder beseitigt; [...] Hingegen lassen sich zwischen zwei Kardinalfunktionen immer Zusatznotationen anbringen, die sich um den einen oder anderen Kern ballen, ohne deren alternativen Charakter zu modifizieren: [...] die Katalysen sind bloß konsekutive Einheiten, die Kardinalfunktionen sind gleichzeitig konsekutiv und konsequentiell.[129]

Es wird deutlich, dass die narrativen Einheiten, die wir in unserem Schema ausgewiesen haben, mit dem von Barthes definierten Typ der „Kardinalfunktionen" korrespondieren. Sie sind „die Risikomomente der Erzählung", das Subjekt und Prädikat einer narrativen Grammatik, die die Erzählung in Gang setzt. Das Vorhandensein jeder einzelnen von ihnen ist unverzichtbar, damit sich die Erzählung entfalten kann, genauso wie die mündliche Rede nicht ohne Subjekt oder Prädikat auskommt. Das Subjekt kann stillschweigend sein, doch das grammatische Ge-

---

128 Zu diesem Aspekt vgl. Laing: *Das geteilte Selbst*.
129 Barthes: „Einführung in die strukturale Analyse von Erzählungen", S. 112 f.

schlecht des Verbs denotiert es. Ebenso gibt es stillschweigende Funktionen der Erzählung, Präsenzen, die keine differenzierte Einheit bilden, wie zum Beispiel die Kontraktion Raum/Figur in „Kopfschmerz" oder „Die Ferne". Doch, ob ausgedrückt oder stillschweigend, jede der in der Grafik dargestellten Kardinalfunktionen, formt eine Einheit, die sich im Kontext artikuliert, um die Struktur der Erzählung zu bilden.

Wenn die so definierten Kardinalfunktionen jedoch die Sinnstruktur der Erzählung bestätigen und einen Signifikanten sichtbar machen, der diesem Inhalt Realität verleiht, stellt die Struktur eine vom Inhalt abstrahierte Ebene der unbewussten Bedeutung dar, einen tiefer liegenden Sinn, der unter (oder über) jeder Erzählung auftaucht und in der Gesamtheit der Erzählungen von *Bestiarium* Bestätigung und Unterstützung findet. Ein Zeichen ist das Resultat einer Verbindung zwischen einem *Inhalt* und einem korrespondierenden *Ausdruck*, der ihn sichtbar macht – im System der Sprachen kennt man diese beiden Teile des Zeichens seit Saussure als *Signifikat* und *Signifikant* –, doch jene Einheit *Inhalt/Ausdruck* wird, gemäß dem in der Semiotik gängigen Schema, ihrerseits der Ausdruck eines neuen Inhalts:[130]

Ausdruck		Inhalt
Ausdruck	Inhalt	

In Lévi-Strauss' Beispiel repräsentieren der König und die Schäferin des Märchens die Einheit *Ausdruck/Inhalt*, welche in der Opposition *König/Schäferin* organisiert ist, die wiederum den Ausdruck eines neuen Inhalts und einer neuen Opposition konstituiert: *männlich/weiblich* (bezüglich der Natur) und *oben/unten* (bezüglich der Kultur). Für Lévi-Strauss ist die bloße Abstraktion einer Struktur (Opposition: *König/Schäferin*) noch kein Endpunkt, sondern nur ein vorläufiger, wenngleich entscheidender Schritt, um zu verstehen, wie diese Struktur (Ausdruck, Signifikant), die Form und Inhalt als eine Einheit real und erkennbar macht, sich als der Ausdruck eines neuen Sinns (*männlich/weiblich*) selbst begründet: „[S]ofern man nicht heimlich den Inhalt wieder in die Form integriert, muss diese auf einem so hohen Abstraktionsniveau bleiben, dass sie nichts mehr bedeutet und auch keinen heuristischen Wert mehr hat".[131] Für Barthes jedoch ist die Literatur „sehr wohl nur eine *Redeweise* [...]: ihr Wesen liegt nicht in ihrer Botschaft, sondern

---

130   Vgl. Umberto Eco: *Semiotik. Entwurf einer Theorie der Zeichen*, übers. v. Günter Memmert, München: Wilhelm Fink 1991, S. 84.
131   Lévi-Strauss: „Die Struktur und die Form", S. 153 f.

in ihrem System",[132] doch fügt er hinzu, dass „das einzige Merkmal, das sie von anderen Kommunikationsmedien unterscheidet, [...] ihre Abhängigkeit von einer Form oder einem Zeichensystem [ist], mit deren Signifikanten die Literatur die Welt verhört".[133] Welchen heuristischen Wert transportiert die Struktur, so wie wir sie beschrieben haben, in den Erzählungen von *Bestiarium*? Auf welche Weise befragt *Bestiarium* von seinen Signifikanten ausgehend die Welt? Das erste, was die Tabelle, die die narrativen Einheiten einer singulären Struktur zusammenfasst, aufzeigt, ist eine *konstante Opposition*. Eine Opposition zwischen einer *geschlossenen Ordnung* und einer *offenen Ordnung*, zwischen einer These und einer Antithese, zwischen einem leeren und dehumanisierten Code und einem neuen und menschlicheren Code, zwischen falscher und wahrer Freiheit, zwischen einer von Gewohnheit einbalsamierten Realität und einer Realität, die von und durch den Menschen revitalisiert wurde. In dieser Opposition, die die Struktur gerade einmal als unterschwellige Frage aufwirft, erkennen wir unmittelbar die Schlagworte jener Suche, die mit *Rayuela* in Romanform gebracht wurde. In den Worten von Cortázar selbst:

> *Rayuela* ist sowas wie die Synthese meiner zehn Jahre, die ich in Paris gelebt habe, und der Jahre davor. Dort unternahm ich den Versuch, viel eingehender, als ich zu diesem Zeitpunkt eigentlich fähig war, mich in Form eines Romans mit Fragen auseinanderzusetzen, die andere, die Philosophen, in metaphysischen Begriffen verhandeln. Will heißen: die großen Probleme, die großen Fragen. [...] Das zentrale Problem für die Figur in *Rayuela*, mit der ich mich in diesem Fall identifiziere, ist, dass sie eine Sicht der Realität hat, die wir als wunderbar bezeichnen könnten. Wunderbar in dem Sinne, dass sie glaubt, die gewöhnliche Wirklichkeit verdecke eine zweite Realität, die weder mysteriös noch transzendent noch theologisch ist, sondern zutiefst menschlich, die jedoch durch eine Reihe von Irrtümern [...] wie verborgen blieb, hinter einer durch viele Jahre der Kultur präfabrizierten Realität, einer Kultur, in der es zwar Wunderbares gibt, aber auch tiefgreifende Verwirrung, grundlegende Verfälschungen. Im Fall der Figur in *Rayuela* muss sie sich ihren Weg über plötzliche Einbrüche in eine authentischere Realität bahnen.[134]

Wenn die durch die Struktur der Erzählungen von *Bestiarium* geäußerte Opposition eine unbewusste Bedeutung konnotiert, so ist dieses Unbewusste dennoch in ein Bewusstsein eingeschlossen, das in *Rayuela* in Form einer eindeutigen Weltsicht zum Ausdruck kommt. Die Beziehung zwischen der in *Rayuela* entwickelten Weltsicht und den „fantastischen" Erzählungen wurde von Cortázar

---

132   Barthes: „Was ist Kritik?", S. 122. [Anm. d. Übers.: Im Original ohne Nachweis.]

133   Roland Barthes: *Ensayos críticos*, Barcelona: Seix Barral 1967, S. 192 f. [Anm. d. Übers.: Weder französische, spanische noch deutsche Quelle auffindbar.]

134   García Flores: „Siete respuestas de Julio Cortázar", S. 10 f.

selbst definiert: „*Rayuela* ist gewissermaßen die Philosophie meiner Erzählungen, eine Untersuchung dessen, was im Laufe vieler Jahre ihren Stoff oder ihren Impuls bestimmte."[135] Oder noch expliziter:

> Wenn ich eine Erzählung schreibe, reflektiere ich kaum oder gar nicht; wie bei den Gedichten habe ich den Eindruck, dass sie sich von selbst geschrieben haben, und ich glaube nicht aufzuschneiden, wenn ich sage, dass viele von ihnen an dieser Suspension der Kontingenz und der Ungläubigkeit teilhaben, worin Coleridge das Kennzeichen höchsten dichterischen Tuns sah. Dagegen sind die Romane systematischere Unternehmungen gewesen, in denen sich die Entrückung dichterischen Ursprungs nur intermittierend einschaltete, um eine von der Reflexion hinausgezögerte Handlung voranzutreiben.[136]

Der „fantastische" Rohstoff der Erzählungen in *Bestiarium* kann *keinerlei* Beziehung zu dem Material haben, das in *Rayuela* zum Roman wurde. Was die Analyse der Struktur der Erzählungen dennoch aufdeckt, ist, dass von den Signifikanten bzw. den als *konstanten Oppositionen* artikulierten Kardinalfunktionen aus gesehen die Erzählungen eine Frage ausdrücken, die sich in nichts von der großen Frage unterscheidet, die auch *Rayuela* formuliert. Jede einzelne und alle Erzählungen von *Bestiarium* erzeugen, in Bezug auf jene konstante Spannung zwischen einem geschlossenen Raum oder einer geschlossenen Ordnung und einer sekundären oder tertiären narrativen Einheit, die diese in Frage stellt oder verletzt, die gleiche Konfrontation, die zwischen einer „wunderbaren" Realität und einer alltäglichen, sie maskierenden Realität in *Rayuela* stattfindet. Doch während die Romanfiguren reflektieren, wenn auch mehr imaginativ als logisch, wie Cortázar sofort anfügt,[137] „reflektieren" die Figuren der Erzählungen nicht, sondern widmen sich lebhaft dem Schwindel ihrer Spiele. Es ist gerade das Fehlen von Bewusstsein über ihre Handlungen die ausschlaggebende Bedingung, die es ihnen erlaubt, die gewöhnliche Realität zu demaskieren und in jene zweite oder wunderbare Realität einzutreten.

Wenn, wie gesagt, die unbewusste Welt des Autors ihren Ausdruck in der Form findet, so besteht kein Zweifel daran, dass durch die Struktur der Erzählungen Cortázar unterschwellig die Fragen formuliert und jene Erkenntnissuche inszeniert, die in *Rayuela* in intellektuell-reflexiven Begriffen aufgeworfen wird, als der Bewusstseinsbogen, aus dessen Spannung und Impuls seine narrativen Pfeile abgeschossen werden.

---

135 Cortázar: „Von dem Gefühl, nicht ganz da zu sein", S. 43.
136 Ebd.
137 Ebd.

Zu dieser Übersetzung

Die spanische Originalausgabe erschien 1983 unter dem Titel *En busca del unicornio: Los cuentos de Julio Cortázar. Elementos para una poética de lo neofantástico* mit einem Anhang, der zwei früher entstandene Aufsätze von Jaime Alazraki zu Cortázars erzählerischem Werk enthält: „Homo sapiens vs. homo ludens en tres cuentos de Cortázar" und „La voz narrativa en la ficción breve de Julio Cortázar". Diese Ausgabe verzichtet auf den Anhang; einerseits weil die Aufsätze nur peripher mit dem thematischen Kern der Studie in Verbindung stehen und andererseits weil die Texte bereits in der exzellenten Übersetzung von Erik Hirsch in deutscher Sprache erschienen sind.[1]

Alazrakis bisweilen eigenwillige Zitierweise wurde präzisiert, soweit es mit dem Lesefluss vereinbar schien, und in der Form der Quellennachweise den gängigen Konventionen angepasst. Wenn möglich wurden die Literaturangaben um die Aufsatztitel ergänzt, statt nur die Titel der entsprechenden Sammelbände aufzuführen. Soweit auffindbar wurden fremdsprachige Zitate aus den jeweiligen deutschsprachigen Ausgaben entnommen; in Fällen, in denen die zitierte Quelle nicht auffind- oder greifbar war, keine deutsche Fassung existiert oder gefunden werden konnte, stammt die Übersetzung von mir.

Vielen Dank an die Wissenschaftliche Buchgesellschaft für die finanzielle Förderung des Übersetzungsprojekts aus den Mitteln des Wilhelm-Weischedel-Fonds. Der Übersetzer dankt außerdem Dorothea Müller, Sina Röpke und Nikolas Buck für ihren Einsatz bei der Korrekturlektüre und ihre zahlreichen hilfreichen Hinweise. Besonderer Dank geht schließlich an Michael Rücker und PD Dr. Wilhelm Haefs für die stets kompetente Unterstützung des Projekts und ihre Hilfestellung in allen Bereichen.

M. W.

---

1   Vgl. „*Homo sapiens* versus *Homo ludens*. Drei Erzählungen" (S. 89–102) und „Die erzählerische Stimme in der Kurzgeschichte" (S. 121–130), beide in: Jaime Alazraki: *Cortázar. Annäherung an sein Werk*, übers. v. Erik Hirsch, Frankfurt a. M.: Peter Lang 2009.

Nachwort
Fantastik und Neofantastik

Die hier erstmals auf Deutsch vorgelegte Studie des argentinischen Literaturwissenschaftlers und Cortázar-Spezialisten Jaime Alazraki erschien in der originalen spanischsprachigen Fassung bereits im Jahr 1983. Die Arbeit bildet einen Kulminationspunkt der theoretischen Erfassung des Konzepts der Neofantastik, das Alazraki über viele Jahre hinweg in Vorträgen und Aufsätzen erarbeitete und stets weiterentwickelte.

Während sich Alazrakis Untersuchung der Poetik der Neofantastik in der romanistischen Literaturwissenschaft relativ rasch als alternativer Zugang zum Bereich der fantastischen Literatur im Allgemeinen etablierte, blieb die Rezeption innerhalb der europäischen Fantastikforschung eher peripher. Obwohl bspw. die *Zeitschrift für Fantastikforschung* in den letzten Jahren Alazrakis theoretische Bemühungen würdigte[1] und in Form der vorliegenden Übersetzung mit erheblicher Verspätung der Schlüsseltext zur Neofantastik nun auch in deutscher Sprache zugänglich gemacht wird, lässt bspw. eine Übersetzung von Alazrakis Arbeiten zur Neofantastik ins Englische nach wie vor auf sich warten. Der massive Einfluss von Tzvetan Todorovs längst kanonisch gewordener Fantastiktheorie dürfte zumindest ein Mitgrund dafür sein, dass sich die europäische Forschung tendenziell an dem von Todorov geprägten strukturalistischen Modell orientierte und alternative Ansätze wie der Alazrakis nur wenig Beachtung fanden. Denn anders als die strukturalistisch ausgerichteten Beiträge in der Folge Todorovs behandelt Alazraki nicht nur die narrative Struktur und Strategie des Genres, sondern auch und vor allem das den Texten zugrunde liegende Realitätsverständnis.

Dies bedeutet allerdings nicht, dass eine Rezeption gänzlich unterblieben wäre, sondern lediglich, dass der Zugang zum Primärtext nur mittelbar möglich war, was die Gefahr birgt, die konzeptionellen Überlegungen verzerrt wiederzugeben. Symptomatisch für die Rezeptionssituation der deutschsprachigen Fantastikforschung ist Uwe Dursts leichtfertige und unreflektierte Ablehnung des Begriffs der Neofan

---

1 Vgl. etwa den Abdruck eines Vortrags von Jaime Alazraki: „Was ist Neofantastik?“, in: *Zeitschrift für Fantastikforschung* 2 (2013), S. 120–136 und den Beitrag von Erik Hirsch: „Realismo mágico, lo real maravilloso und lo neofantástico: Ein undurchdringlicher Urwald lateinamerikanischer Begrifflichkeiten?“, in: *Zeitschrift für Fantastikforschung* 2 (2014), S. 73–97.

tastik als „ein Irrweg der Theoriebildung".[2] Aus seiner Behandlung geht einerseits deutlich hervor, dass Alazrakis Konzept mit Dursts strikt strukturalistischem Ansatz nur bedingt kompatibel ist und andererseits, dass ihm die Möglichkeit fehlte, sich mit dem originalen Theorietext auseinanderzusetzen und auf sekundäre Quellen und deren Darstellung angewiesen war. Etwas ausführlicher und offener hat sich Renate Lachmann mit dem Begriff des Neofantastischen beschäftigt: In ihrer 2002 erschienen Arbeit *Erzählte Phantastik* nimmt sie auf Alazrakis Terminologie Bezug, allerdings ebenfalls auf der Basis von sekundären Wiedergaben des theoretischen Modells. Wenn sie allerdings von der Neofantastik als „Gegenprojekt zum kulturellen Gedächtnis und dessen festverankerter Imaginationstradition" spricht, das als „Repräsentationsmodus nicht nur des Noch-Nicht-Gesehenen, sondern auch des Noch-Nicht-Gedachten"[3] fungiert, sieht man zumindest eine zu Alazrakis Konzeption vergleichbare gedankliche Richtung. Wie Alazraki versteht auch Lachmann neofantastische Texte als die „Konstruktion komplexer Wissensalternativen, in denen [sich] verworfene, nicht zugelassene Gedankenmodelle mit Logophantasmen […] mischen [und] irreale Systeme mit monströser Alogik zu begründen scheinen".[4] Während die Grundkonzeption beider Theoretiker durchaus ähnlichen Annahmen zu entwachsen scheint, verfolgt Lachmann im weiteren Verlauf ihrer Arbeit jedoch eine Denkrichtung, die sich von Alazrakis Konzeption entfernt und den spezifischen Anforderungen von Lachmanns Erkenntnisinteresse dient, wodurch auch ihre Verwendung des Begriffs eher Schlagwortcharakter erhält, statt Alazrakis ausgeklügelte Systematik weiterzuentwickeln.

Ablehnung oder umformende Aneignung der Terminologie sind allerdings in der Forschungsgeschichte dieses Falls eher Ausnahmen. In den klassischen theoretischen Arbeiten zur fantastischen Literatur wird zwar größtenteils das Problem, das Alazraki als Ausgangspunkt seiner Überlegungen dient, identifiziert: Dass nämlich eine beträchtliche Diskrepanz besteht zwischen der klassisch fantastischen Erzähltradition des 19. Jahrhunderts (Maupassant, Hoffmann, Poe u.v.m.) und Texten, die zwar ‚irgendwie' fantastisch zu sein scheinen (etwa die Erzählungen von Kafka, Borges oder

---

2   Uwe Durst: *Theorie der phantastischen Literatur*, 2. Aufl. Berlin: LIT-Verlag 2010, S. 296.

3   Renate Lachmann: *Erzählte Phantastik. Zu Phantasiegeschichte und Semantik phantastischer Texte*, Frankfurt a. M.: Suhrkamp 2002, S. 11.

4   Ebd. In vergleichbarer Weise macht sich auch Karl Alfred Blüher Alazrakis Neofantastik-Begriff zu eigen, um (wie auch Lachmann) Borges' Erzählungen zu analysieren. Vgl. Karl Alfred Blüher: „Paradoxie und Neophantastik im Werk von Jorge Luis Borges", in: Roland Hagenbüchle u. Paul Geyer (Hg.): *Das Paradox. Eine Herausforderung des Abendländischen Denkens*, Tübingen: Königshausen & Neumann 1992, S. 531–550.

Cortázar), doch grundlegend anders funktionieren als die traditionelle Fantastik. Allerdings wird mit dieser Feststellung in den meisten Untersuchungen zum Thema der Diskurs beendet und die Klärung der Gattungsfrage von Texten wie bspw. Kafkas *Verwandlung* als Desiderat formuliert. Stellvertretend sei hier nur die einflussreiche Arbeit von Marianne Wünsch als exemplarisches Beispiel angeführt, die gerade die fantastische Literatur des frühen 20. Jahrhunderts als ihren Untersuchungsgegenstand wählt. Sie erkennt eine Diversifizierung fantastischer Literatur und die Notwendigkeit generischer Untergliederung in Subgenres des Fantastischen. Doch bestehe die Aufgabe nicht allein darin, das Fantastische im engeren Sinne von bereits benannten literarischen Feldern wie Fantasy, Science-Fiction oder Märchen zu scheiden,

> sondern auch von einem ganz andersartigen Typ historischer Texte abzugrenzen, für den es bislang keinen spezifischen Namen gibt und der vielleicht deshalb so gern immer wieder unter irgendeinen schon bekannten Begriff subsumiert wird, obwohl offenkundig kein bekannter Begriff so recht zutreffen will. Ich meine eine bestimmte Teilklasse jener „modernen Literatur", die im deutschen Sprachgebiet in eben dieser Zeit 1890–1930 einsetzt und mit der fantastischen Literatur und einigen ähnlichen Formen teilt, daß sie eine nicht-realitätskompatible Literatur ist, d. h. ebenfalls irgendwelche Annahmen des Realitätsbegriffes verletzt. Das zentrale Beispiel dieser Literatur, mit dem sich praktisch alle jüngeren Fantastik-Theoretiker auseinandergesetzt haben, ist das Werk Franz Kafkas[.][5]

Wünsch bringt das Problem auf den Punkt, dass für besagte Texte „offenkundig kein bekannter Begriff so recht zutreffen will", doch ist von einer Lösung desselben nicht die Rede. Dass Kafkas *Verwandlung* nicht in die rigiden schablonenhaften Raster der strukturalistischen Fantastikforschung passt, darf mittlerweile fast als Binsenweisheit gelten: Schon Sartre und Todorov konstatierten, dass es Kafka gelungen sei, über die klassische Fantastik „hinauszukommen".[6] Allerdings irrt Wünsch in der Behauptung, dass es für diese Art von Texte „bislang keinen spezifischen Namen gibt". Es gibt ihn nämlich durchaus, und gab ihn bereits im Jahr 1991 als Wünschs Arbeit erschien.[7]

---

5   Marianne Wünsch: *Die fantastische Literatur der frühen Moderne (1890–1930)*. Definition, denkgeschichtlicher Kontext, Strukturen, München: Fink 1991, S. 38.
6   Todorov: *Einführung in die fantastische Literatur*, S. 154.
7   Auch andere Arbeiten haben den Unterschied zwischen bestimmten Erzählungen – das prototypische Beispiel bildet meist Kafkas *Verwandlung* – und der traditionellen Fantastik bereits als Problem identifiziert (etwa Vax, Caillois, Sartre oder Todorov) und auch nach Alazrakis Studie gab es Versuche, diese neue Art fantastischen Erzählens begrifflich zu fassen. Alfonso de Toro operiert bspw. mit dem Term „Anti-Phantastik", wenn er Borges' Erzählungen thematisiert, während Sven Hanuschek mit den Begriff des „Alltags-Surrealismus" ein ähnliches Phänomen zu beschreiben

Der Name der gesuchten Kategorie ist „Neofantastik" und wurde von Jaime Alazraki in dieser ursprünglich 1983 publizierten Studie entwickelt und theoretisch fundiert. Der Titel lässt bereits Rückschlüsse auf die doppelte Akzentsetzung des Buches zu: In vielerlei Hinsicht handelt es sich bei Alazrakis Untersuchung um eine gelehrte Abhandlung über den Argentinier Julio Cortázar als Schriftsteller und dessen (literarische) Perspektive auf die moderne Welt. Doch besteht das Hauptverdienst von Alazrakis Buch zweifellos in der Einführung und konzeptionellen Erschließung des Begriffs des Neofantastischen, der mithilfe und in Einklang mit Cortázars narrativem Werk entwickelt wird. Alazraki gliedert seine Arbeit in drei relativ eigenständige und doch ineinander verwobene Sektionen, die seine grundlegende Strategie der gedanklichen Umkreisung, d. h. der systematischen Verhandlung eines Problemkomplexes aus verschiedenen Perspektiven, vorführt. Der erste Teil besteht aus einer Rekapitulation der damals prävalenten Forschungslandschaft zur fantastischen Literatur und der theoretischen Reflexion konzeptionelldefinitorischer Abgrenzungsmöglichkeiten zwischen traditioneller Fantastik und den narrativen Mechanismen der neuen fantastischen Literatur des 20. Jahrhunderts. Eingedenk des Alters der Studie ist die wesentliche Schlussfolgerung des Forschungsüberblicks erstaunlich akkurat geblieben. Abgesehen von Todorov wurde in der Fantastiktheorie die Affekterzeugung als primäres Distinktionsmerkmal herausgestellt und selbst Todorov, wie Alazraki überzeugend vorführt, greift auf dieses Kriterium wiederholt zurück. Mit Todorovs inkonsequentem Einwand gegen das Angstkriterium wurde eine Akzentverschiebung auf „Unschlüssigkeit" (Todorov), bzw. in späteren Untersuchungen „Realitäts(in)kompatibilität" (Wünsch) oder „Systemkampf" (Durst) propagiert, doch ist mit einiger Berechtigung darin nur ein terminologisches *Update* zu sehen, statt eines vollständigen Paradigmenwechsels der Theoriebildung. Im Grunde genommen fallen diese altersbedingten Mängel allerdings kaum ins Gewicht und tangieren die Hauptintention von Alazrakis Studie nur minimal. Der zweite Teil widmet sich dem historischen Umfeld, den literarischen Einflüssen und den philosophiegeschichtlichen Kontexten, die den Autor Cortázar, sein Weltbild und sein literarisches Selbstverständnis geprägt haben. Er zeigt die Parallelen zwischen der persönlichen Poetik Cortázars und den vorher

---

versucht. Vgl. Alfonso de Toro: „Überlegungen zur Textsorte ‚Fantastik' oder Borges und die Negation des Fantastischen. Rhizomatische Simulation, ‚dirigierter' Zufall und semiotisches Skandalon", in: Elmar Schenkel u. a. (Hg.): *Die magische Schreibmaschine. Aufsätze zur Tradition des Phantastischen in der Literatur*, Frankfurt a. M.: Vervuert Verlag 1998, S. 11–74 und Sven Hanuschek: „Alltags-Surrealismus. Eine Einführung", in: *Alltags-Surrealismus. Literatur, Theater, Film*, hg. v. Hans-Edwin Friedrich u. Sven Hanuschek, München: edition text+kritik 2012, S. 9–23.

etablierten Verfahren neofantastischen Erzählens auf und verknüpft so die verschiedenen Facetten von Cortázars Werk (Essay, Roman, Erzählung) miteinander, indem er in allen ein gemeinsames Projekt identifiziert: Eine narrative Auslotung moderner Wirklichkeitserfahrung mithilfe der Literatur. Der dritte Teil ist als Probe aufs Exempel zu verstehen und vereint die Ergebnisse der ersten beiden Abschnitte in einer Reihe exemplarischer Lektüren der Erzählungen aus Cortázars erstem Band *Bestiarium* (1951). Erst hier gelangt Alazrakis vorher entwickelter theoretischer Ansatz zur vollständigen Entfaltung, indem seine praktische Anwendung mit geübtem literaturkritischen Blick beispielhaft vorgeführt wird. Die Synthese aus Theorie und Praxis, die der dritte Teil der Untersuchung liefert, verleiht dem Ansatz auch seine praktische Legitimation, die viele andere theoretische Abhandlungen vermissen lassen und vollendet den theoretischen Kreis der Erfassung des Phänomens.

Alazraki verdeutlicht hier – ohne die gewählten Textbeispiele auf Biegen und Brechen in eine rigide Schablone pressen zu wollen – die unterschiedlichen Ausdrucksmöglichkeiten der neofantastischen Poetik. Selbst wenn ein Text, wie bspw. „Circe", eher einem fantastischen Narrativ ähnelt, tut dies den Applikationsmöglichkeiten des Konzepts der Neofantastik nur bedingt Abbruch, da Alazrakis origineller Ansatz nicht so sehr die konkreten Textstrukturen im Auge hat als vielmehr die Ideen, die sich dahinter verbergen und mittels einer spezifischen narrativen Mechanik an die Oberfläche drängen. In diesem Sinne legt Alazrakis Begriff des Neofantastischen das Augenmerk weniger auf narratologische Analysen einzelner Texte oder Textstrukturen, sondern versteht sich viel allgemeiner als intentionales Kriterium und als literarische Artikulationsmöglichkeit einer spezifischen Weltsicht.

Angesichts der Bevorzugung eines intentionalen gegenüber eines strukturellen Distinktionskriteriums scheint auch die Rede von einer ‚Poetik' der Neofantastik, statt einer (literaturwissenschaftlichen) Theorie, nur konsequent: Der zentrale Punkt liegt nicht eigentlich darin, bestimmte Texte im Sinne einer Gattungszugehörigkeit mit dem Etikett ‚neofantastisch' zu versehen, sondern diese Zuschreibung viel eher den Autoren beizugeben, bzw. der spezifischen Perspektive auf Realität, die sich in und durch deren Erzählungen Bahn bricht.

Alazrakis Erkenntnisinteresse ist denkbar einfach: Er setzt dort an, wo die gängige Fantastikforschung abschließt, und versucht jene Texte zu kategorisieren und analytisch zu erfassen, die zwar eindeutig einer fantastischen Erzähltradition entspringen, also nach der intuitiven Systematisierung eines aufmerksamen Lesers der Kategorie ‚fantastischer Literatur' zugeschlagen werden, sich jedoch ebenso deutlich gegen diese Zuschreibung sperren, egal nach welchen Parametern die Definition dieser Literatur vorgenommen wird. Für diesen spezifischen Typ literarischer Fantastik verwendet Alazraki den Begriff ‚Neofantastik', der bereits die grundlegende definitorische Richtung im Namen trägt. Neofantastische Literatur versteht sich einerseits in Abgrenzung zur traditionellen Fantastik des 19. Jahrhunderts, gleichermaßen jedoch als deren Fortführung; als eine Anpassung an neue Bedingungen, narrative Mechanismen, Intentionen und historisch-gesellschaftliche Umstände. Zwar gibt es zahlreiche Gemeinsamkeiten zwischen Fantastik und Neofantastik, angefangen bei einem fantastischen Element, doch mindestens ebenso viele Unterschiede. Diese Differenzen finden sich sowohl auf der Ebene der narrativen Mechanik, also des *modus operandi* der Erzählungen, als auch in Bezug auf die grundlegenden Ideen und Intentionen, die neofantastische Erzählungen verfolgen bzw. auszudrücken versuchen.

Wie in zahlreichen Studien nachvollziehbar erarbeitet wurde, definiert sich der klassische fantastische Text aufgrund einer spezifischen narrativen Konstellation bzw. Weltkonstitution: Es wird eine wie auch immer geartete Alterität eingeführt, die in die geltende Weltordnung einbricht und Angst, Schrecken, Gruseln bzw. allgemeine Disharmonie in der Ordnung der Dinge erzeugt und so Todorovs berühmte „Unschlüssigkeit"[8] im Leser, bzw. nach neuerer Terminologie eine „realitätssystemische Ambivalenz"[9] generiert. In der Neofantastik dagegen entsteht kein Widerspiel von natürlicher, logisch-rationaler und übernatürlich-fantastischer Weltordnung, da der neofantastische Text im Gegensatz zur fantastischen Erzählung die gültige textinterne Wirklichkeit zu keinem Zeitpunkt in Frage stellt. Der Text präsentiert nur *ein* Realitätssystem, das stabil und hermetisch geschlossen ist: In Texten der Neofantastik, wie z. B. Kafkas *Verwandlung*, ist das übernatürliche Element direkt in die diegetische Alltagsrealität integriert und bewirkt in den Figuren keinerlei Irritation.

Aufgrund dieser spezifischen Weltkonstitution und der narrativen Inszenierung der wunderbaren Elemente sieht Alazraki in den Texten der Neofantastik eine zusätzliche Bedeutungsebene: Zwar betont er, dass die Erzählungen selbst so gestaltet sind, dass nichts auf eine übertragene Bedeutung hinweist, dass bspw. die Kaninchen in Cortázars Erzählung „Brief an ein Fräulein in Paris" tatsächlich nur gewöhnliche Kaninchen sind und nichts anderes. Gerade weil sich der Leser ohne eindeutige Bedeutungszuweisung wiederfindet, versucht er zwangsläufig, dem textimmanenten Sinnvakuum auf dem potentiellen Ausweg einer metaphorischen Interpretation zu entkommen. Doch auch dieser Weg bietet keine klare Auflösung. Insofern ist Todorovs berühmtes Kriterium der Unschlüssigkeit des Lesers auch in Bezug auf die Neofantastik relevant. Während jedoch in Todorovs Konzeption der Zweifel des Lesers hinsichtlich der Ereignisse auf der diegetischen

---

8 Vgl. Todorov: *Einführung in die fantastische Literatur*, S. 40.
9 Vgl. Durst: *Theorie der phantastischen Literatur*, S. 168.

194

Ebene vorherrscht, transferiert die neofantastische Literatur das Unschlüssigkeits-
kriterium im Sinne eines Schwankens zwischen tatsächlicher und übertragener
Lesart auf die Ebene der Bedeutung. Schließlich bietet der wahre neofantastische
Text, genau wie das Fantastische in der engen Bestimmung Todorovs, keine ein-
deutige Lösung und die narrativ unaufgelöste Unbestimmtheit bleibt letztlich der
Entscheidung eines jeden Lesers überlassen.

Alazraki versteht neofantastische Erzählungen als unauflösbare Metaphern;
poetische Perspektiven auf die moderne Welt, die sich nicht in eindeutige Termini
der Kommunikationssprache ‚übersetzen' lassen. Die Unauflösbarkeit der neofantastischen Metaphern ist geradezu ihre *raison d'être* und ihre Funktion liegt
in der Problematisierung der Stabilität gesellschaftlicher und wissenschaftlicher
Wissens- und Erkenntnissysteme. In Anlehnung an Ecos Konzept der epistemologischen Metapher deutet Alazraki die (be)deutungsoffenen Erzählungen
der Neofantastik als eine mögliche neue Perspektive auf die bekannte Welt bzw.
Wirklichkeit. Sie durchbrechen gewöhnliche, d.h. vor allem rational-logische
Denk- und Diskursmuster, um aufzuzeigen, dass die Regeln und Gesetze, die die
alltägliche Wirklichkeit bestimmen, bedeutend instabiler sein könnten, als uns
bewusst ist und die lebensweltliche Realität wie auch die textuelle möglicherweise
einem ganz anderen, unbekannten Regelkodex gehorcht.

Auch die (Natur-)Wissenschaften scheinen dies zu bestätigen: Jene Bastion
der Logik und Kausalität findet mit Beginn des 20. Jahrhunderts mehr und mehr
heraus, dass die Organisation dessen, was der Mensch als Realität erfährt, grundsätzlich anders funktioniert als bislang angenommen. Die wissenschaftlichen Re-
volutionen des frühen 20. Jahrhunderts, von Relativitätstheorie über Atommodell,
Komplementaritätsprinzip, Unschärferelation bis zu Gödels Unvollständigkeits-
sätzen, scheinen physikalischen Raum und Zeit in einer Weise darzustellen, die
von altbekannten, logischen Prinzipien und alltäglicher, sinnlicher Realitätserfahrung stark divergiert. Selbst die unterschiedlichen Wissensdisziplinen postulieren
ständig neue, zunehmend kontraintuitive bis kontradiktorische, zumindest wirk-
lichkeitsfremd erscheinende Realitätskonstrukte, die immer mehr verdeutlichen,
dass der zentrale Kern der Wirklichkeit nicht zugänglich ist.

Und auch außerhalb der Naturwissenschaften offenbart bspw. die Erfindung
der Psychoanalyse, dass die Vernunft nicht die bestimmende Kraft des menschlichen Geistes ist, die Historiografie, dass Geschichte ein sprachliches und per-
spektivabhängiges Konstrukt ist, die Neurologie, Soziologie, Psychologie, wie sehr
die menschliche Erfahrung von unbekannten oder nicht bewusst steuerbaren
Prozessen abhängt, wie sehr bspw. Sprache das Denken beeinflusst und Wirklichkeit in vielerlei Hinsicht erst erzeugt. Wenn sich die Fantastik also eine objektive

Realität setzt, die durch den Einbruch einer bedrohlichen Alterität gestört wird, liegt der Neofantastik die Prämisse zugrunde, dass objektive Wirklichkeit per se weder außerhalb noch innerhalb literarischer Realität zugänglich ist. Was der Mensch als Wirklichkeit erfährt, sind bestimmte Muster, die unterschiedlich erfahrbar werden und eine einzige Realität oder eine ‚reale' Realität ist bestenfalls eine Wunschvorstellung. Wissenschaftliche Welterklärungs- und Beschreibungsmodelle, so macht Alazraki deutlich, sind ebenfalls Schöpfungen des menschlichen Verstandes und an die intrinsische Imagination des Geistes gebunden. Es handelt sich um (sprachliche) Konstrukte, die sich den Anschein von rationaler, universeller Objektivität geben. Wohlgemerkt: Alazraki versucht nicht die Naturwissenschaften zu diskreditieren oder gar zu disqualifizieren, sondern ihre Konstruiertheit nach restriktiven rationalen Denkmustern offenzulegen, die laut neueren wissenschaftlichen Forschungsergebnissen selbst mehr und mehr angreifbar werden und in ihrem universellen Anspruch ins Wanken geraten. In der neofantastischen Weltsicht liegt für Alazraki nicht ein Ersatz, sondern eine Alternative zum ratio-dominierten Realitätsverständnis, die potenziell zu Erkenntnissen führen kann, die auf andern Wegen nicht zugänglich sind und sich daher auch nicht ‚übersetzen' lassen. Die Ordnung der Dinge ist nicht stabil und permanent und die neofantastische Literatur versucht, diesem Umstand Rechnung zu tragen:

> Das Fantastische verleiht unserer kausalen Geometrie der Realität neue Ansatzpunkte und mögliche Zusammenhänge, die sie relativieren und ergänzen, ohne die augenscheinliche Realität zu entwerten. Aus der Perspektive des Neofantastischen reorganisiert sich die narrative Realität auf eine Weise, in der das, was auf der Ebene der Kausalität irreal oder unglaubwürdig erschien, nun eine unbestreitbare Gültigkeit wiedererlangt. (S. 101)

Das heißt aber, so Alazraki, dass die Neofantastik ihrem Selbstverständnis nach durchaus als eine realistische Kunstform zu begreifen ist:

> Streng genommen ist die neue Fantastik eine „realistischere" Kunst, in dem Sinne, dass sie versucht, die Wirklichkeit tiefer zu durchdringen, Teile der Realität aufzuzeigen, die über die Jahrhunderte aristotelischer Tradition abgetrennt unter dieser Kruste des Rationalismus begraben waren. (S. 90)

Für Alazraki zeigen Kafka, Borges, Cortázar u. a., dass die Welt nicht ist, wie sie scheint, und dass Wirklichkeit nur einen provisorischen Konsens darstellt, der sich durch jahrhundertelange sprachliche und kulturelle Prägung durch rationale, wissenschaftliche Denkschablonen als dominante Weltsicht manifestiert hat. Gegen den Anspruch aufklärerischer Arroganz der universalen wissenschaftlichen Erfassung und Beschreibung der Wirklichkeit steht die Weltsicht der Neofantastik, die auf einem nicht-rationalen Denkmodell gründet und dem abendländischen Logozentrismus skeptisch gegenübersteht. Sie versteht sich als Erweiterung bzw.

epistemologische Alternative zur Wissens- und Wirklichkeitsorganisation des wissenschaftlich-rationalen Diskurses und zieht, unter der Prämisse, dass die wahren Gesetze und Mechanismen, die die Realität organisieren, unzugänglich sind, die Metapher als operatives Erkenntniskonzept heran.

In den epistemologischen Modalitäten der beiden literarischen Welterfassungssysteme liegt der bedeutendste Unterschied zwischen traditioneller Fantastik und Neofantastik: Während die klassische fantastische Literatur nach wie vor auf einem ‚rationalen‘ Weltmodell beruht, in dem das Bekannte in Form alltäglicher, ‚realistischer‘ Welterfahrung einem unbekannt-bedrohlichen, disruptiven Anderen gegenübergestellt wird und so eine auf Affektwirkung ausgelegte Diskrepanz zwischen Realem und Irrealem generiert, funktioniert neofantastische Literatur grundlegend anders. Die Unmöglichkeiten, die die Neofantastik als Möglichkeiten repräsentiert, funktionieren nicht mehr in der binären Opposition von Norm und Abweichung, von natürlich und übernatürlich, sondern stellen das Fabrikat und die Kohärenz der Wirklichkeit selbst zur Disposition: Das Bekannte *ist* unbekannt, die menschliche Vernunft hat keine Möglichkeit das wahre Wesen der Dinge zu erkennen und der einzig behelfsmäßige Zugang funktioniert über die intuitiv-metaphorische Sprache neofantastischer Texte, die jedoch *per definitionem* nicht in Alltagssprache übersetzbar ist, ohne den eigentlichen Wesenskern der Aussage zu vernichten. Auf diese Weise thematisiert, hinterfragt und problematisiert die Neofantastik sowohl die Wissenschaftssprache als auch die Alltagssprache, bezüglich ihrer Fähigkeit als Instrument zur Beschreibung und Erfahrung von Wirklichkeit zu dienen und setzt dafür die poetische Sprache, in Form von neofantastischen Metaphern, die dem rational-logischem Erkennen eine Absage erteilt.

Parallel zur inhaltlichen Seite neofantastischer Texte, stößt Alazraki auf der theoretischen, deskriptiven Seite auf das Problem, einen Gegenstand erfassen zu wollen, zu dessen Beschreibung die notwendige Terminologie fehlt. Fast zwangsläufig ergibt sich für Alazraki eine Hinwendung zu einem essayistischen Zugang, der ihm erlaubt, die Bedeutung der Bedeutungslosigkeit in den Texten deskriptiv zu erschließen und dem Leser nahezubringen. Durch seine originelle theoretische Annäherungsmethode assoziativer Approximation greift er das Problem von verschiedenen Seiten an und versucht auf unterschiedlichen Wegen und Perspektiven die Poetik der Neofantastik zu plausibilisieren.

Allein die Konzeption der Unauflösbarkeit und der Unübersetzbarkeit in eine wissenschaftliche oder alltägliche Sprache, die Alazraki neofantastischem Erzählen unterstellt, verhindert oder verkompliziert die Applikation eines strikt strukturalistischen Vorgehens, das sich ja gerade im eindeutigen Klassifizieren und Systematisieren hervortut, doch Zuschreibungen interpretativer, bedeutungstragender Art vermeidet. Die Richtung, die Alazraki zur Lösung dieser Schwierigkeiten einschlägt, mag dem geschulten Leser wissenschaftlicher Abhandlungen zwar beizeiten etwas befremden, doch entdeckt Alazraki gerade in diesem eigenwilligen und auch einzigartigen Ansatz eine äußerst fruchtbare Beschreibungsmöglichkeit der Erzählungen und jener Ideen, die sie hervorbringen. Er greift zu einem begrifflichen Instrumentarium, das sich zwar auch aus literaturtheoretischen Ansätzen der Fantastikforschung speist, doch schöpft er erfrischend weiträumig aus den terminologischen Reservoirs der rhetorischen, linguistischen, semiotischen, physikalischen, mathematischen, soziologischen, historiografischen, kunsthistorischen und -theoretischen Wissensdisziplinen und aus Bereichen wie Philosophie, Psychologie, Metaphern- und Sprachtheorie. Die Bandbreite der (wissenschaftlichen) Felder, aus denen Alazraki seine Vergleiche zieht, ist deshalb sinnvoll und notwendig, da die entlehnten Modelle nicht als exakte Schablonen fungieren, sondern als verschiedene Varianten einer deskriptiven Annäherung an ein schwer fassbares Abstraktum.

Auch die Aneinanderreihung verschiedener metaphorischer Parallelisierungen dient dem Endziel, seine Thesen der vielfältigen und fluiden Bedeutung der unauflösbaren, absoluten Metaphern der Neofantastik effektiv artikulieren zu können. Alazrakis komparative, metaphernreiche Bildsprache reicht von der Kontrastierung metrischer und nicht-euklidischer Geometrien, zu Gegenüberstellung von rationalen, irrationalen und imaginären Zahlen, einer Bildanalyse, der Untersuchung eines Fernsehspots, einer Dekonstruktion der Funktionen rhetorischer Stilmittel, bis zu einem Fussballspiel mit 99 metaphorischen Geisterspielern. Die zentrale Metapher, auf die Alazraki wiederholt zurückgreift und die bereits im spanischen Titel der Studie auftaucht,[10] ist jedoch die des Einhorns. Alazraki befindet sich über den ganzen Text hinweg „auf der Suche nach dem Einhorn" und verwendet das Bild in unterschiedlichen Zusammenhängen. Im Wesentlichen dient es als eine metaphorische Abkürzung für die Problematik der verbalen Kommunikation von und über Realität: Das Einhorn als literarisches Wesen ist als Vorstellung präsent und universal, tatsächlich jedoch eine bloße alltagssprachliche Konzeption einer unbekannten Entität, die einer imaginierten Kombination bekannter Elemente (Pferd, Hirsch, Stier, Nashorn) entspringt. Niemand hat je ein Einhorn gesehen und seine wahre Gestalt ist daher nicht verifizierbar. Es ist ausschließlich als sprachliches Konzept real und fungiert als Lückenbüßer alltags-

---

10 Der spanische Titel von 1983 lautet: *En busca del unicornio: Los cuentos de Julio Cortázar. Elementos para una poética de lo neofantástico*, auf deutsch: *Auf der Suche nach dem Einhorn: Die Erzählungen von Julio Cortázar. Elemente einer Poetik des Neofantastischen*.

sprachlicher Kommunikation für etwas, zu dem kein intellektueller, rationaler Zugang besteht, dessen Kennen folglich nicht möglich ist.

Das Kompendium an bildgewaltiger, uneigentlicher Rede, das Alazraki in seiner Studie ins Feld führt, ist weniger eine willkürliche Stilfrage, als vielmehr dem steten Bemühen geschuldet, in wellenartigen Anläufen die Diskrepanz und die schwimmenden Grenzen zwischen (scheinbarer) Realität und (scheinbarer) Irrealität vorzuführen. Alazraki versucht aufzuzeigen, dass sich die (Bedeutung von) Wirklichkeit nur in Abhängigkeit von Begriffen konstituiert, in denen über sie gedacht oder gesprochen wird, das heißt in Abhängigkeit von Sprache. Das Problem, das Alazraki dabei identifiziert, ist die Dominanz der fixierten denotativen Macht bestimmter Sprachverwendungen, -muster und -schablonen, die schließlich Einfluss auf das Denken und die Reflexion (und Konstruktion) von Realität nehmen:

> Zu sagen, eine Literatur sei „fantastisch", impliziert, dass wir sie immer noch aus unserem verlässlichen syllogistischen Denken heraus beurteilen, in dem das, was nicht „real" ist, „irreal oder fantastisch" ist, so wie wir auch immer noch sagen, dass „die Sonne auf- und untergeht", obwohl Ptolemäus nur mehr eine vergessene Reliquie in irgendeiner Ecke der Antike und des Mittelalters ist. (S. 90)

Hier setzt die Neofantastik an, indem sie den Prozess umzukehren und durch eine Veränderung der sprachlichen Konstituenten zu einer anderen, alternativen, neuen Wirklichkeit(serfahrung) vorzudringen versucht oder gar eine neue Realität zu erschaffen bemüht ist. Nicht die Sprache *per se* ist das Problem, sondern die festgefahrene eindeutige Zeichenhaftigkeit und Bedeutungszuschreibung. Daher greift die Neofantastik bewusst auf die Sprache als kommunikatives Medium zurück, allerdings im Bemühen durch alternative Sprach*verwendung* in Form von kontraintuitiven, paradoxen, alogischen Gedankenexperimenten eine Perspektive zu etablieren, die schließlich den Zugang zu einer breiteren Realitätserfahrung bereitstellen kann.

> Ähnlich wie unterschiedliche Geometrien aufhören, sich gegenseitig auszuschließen, sobald wir die Grenzen ihrer einzelnen Systeme ignorieren und sie als verschiedene Blickwinkel auf eine reine Beziehungslehre sehen, […] beginnen auch die Grenzen, die realistische Kunst und fantastische Kunst trennen, zu verblassen und zu verschwinden, sobald wir uns erinnern, dass selbst die stärkste realistische Sprache eine Form der *repräsentativen* Herausbildung der Realität ist und nicht ihre *Präsentation*, und dass auch diese repräsentativen Symbole nur arbiträre Abstraktionen der Dinge, nicht jedoch die Dinge selbst sind, so wie der geometrische Raum nicht der physische Raum ist. (S. 103, Hervorhebungen von mir, M. W.)

Explizit wird dies vor allem in Alazrakis Versuch ein strukturalistisches Analyseverfahren für die anstehenden Textanalysen zu konsultieren. Während die Bedeutung der Methode als Instrument nach den exzellenten theoretischen und historischen Ausführungen der ersten Teile kaum mehr ins Gewicht fällt und in den exemplarischen Lektüren auch keine Anwendung findet, zeigt Alazrakis Rückgriff auf die strukturalistische Tiefenanalyse der semantischen Grammatik der Texte andere Aspekte auf. Unter Berufung auf Barthes entlarvt er Sprache als konstruiertes Denksystem und demonstriert, dass auch augenscheinlich sinn- oder bedeutungslose Sprache einer erkennbaren Struktur folgt. Die Korrelation von Form und Inhalt ermöglicht, der Form, d. h. der metaphorischen Konzeption neofantastischer Erzählungen, eine Bedeutung zuzuweisen trotz der scheinbaren Bedeutungslosigkeit bzw. Mehrdeutigkeit der erzählten Geschichten, und etabliert damit auch die Form (die formale Struktur) als eine Sprache im Sinne einer Ausdrucksmöglichkeit. Die gesamte Abhandlung strukturalistisch-linguistischer Analyseverfahren dient Alazraki letztendlich dazu, seinen zentralen Punkt hinsichtlich der Poetik der Neofantastik erneut zu untermauern: Wir (er)kennen die Form, während der Inhalt ein unauflösbares Rätsel bleibt. In Rückbindung an die Einhorn-Metapher würde das Resultat lauten: Wir kennen den Namen, nicht jedoch das Wesen.

Ein großer Vorteil im Gegensatz zur lange tonangebenden europäischen oder spezifischer: französischen Tradition der Fantastikforschung ist Alazrakis Versuch, die zugrundeliegenden philosophisch-weltanschaulichen Ideen hinter den Texten zu priorisieren und sich weniger auf die narrativen, motivgeschichtlichen oder thematischen Strukturen zu fokussieren. Zwar werden diese ebenfalls untersucht, analysiert und abgegrenzt, doch eher als eine Konsequenz aus der Aussageintention, die er den Texten unterstellt: Die spezifischen narrativen Verfahren, die Alazraki erarbeitet, präsentieren sich geradezu als logisches Resultat einer epistemologischen Position, die anhand literarischer wie nicht-literarischer Äußerungen der Autoren kenntlich wird und durch die Untersuchung von Essays, Interviews, Reden und anderen Dokumenten für Alazraki zusätzliche Gestalt annimmt.

Die hier entwickelte Terminologie ermöglicht eine Differenzierung fantastischer Literatur und wirkt damit der Tendenz der Generalisierung des weitgefassten Fantastikbegriffs entgegen. Man muss das Neofantastische mit Alazraki also einerseits als eine Fortführung traditioneller fantastischer Strukturen verstehen, wie sie sich im 18. und vor allem Anfang des 19. Jahrhunderts in der Literatur der Romantik herausgebildet haben, aber auch als Symptom einer Diversifizierungs- und Abspaltungstendenz vom traditionellen fantastischen Kanon, die im 20. Jahrhundert ganz eigenständige Genres (wie Fantasy, Science-Fiction, Dystopie) hervorgebracht hat, welche zwar allesamt in der einen oder anderen Weise im breiteren Spektrum ‚übernatürlicher' oder fantastischer Dichtung beheimatet sind, aber doch eine Evolution, ein Weiterdenken in verschiedene Richtungen darstellen. Mit Alazrakis Arbeit und der Einführung des Begriffs der „Neofantastik" wird erstmals ein adäquates Beschreibungsmodul entwickelt, das es ermöglicht, auch Texte von Autoren wie Kafka, Cortázar, Borges u. a., deren theoretische Gattungszugehörigkeit der Forschung bislang größte Probleme bereitete, im Kosmos der fantastischen Literatur zu situieren, von der traditionellen Fantastik historisch abzugrenzen und einem neofantastischen Paradigma zuzuordnen. Es stellt zudem eine terminologische Alternative zum allzu ubiquitär und selbstverständlich verwendeten *Passepartout*-Begriff des ‚Magischen Realismus' dar, der für all jene Erzählungen mit ‚übernatürlichen' Elementen bemüht wird, die dem lateinamerikanischen Kontinent entstammen. Gerade die Texte von Borges oder Cortázar haben nie wirklich in das restriktive Korsett der Theoriebildung gepasst; weder unter den Vorgaben magisch-realistischen oder fantastischen Erzählens noch unter vergleichbaren Kategorien ‚fantastischer' Erzählweisen des 20. Jahrhunderts, die sich ebenfalls gegen herkömmliche Normen der narrativen Gestaltung stellen, wie etwa Surrealismus, *nouveau roman* oder ‚experimentelle Literatur'.

Mit der Einbeziehung von Kafkas Werk als Gelenkstelle zwischen alter und neuer Fantastik deutet Alazraki bereits an, dass neofantastisches Erzählen nicht exklusiv der lateinamerikanischen Literatur vorbehalten ist und eine Weltsicht im Sinne der Neofantastik, die sich ja aus europäischen experimentellen Kunstbewegungen wie Surrealismus oder Existenzialismus speist, dürfte sicherlich auch in zahlreichen Exponenten der internationalen Weltliteratur des 20. Jahrhunderts nachweisbar sein. Als mögliche Vertreter der Neofantastik im weltliterarischen Kanon würden neben Borges und Cortázar etwa Italo Calvino, Donald Barthelme, Lars Gustafsson, Eugène Ionesco, Haruki Murakami oder José Saramago in den Sinn kommen. Wie Alazraki bereits ausführt, findet die Neofantastik mit Franz Kafka gerade in der deutschsprachigen Literatur ihren Initiator und dürfte gerade hier zahlreiche fruchtbare Anknüpfungspunkte vorfinden. So ließen sich neben Kafkas Œuvre beispielsweise die Erzählungen (und mitunter auch Romane) von Autoren wie Ilse Aichinger, Wolfgang Hildesheimer, Marlene Haushofer, Hans Erich Nossack, Michael Ende, Thomas Glavinic oder Friedrich Dürrenmatt im neofantastischen Paradigma verorten, das auf diesem Wege neue interessante Applikationsmöglichkeiten eröffnet und bislang wenig untersuchte Aspekte der jeweiligen Werke zu Tage zu fördern verspricht.

M. W.

Literaturverzeichnis

Alazraki, Jaime: „Cortázar en la década de 1940: 42 textos desconocidos", in: *Revista Iberoamericana* 110–111 (1980), S. 259–297.

–: „Homo sapiens versus Homo ludens". Drei Erzählungen", in: ders.: *Cortázar. Annäherungen an sein Werk*, übers. v. Erik Hirsch, Frankfurt a. M. u. a.: Peter Lang 2009, S. 89–102.

–: „Was ist Neofantastik?", übers. v. Max Wimmer, in: *Zeitschrift für Fantastikforschung* 2 (2013), S. 120–136.

–: u. Ivar Ivask (Hg.): *The Final Island. The Fiction of Julio Cortázar*, Norman: University of Oklahoma Press 1978.

Andreu, Jean L.: „Pour une lecture de *Casa tomada* de Julio Cortázar", in: *Caravelle; Cahiers du Monde Hispanique et Luso-Brésilien*, 10 (1968).

Aristoteles: *Poetik*, übers. u. hg. v. Manfred Fuhrmann, Stuttgart: Reclam 2005.

Arrufat, Antón: „Prólogo", in: Julio Cortázar: *Cuentos*, La Habana: Casa de las Américas 1964.

Auerbach, Erich: *Mimesis. Dargestellte Wirklichkeit in der abendländischen Literatur*, 11. Aufl., Tübingen u. Basel: Francke 2001.

Bareiro Saguier, Rubén: „Entrevista a Julio Cortázar", in: *Alcor* 29 (1964).

Barrenechea, Ana María u. Emma Susana Speratti Piñero: *La literatura fantástica en Argentina*, México: Imprenta Universitaria 1957.

Barrett, William: *Irrational Man; A Study in Existential Philosophy*, New York: Doubleday 1958.

Barthes, Roland: *Das semiologische Abenteuer*, übers. v. Dieter Hornig, Frankfurt a. M.: Suhrkamp 1988.

–: „Die strukturalistische Tätigkeit", in: *Kursbuch* 5 (1966), S. 190–196.

–: *Elemente der Semiologie*, übers. v. Eva Moldenhauer, Frankfurt a. M.: Suhrkamp 1983.

–: *Ensayos críticos*, Barcelona: Seix Barral 1967.

–: *Essais critiques*, Paris: Éditions du Seuil 1964. (Darin: „La response de Kafka [1960]", S. 138–142; „L'activité structuraliste [1963]", S. 213–220; „Quest-ce que la critique?" [1963], S. 252–257.)

–: „Was ist Kritik?", in: ders.: *Am Nullpunkt der Literatur. Literatur oder Geschichte. Kritik und Wahrheit*, übers. v. Helmut Scheffel, Frankfurt a. M.: Suhrkamp 2006, S. 117–123.

Beagle, Peter Soyer: *Das letzte Einhorn*, übers. v. Jürgen Schweier, Stuttgart: Klett-Cotta 1997.

Benjamin, Walter: „Über Franz Kafka", in: ders.: *Über Literatur*, Frankfurt a. M.: Suhrkamp 1969, S. 154–202.

Bioy Casares, Adolfo, Jorge Luis Borges u. Silvina Ocampo (Hg.): *Antología de la literatura fantástica*, Barcelona: Edhasa 1977.

Blüher, Karl Alfred: „Paradoxie und Neophantastik im Werk von Jorge Luis Borges", in: Roland Hagenbüchle u. Paul Geyer (Hg.): *Das Paradox. Eine Herausforderung des Abendländischen Denkens*, Tübingen: Königshausen & Neumann 1992, S. 531–550.

Borges, Jorge Luis: *Gesammelte Werke, Erzählungen I*, übers. v. Karl August Horst, Wolfgang Luchting u. Gisbert Haefs, hg. v. Gisbert Haefs u. Fritz Arnold, München: Hanser 2000.

–: *Gesammelte Werke. Der Essays dritter Teil*, übers. v. Karl August Horst u. Gisbert Haefs, hg. v. Gisbert Haefs u. Fritz Arnold, München: Hanser 2003.

Brion, Marcel: *Jenseits der Wirklichkeit. Phantastische Kunst*, übers. v. Walter Grasspointer u. Ruth Varda-Kestranek, Wien u. a.: Hans Deutsch Verlag 1962.

Caillois, Roger: *Au cœur du fantastique*, Paris: Gallimard 1959.

–: *Images, images...*, Paris: José Corti 1966. (Deutsche Übersetzung des 1. Kap.: Roger Caillois: „Das Bild des Phantastischen. Vom Märchen bis zur Science Fiction", übers. v. Rein A. Zondergeld, in: Rein A. Zondergeld (Hg.): *Phaïcon 1. Almanach der phantastischen Literatur*, Frankfurt a. M.: Insel 1974, S. 44–83.)

Carilla, Emilio: *El cuento fantástico*, Buenos Aires: Nova 1968.

Cassirer, Ernst: *Das Erkenntnisproblem in der Philosophie und Wissenschaft der neueren Zeit. Bd 4: Von Hegels Tod bis zur Gegenwart (1832–1932)*, Stuttgart: Kohlhammer 1957.

–: *Sprache und Mythos. Ein Beitrag zum Problem der Götternamen*, Leipzig u. Berlin: Teubner 1925.

–: *Versuch über den Menschen. Einführung in eine Philosophie der Kultur*, übers. v. Reinhard Kaiser, Hamburg: Meiner 1996.

–: *Vorlesungen und Studien zur philosophischen Anthropologie*, hg. v. Gerald Hartung, Herbert Kopp-Oberstebrink u. Jutta Faehndrich, Hamburg: Meiner 2005.

Castex, Pierre Georges: *Le conte fantastique en France*, Paris: José Corti 1951.

Chomsky, Noam: „Deep Structure, Surface Structure and Semantic Interpretation", in: Danny Steinberg u. Leon A. Jacobovits (Hg.): *Semantics. An Interdisciplinary Reader in Philosophy, Linguistics and Psychology*, Cambridge: Cambridge University Press 1971, S. 183–216.

Cócaro, Nicolás: „La corriente fantástica en la Argentina", in: ders.: *Cuentos fantásticos argentinos*, Buenos Aires: Emecé 1960.

Cortázar, Julio: „Algunos aspectos del cuento", in: *Casa de las Américas* 15–16 (1962), S. 3–14.

–: *Die Nacht auf dem Rücken. Erzählungen Bd. 1*, übers. v. Rudolf Wittkopf u. Wolfgang Promies, Frankfurt a. M.: Suhrkamp 1998.

–: „Irracionalismo y eficacia", in: *Realidad* 6 (1949).

–: „Jean-Paul Sartre: La náusea", in: *Cabalgata. Revista mensual de letras y artes* III/15 (1948).

–: „León Chestov: *Kierkegaard y la filosofía existencial*", in: *Cabalgata. Revista mensual de letras y artes* 16 (1948).

–: *Letzte Runde*, übers. v. Rudolf Wittkopf, Frankfurt a. M.: Suhrkamp 1984.

–: „Muerte de Antonin Artaud", in: *Sur* 163 (1948), S. 80–82.

–: „No hay peor sordo que el que…", in: ders.: *La vuelta al día en ochenta mundos*, México: Siglo XXI 1967, S. 93–100.

–: „Para una poética", in: *La Torre* (1954), S. 121–138.

–: *Rayuela. Himmel und Hölle*, übers. v. Fritz Rudolf Fries, Frankfurt a. M.: Suhrkamp 1987.

–: *Reise um den Tag in 80 Welten*, übers. v. Rudolf Wittkopf, Frankfurt a. M.: Suhrkamp 1995.

–: „Situación de la novela", in: *Cuadernos americanos* 3/4 (1950), S. 223–243.

–: „The Present State of Fiction in Latin America", in: Jaime Alazraki u. Ivar Ivask (Hg.): *The Final Island. The Fiction of Julio Cortázar*, Norman: University of Oklahoma Press 1978, S. 28–31.

–: „Un cadáver viviente", in: *Realidad* 5 (1949).

Curtius, Ernst Robert: *Europäische Literatur und lateinisches Mittelalter*, 11. Aufl., Tübingen u. Basel: Francke 1993.

Daedalus 92/2, (1963).

Dufrenne, Mikel: „Estructura y sentido. La crítica literaria", in: José Sazbón (Hg.): *Estructuralismo y literatura*, Buenos Aires: Nueva Visión 1972.

Durst, Uwe: *Theorie der phantastischen Literatur*, 2. Aufl. Berlin: LIT-Verlag 2010.

Eco, Umberto: *Das offene Kunstwerk*, übers. v. Günter Memmert, Frankfurt a. M.: Suhrkamp 1977.

–: *Opera aperta*, Mailand: Bompiani 1962.

–: *Semiotik. Entwurf einer Theorie der Zeichen*, übers. v. Günter Memmert, München: Wilhelm Fink 1991.

Einstein, Albert u. Leopold Infeld: *Die Evolution der Physik*, übers. v. Werner Preusser, Wien: Zsolnay 1950.

Foucault, Michel: *Die Ordnung der Dinge. Eine Archäologie der Humanwissenschaften*, übers. v. Ulrich Köppen, Frankfurt a. M.: Suhrkamp 1971.

Filer, Malva E.: *Los mundos de Julio Cortázar*, New York: Las Américas 1970.

Freud, Sigmund: „Das Ich und das Es" (1923), in: ders.: *Psychologie des Unbewußten (= Studienausgabe Bd. III)*, hg. v. Alexander Mitscherlich, Angela Richards u. James Strachey, Frankfurt a. M.: S. Fischer 1975, S. 273–330.

–: „Das Unbehagen in der Kultur" (1930), in: ders.: *Fragen der Gesellschaft, Ursprünge der Religion (= Studienausgabe, Bd. IX)*, hg. v. Alexander Mitscherlich, Angela Richards u. James Strachey, Frankfurt a. M.: S. Fischer 1974, S. 191–270.

–: „Das Unheimliche" (1919), in: ders.: *Psychologische Schriften (= Studienausgabe Bd. IV)*, hg. v. Alexander Mitscherlich, Angela Richards u. James Strachey, Frankfurt a. M.: S. Fischer 1970, S. 241–274.

–: *Die Traumdeutung (= Studienausgabe Bd. II)*, hg. v. Alexander Mitscherlich, Angela Richards u. James Strachey, Frankfurt a. M.: S. Fischer 1972.

–: „Warum Krieg?" (1932), in: ders.: *Fragen der Gesellschaft, Ursprünge der Religion (= Studienausgabe, Band IX)*, hg. v. Alexander Mitscherlich, Angela Richards u. James Strachey, Frankfurt a. M.: S. Fischer 1974, S. 271–286.

Friedman, Norman: „Tenor and Vehicle", in: Alex Preminger u. T.V.F. Brogan (Hg.): *Encyclopedia of Poetry and Poetics*, Princeton: Princeton University Press 1993, S. 1267–1269.

García Canclini, Néstor: *Cortázar, una antropología poética*, Buenos Aires: Nova 1968.

García Flores, Margarita: „Siete respuestas de Julio Cortázar", in: *Revista de la Universidad de México* 21/7 (1967), S. 10–13.

Genette, Gérard: *Figures*, Paris: Éditions du Seuil 1966. (Darin: „Structuralisme et critique littéraire", S. 145–170; „Figures", S. 205–221.)

–: „Strukturalismus und Literaturwissenschaft", übers. v. Erika Höhnisch, in: Heinz Blumensath (Hg.): *Strukturalismus in der Literaturwissenschaft*, Köln: Kiepenheuer & Witsch 1972, S. 71–88.

Greimas, Algirdas Julien: „Éléments pour une théorie de l'interprétation du récit mythique", in: *Communications* 8 (1966), S. 28–59.

Guerard, Albert Joseph (Hg.): *Stories of the Double*, Philadelphia: Lippincott 1967.

Hanuschek, Sven: „Alltags-Surrealismus. Eine Einführung", in: *Alltags-Surrealismus. Literatur, Theater, Film*, hg. v. Hans-Edwin Friedrich u. Sven Hanuschek, München: edition text+kritik 2012, S. 9–23.

Harss, Luis: *Los nuestros*, Buenos Aires: Sudamericana 1968.

Hegel, Georg Wilhelm Friedrich: *Grundlinien der Philosophie des Rechts*, Frankfurt a. M.: Ullstein 1972.

Helmholtz, Hermann von: *Handbuch der physiologischen Optik*, Leipzig: L. Voss 1867.

Hirsch, Erik: „Realismo mágico, lo real maravilloso und lo neofantástico: Ein undurchdringlicher Urwald lateinamerikanischer Begrifflichkeiten?", in: *Zeitschrift für Fantastikforschung* 2 (2014), S. 73–97.

Husserl, Edmund: „Die Krisis des europäischen Menschentums und die Philosophie", in: ders.: *Die Krisis der europäischen Wissenschaften und die transzendentale Phänomenologie (= Husserliana Bd. IV)*, hg. v. Walter Biemel, Den Haag: Martinus Nijhoff 1976, S. 314–349.

Jacquemin, Georges: *Littérature fantastique*, Paris: Nathan 1974. (Deutsche Übersetzung des ersten Teils: Georges Jacquemin: „Über das Phantastische in der Literatur", übers. v. Rein A. Zondergeld, in: Rein A. Zondergeld (Hg.): *Phaïcon 2. Almanach der phantastischen Literatur*, Frankfurt a. M.: Insel 1975, S. 33–53.)

Jakobson, Roman u. Morris Halle: *Grundlagen der Sprache*, übers. v. Georg Friedrich Meier, Berlin: Akademie Verlag 1960.

Keppler, Carl F.: *The Literature of the Second Self*, Tucson: University of Arizona Press 1972.

Kofman, Sarah: *Nietzsche und die Metapher*, übers. v. Florian Scherübl, Berlin: Wolff Verlag 2014.

Krauss, Wilhelmine: *Das Doppelgängermotiv in der Romantik. Studien zum romantischen Idealismus*, Berlin: Ebering 1930.

Lachmann, Renate: *Erzählte Phantastik. Zu Phantasiegeschichte und Semantik phantastischer Texte*, Frankfurt a. M.: Suhrkamp 2002.

Laing, Ronald David: *Das geteilte Selbst. Eine existentielle Studie über geistige Gesundheit und Wahnsinn*, übers. v. Christa Tansella-Zimmermann, München: dtv 1987.

Lévi-Strauss, Claude: *Das wilde Denken*, übers. v. Hans Naumann, Frankfurt a. M.: Suhrkamp 1968.

–: „Kultur und Sprache", in: *„Primitive" und „Zivilisierte". Nach Gesprächen aufgezeichnet von Georges Charbonnier*, übers. v. Alfred Kuoni u. Katrin Reinhart, Zürich: Arche 1972, S. 145–154.

–: *Strukturale Anthropologie, Bd. 1*, übers. v. Hans Naumann, Frankfurt a. M.: Suhrkamp 1967.

–: *Strukturale Anthropologie, Bd. 2*, übers. v. Eva Moldenhauer, Hanns Henning Ritter u. Traugott König, Frankfurt a. M.: Suhrkamp 1975.

Lovecraft, Howard Phillips: *Supernatural Horror in Literature*, New York: Ben Abramson 1945. (Deutsch: *Die Literatur der Angst. Zur Geschichte der Phantastik*, übers. v. Michael Koseler, Frankfurt a. M.: Suhrkamp 1995.)

Mabille, Pierre: *Le miroir du marveilleux*, Paris: Éditions de Minuit 1962.

MacAdam, Alfred: *El individuo y el otro*, Buenos Aires: La Librería 1971.

Merleau-Ponty, Maurice: *Zeichen*, übers. v. Barbara Schmitz u. a., Hamburg: Meiner 2007.

Miyoshi, Masao: *The Divided Self. A Perspective on the Literature of the Victorians*, New York u. a.: New York University Press 1969.

Nietzsche, Friedrich: *Die fröhliche Wissenschaft* [1882/1887], Frankfurt a. M.: Insel 2000.

–: *Die Geburt der Tragödie aus dem Geiste der Musik* [1871], Frankfurt a. M.: Insel 2000.

–: *Nachgelassene Fragmente 1885–1887 (= Sämtliche Werke, Kritische Studienausgabe Bd. 12)*, hg. v. Giorgio Colli u. Mazzino Montinari, München, Berlin u. New York: dtv u. De Gruyter 1980.

Paz, Octavio: *Corriente alterna*, México: Siglo XXI 1967.

Pérez Galdós, Benito: *Miau*, übers. v. Wilhelm Muster, Frankfurt a. M.: Suhrkamp 1983.

Penzoldt, Peter: *The Supernatural in Fiction*, New York: Humanities Press 1965.

Pettit, Philip: *The Concept of Structuralism. A Critical Analysis*, Berkeley: University of California Press 1975.

Picon Garfield, Evelyn: *¿Es Julio Cortázar un surrealista?*, Madrid: Gredos 1975.

Politzer, Heinz: *Franz Kafka, der Künstler*, Frankfurt a. M.: S. Fischer 1965.

–: *Franz Kafka. Parable and Paradox*, Ithaka, NY: Cornell University Press 1962.

Prince, Morton: *The Dissociation of a Personality*, New York: Greenwood Press 1908.

Rabkin, Eric S.: *The Fantastic in Literature*, New Jersey: Princeton University Press 1977.

Rank, Otto: *Der Doppelgänger. Psychoanalytische Studie*, Wien: Internationaler Psychoanalytischer Verlag 1925.

Revol, Enrique Luis: „La tradición fantástica en la literatura argentina", in: *Revista de estudios hispánicos* II/2 (1968), S. 205–228.

Richards, Ivor Armstrong: *The Philosophy of Rhetoric*, New York u. London: Oxford University Press 1936.

Rogers, Robert: *A Psychoanalytic Study of the Double in Literature*, Detroit: Wayne State University Press 1970.

Roy, Joaquín: *Julio Cortázar ante su sociedad*, Barcelona: Península 1974.

Russell, Bertrand: *Philosophie des Abendlandes. Ihr Zusammenhang mit der politischen und sozialen Entwicklung*, übers. v. Elisabeth Fischer-Wernecke u. Ruth Gillischewski, Frankfurt a. M.: Holle 1950.

–: *Unser Wissen von der Außenwelt*, übers. v. Walther Rothstock, Michael Otte u. a., hg. v. Michael Otte, Hamburg: Meiner 2004.

Sartre, Jean-Paul: „Aminadab oder Das Phantastische als Sprache", in: ders.: *Der Mensch und die Dinge. Aufsätze zur Literatur 1938–1946*, übers. v. Lothar Baier u. a., hg. v. Lothar Baier, Reinbek bei Hamburg: Rowohlt 1978, S. 93–106.

Scherer-Virski, Olga: „A general Theory of the Short Story", in: dies.: *The Modern Polish Short Story*, Den Haag: Mouton 1965.

Schneider, Marcel: *La littérature fantastique en France*, Paris: Fayard 1964.

Scholes, Robert: *Structuralism in Literature. An Introduction*, New Haven: Yale University Press 1974.

Sebreli, Juan José: *Buenos Aires: vida cotidiana y alienación*, Buenos Aires: Siglo Veinte 1965.

Sola, Graciela de: *Julio Cortázar y el hombre nuevo*, Buenos Aires: Sudamericana 1968.

Sosnowski, Saúl: *Julio Cortázar: una búsqueda mítica*, Buenos Aires: Noé 1973.

Todorov, Tzvetan: *Einführung in die fantastische Literatur*, übers. v. Karin Kersten, Senta Metz u. Caroline Neubaur, München: Hanser 1972.

Ders.: *Introducion à la littérature fantastique*, Paris: Seuil 1970.

Toro, Alfonso de: „Überlegungen zur Textsorte ‚Fantastik' oder Borges und die Negation des Fantastischen. Rhizomatische Simulation, ‚dirigierter' Zufall und semiotisches Skandalon", in: Elmar Schenkel u. a. (Hg.): *Die magische Schreibmaschine. Aufsätze zur Tradition des Phantastischen in der Literatur*, Frankfurt a. M.: Vervuert Verlag 1998, S. 11–74.

Trilling, Lionel: „Das authentische Unbewusste", in: ders.: *Das Ende der Aufrichtigkeit*, übers. v. Henning Ritter, Frankfurt a. M., Berlin u. Wien: Ullstein 1983, S. 127–158.

Tymms, Ralph: *Doubles in Literary Psychology*, Cambridge: Bowes & Bowes 1949.

Unamuno, Miguel de: „Mi religión" (1907), in: ders.: *Ensayos, artículos y conferencias (= Obras completas, Bd. IX)*, hg. v. Ricardo Senabre, Madrid: Biblioteca Castro 2008, S. 51–56.

Vargas Llosa, Mario: „Preguntas a Julio Cortázar", in: *Expreso* 7.2.1965.

Vax, Louis: *L'art et la littérature fantastiques*, Paris: P. U. F. 1960. (Deutsche Übersetzung des 1. Kap.: Louis Vax: „Die Phantastik", übers. v. Rein A. Zondergeld, in: Rein A. Zondergeld (Hg.): *Phaïcon 1. Almanach der phantastischen Literatur*, Frankfurt a. M.: Insel 1974, S. 11–43.)

Wellek, René u. Austin Warren: *Theorie der Literatur*, übers. v. Edgar u. Marlene Lohner, Frankfurt a. M. u. Berlin: Ullstein 1963.

Whitehead, Alfred North: *Prozess und Realität. Entwurf einer Kosmologie*, übers. v. Hans-Günter Holl, Frankfurt a. M.: Suhrkamp 1979.

Wittgenstein, Ludwig: *Philosophische Untersuchungen*, hg. v. Joachim Schulte, Frankfurt a. M.: Suhrkamp 2003.

Wünsch, Marianne: *Die fantastische Literatur der frühen Moderne (1890–1930). Definition, denkgeschichtlicher Kontext, Strukturen*, München: Fink 1991.

Register

BEITRÄGE ZUR LITERATUR UND LITERATURWISSENSCHAFT DES 20. UND 21. JAHRHUNDERTS

Herausgegeben von Hans-Edwin Friedrich
Begründet von Eberhard Mannack

Band 21   Simonetta Sanna: Die Quadratur des Kreises. Stadt und Wahnsinn in *Berlin Alexanderplatz* von Alfred Döblin. 2000.

Band 22   Anette Horn: Kontroverses Erbe und Innovation. Die Novelle *Die Reisebegegnung* von Anna Seghers im literaturpolitischen Kontext der DDR der siebziger Jahre. 2005.

Band 23   Hans-Edwin Friedrich (Hrsg.): Der historische Roman. Erkundung einer populären Gattung. 2013.

Band 24   Albrecht Haushofer: Gesammelte Werke. Teil I: Dramen I. Herausgegeben von Hans-Edwin Friedrich und Wilhelm Haefs. 2014.

Band 25   Kristin Eichhorn (Hrsg.): *Neuer* Ernst in der Literatur? Schreibpraktiken in deutschsprachigen Romanen der Gegenwart. 2014.

Band 26   Nikolas Buck (Hrsg.): Ulrich Holbein. Sein Werk zwischen Avantgarde und Archivierung. 2015.

Band 27   Jürgen Egyptien (Hrsg.): Albrecht Fabri – Frühe Schriften. Essays und Rezensionen aus der Zeit des Dritten Reichs. 2016.

Band 28   Uwe Buckendahl: Franz Fühmann: *Das Judenauto* – ein Zensurfall im DDR-Literaturbetrieb. Eine historisch-kritische Erkundung mit einer Synopse aller publizierten Textvarianten. 2017.

Band 29   Jaime Alazraki: Elemente einer Poetik der Neofantastik. Die Erzählungen von Julio Cortázar. Aus dem Spanischen übersetzt und herausgegeben von Max Wimmer. 2018.

www.peterlang.com